U0032660

歷史與現實

編輯委員會

總編輯：錢永祥

編輯委員：江宜樺、沈松僑、汪宏倫
　　　　　林載爵、陳宜中、單德興

聯絡信箱：reflexion.linking@gmail.com

目　次

台灣公共領域的內外觀察
評李丁讚編《公共領域在台灣》

轉型正義和歷史記憶：

台灣民主化的未竟之業 [*]　　吳乃德

「轉型正義」是所有從威權獨裁轉型至民主的新興民主國家，所共同面臨的政治和道德難題。對於那段記憶仍然鮮活的歷史——對人權普遍的蹂躪、對人性不移的冷漠、高傲的加害者、無數身心俱殘的受害者——對於這段歷史，我們應如何面對和處置？因爲轉型過程不同、道德理念不同，不同的新民主國家對轉型正義經常有不同的處理方式。台灣的民主轉型至今，將近20年過去了，我們對這項民主社會最重要的道德問題之處理，態度仍然是勉強的、不完整的。相較於比台灣更窮、更「落後」的國家在處理轉型正義上所獲得的成就，台灣的表現並不令人驕傲。

本文分成三部分。第一部分以比較的觀點，討論新民主國家

* 本文曾在「台灣人權與政治事件學術研討會」（戒嚴時期不當叛亂暨匪諜審判案件補償基金會主辦，台灣大學社會科學院，2005/12/8-9）中宣讀。文中本文部分內容，取材自作者已經發表的兩篇作品：〈回首來時路：威權遺產或民主資產？〉（總統府國父紀念月會專題報告，2005/2/21），以及"Transition without Justice or Justice without History: Transitional Justice in Taiwan" *Taiwan Journal of Democracy* 1, 1（July 2005）: 77-102。感謝吳叡人教授在研討會上的評論。也要特別感謝錢永祥教授，不但指出原文的一些錯誤，並且在文辭潤飾上做了細心的修改建議。

處理轉型正義所面臨的諸多難題，以及面對這些難題的不同方式。有些國家採取起訴、懲罰加害者（甚至包括威權政府的統治者及其同僚）的嚴厲方式，有些國家刻意選擇集體遺忘這段歷史，有些國家則採取類似南非的「真相和解委員會」的中間路線：只揭露真相、卻赦免加害者。本文第二部分討論台灣特殊的處理方式：賠償受害者、遺忘有加害者的存在、同時讓歷史荒蕪。本文也從台灣特定的轉型過程和威權統治經驗，解釋台灣為何會出現這樣的處理方式。第三部分則呼籲我們珍惜這段威權統治的歷史，將它化為台灣民主的重要資產，讓它成為民主教育和民主道德重建的重要教材。

轉型正義的難題

民主轉型之後，新的民主政府應如何處理過去威權政府對人權的眾多侵犯，對無辜生命的凌虐、甚至屠殺？具體地說，對威權政府中發號施令的高階層人士，我們應如何加以處置？對主動從事或被動服從指令而侵犯人權的情治、司法人員，我們應該如何對待？甚至，對於許許多多在威權政體中工作、也因此而得利的政府官員、媒體負責人、學術領導人，我們應該用何種道德態度來對待他們：譴責、輕視、或同理心的寬容？這些問題經常成為新民主政府和民主社會的政治和道德難題。而另一方面，對眾多遭受生命、自由和財產損失的人，我們又應當如何補償？這些問題一般稱為「回溯正義」，或「轉型正義」。

轉型正義的難題並非始自現代。對轉型正義的處理，最早可以追溯到古雅典。雅典的民主政體中曾經出現兩次短暫的獨裁政權，雅典人在獨裁政權崩潰後，都曾經溫和地處罰了獨裁政權的

領導人和附庸者[1]。轉型正義成爲當今學術、文化界熱門的題目，主要是因爲第三波民主化的刺激。在1980年代之後的這一波民主化中，亞洲、非洲、南美洲和東歐共產國家的許多威權獨裁政體相繼崩潰。由於這一波的民主化是人類歷史上個案最多、規模最大的民主化浪潮，如何處理威權遺產，也就成爲許多國家共有的難題。

　　轉型正義所面對的第一項難題，同時也是最困難的議題是：如何處理過去威權時期犯下侵犯人權、剝奪生命和自由、凌虐人道等罪行的加害者。加害者包括威權政府的統治核心權力菁英，以及接受其指令的較低階執行者。在某些國家，如南非和阿根廷等，許多對人權的侵害行爲，是執行者由於當時政治氣氛和政治慣行、個人偏見和政治信念等，所從事的自發行爲。處置威權政府的核心統治成員，和處置爲數眾多執行者，面臨不同的法律和道德難題；而兩者都不容易解決。

　　處置威權政府的統治者和核心成員，在道德及法律層次上比較單純，可是在政治上卻較爲複雜。統治階級的核心成員握有至高的權力，他們是獨裁體制的創建者或維護者，理當爲其統治下眾多的侵犯人權、違反人道罪行負責。這在道德層次上沒有太多的爭論。一般而言，在民主化之後，人民也都期待對加害者施以法律的懲罰。如果新生的民主政府不處理獨裁政權所犯的錯誤，不對加害者做某種程度的懲罰，新政府的合法性和支持度經常會受到很大的影響。尤其在那些對人權的侵犯甚爲普及、規模甚爲

1　Jon Elster, *Closing the Books: Transitional Justice in Historical Perspective* （Cambridge, UK: Cambridge University Press, 2004）, Chap. 1.

龐大的國家中（如南非、阿根廷、瓜地馬拉、東歐等），民主化之後人民普遍期待「正義」終於可以到來，受害者獲得補償和撫慰，加害者受到應得的懲罰。一般人民對「正義」的重視，其實也是民主社會生存的重要基礎。這種要求如果沒有得到滿足，人民對政治、對民主都會產生嘲諷和疏離。這對民主社會並沒有好處。而更嚴重的是，如果對正義的要求沒有得到滿足，以前受害的一方經常會用相同的方式來迫害過去的加害者。例如南非由於沒有追究加害者，許多地區出現了黑人用類似過去白人對黑人所為來加諸白人的例子。

然而，新生的民主政體經常是脆弱的。新民主政府經常無法確知軍隊、情治系統是不是接受它、服從它。這些足以影響政局安定的機構，剛好又是威權統治的重要基石，也是最經常侵犯人權的機構。要懲罰威權時期的罪行，很難不追究到這些機構的領導人。擔心法律的追究和制裁，經常是這些威權領導階層抗拒民主化的主要原因之一。在某些國家中（如智利、阿根廷、南非等），反對派為了民主轉型得以順利成功，常常必須和威權統治的領導階層妥協，保證民主化之後不追究其過去的罪行。

除此之外，另一個更大的難題是：在這一波民主化中崩潰的威權體制，大多曾經維持相當長的時間。威權政體在漫長的統治過程中，創造了不少的支持者和同情者。追究政治領導階層的罪行，經常造成社會的緊張和分裂。特別是如果對威權統治的支持和反對，是以族群或種族為分野（如南非），這個問題就更不容易處理。

在這種兩難的政治情境下，不同的國家經常根據自己特定的政治和歷史情境，特別是民主轉型之前、轉型期間、以及轉型之後的政治狀況，而有不同的方式和策略。最嚴厲的方式是以違反

人道的理由，處罰威權政府的首腦。此類型的國家包括羅馬尼亞以行刑隊槍斃共黨元首索西斯枯夫妻；保加利亞將元首齊夫科夫及其高級幹部判刑監禁；德國（以謀殺警察、而非政治壓迫之名）起訴東德共黨頭子何內克，雖然後者終因健康理由逃過牢獄之災；玻利維亞將軍人政府首領梅札判刑監禁35年不得假釋（同時將宣判日訂為「國家尊嚴紀念日」）[2]；南韓對盧泰愚、全斗煥遲來的起訴（兩年之後又加以特赦）[3]；以及目前還處於法律拉鋸戰中智利對皮諾契的起訴案。這些起訴、或懲罰最高統治者的案例，都受到國際甚大的矚目。

可是某些國家對轉型正義的追求，目標不只限於最高領袖和統治核心的成員，追訴和懲罰的對象甚至擴及中低階層的人員，包括威權政府的官員、情治系統的人員、以及執政黨的黨工。而懲罰的方式也不限於法律的起訴。德國統一之後，前東德的法官和檢察官將近一半失去先前的工作；另外有42000位政府官員被革職[4]。最極端的國家或許是捷克。該國在1991年通過〈除垢法〉（*Lustration Law*）；名稱來自拉丁文的*lustratio*，意為「藉由犧牲以完成潔淨」。該法規定：曾經在威權政府中任職於情治系統或特務機構的情治人員、線民，或前共產黨某個層級之上的黨工，5年之內不得在政府、學術部門、公營企業中擔任某個層級以上

2　Rene Antonio Mayorga, "Democracy Dignified and an End to Impunity: Bolivia's Military Dictatorship on Trial," ed. A. James McAdams, *Transitional Justice and the Rule of Law in New Democracies*（Notre Dame: University of Notre Dame Press, 1997）.

3　Nae Young Lee, "The 'Legacy Problem' and Democratic Consolidation in South Korea and the Philippines, "*Journal of Asian Studies* 3（2003）: 43-73.

4　Elster, *Closing the Books,* 68.

的職位。這個〈除垢法〉在捷克國內引發甚大的批評。批評者甚至認爲此舉無異獵巫行動，本質就是「以道德十字軍來包裝政治權力鬥爭。」[5] 國外的批評者則認爲，類似〈除垢法〉的措施將使公民失去對新民主政府的信任[6]。

　　這種爭論反映了追求轉型正義在道德和政治上的難題。相對於發號施令、建立威權體制的最高統治者及其核心成員，那些接受指令、或服從（不義的）法律之執行者，是不是有相同的法律和道德責任？這是一個不容易回答的問題。從心理學的實驗中我們知道，明知權威所下的指令不道德，可是卻加以服從是非常容易、也非常「合乎人性」的行爲。我們也知道，下級的執行者有時候爲了個人的利益和升遷，主動配合上意和法令侵犯人權。有的時候，則是沒有選擇。可是更多時候，兩者難以清楚分辨。在威權體制中，拒絕服從通常須要付出代價。因爲義而承擔其代價固然值得欽佩；這樣的人永遠引發我們的道德嚮往和想像。可是對那些選擇服從的人，我們——有幸無須被迫做這種選擇的我們，有沒有立場對他們做道德的譴責？

　　另外一個現實的難題是界線的劃定。威權體制並不是獨裁者一個人的功業；他需要各個階層、各行各業的人幫助他。如果我們要追究侵犯人權的政治和道德責任，我們的界線何在？捷克總

5　Andrew Rigby, *Justice and Reconciliation: After the Revolution*（Boulder, CO: Lynne Rienner, 2001），p.103.

6　Cynthia M. Horne and Margaret Levi, "Does Lustration Promote Trustworthy Government? An Exploration of the Experience of Central and Eastern Europe," in *Building a Trustworthy State in Post-Socialist Transition*, ed. János Kornai and Susan Rose-Ackerman（New York: Palgrave Macmillan, 2004）.

統哈維爾說，我們每一個人都有罪，發號施令的、服從的、支持的、甚至袖手旁觀的，都直接間接支持了威權統治。可是不可能每一個人都有罪，至少不可能每一個人都有相同種類、相同程度的罪。哈維爾的論點在道德反省上或許是一個重要的啓發，可是卻無法作爲政策的指導原則。如果我們不畫出一個合理的、清楚的責任界線，或許就會如波蘭的米緒尼克（Adam Michnik）所說的，報復懲罰一旦開始，就無法停止。首先是昨日的舊政權中敵人，接著是昨日反對陣營中的戰友，然後就是今天爲他們辯護的人。懲罰一但開始，仇恨必然隨之而至。

　　而對他們求取法律的追訴和制裁，則更具爭論。一方面，我們知道：民主政治建立在某些核心價值和基本原則之上。這些價值和原則是文明社會的共同規範，法律違反這些核心價值即缺乏正當性。「惡法亦法」的立場是很危險的。畢竟，獨裁者並不是以口令統治，而是依賴完整的法律體系。法律經常是獨裁者手中的利劍。可是另一方面，罪刑法定（*nulla poena sine lege*）卻也是法律秩序的基本原則：只有違反當時存在的法律之行爲，才得加以處罰。放棄這項原則，將對民主社會的法律秩序帶來嚴重的後果。這也是爲何匈牙利民主政府的憲法法庭，數次針對追究加害者的法律和國會的決議案，宣判爲違憲的理由[7]。匈牙利憲法法庭的裁決，當然也引起無數的政治緊張和衝突。某些國家因此將法律追訴的對象，僅限定於那些即使在威權體制下也屬犯法的加害行爲。

7　Gabor Halmai and Kim Lane Scheppele, "Living Well Is the Best Revenge: the Hungarian Approach to Judging the Past," ed. A. James McAdams, *Transitional Justice and the Rule of Law in New Democracies*（Notre Dame: University of Notre Dame Press, 1997）.

　　因為接受指令或服從法律而侵犯人權的加害者，我們到底應
不應該對他們做道德的譴責，甚至法律的追訴？雖然在轉型正義
的追求上經常面臨這個問題，可是至目前為止，它並沒有受到太
多的討論[8]。不過我們或許可以從德國一位法官的判決中，獲得
若干啟發。1991年年底，德國開始審判兩位執法人員，指控他們
於1984年守衛柏林圍牆期間，開槍擊斃試圖翻越圍牆的民眾。相
較於前一個起訴圍牆守衛的案件，法庭在這次的審判過程中，從
一開始就明顯堅守一個原則：控方只能訴諸東德當時已有的法
律。然而法官在判決文中同時也指出：雖然法律賦予衛兵使用強
力的方式阻止逃亡者，可是東德法律同時也規定，「必須盡可能
不危害生命」。射擊逃亡者的腿部，應該比較符合兩德法律都同
樣規定的「適當的措施」。因此，即使根據東德法律，衛兵射殺
逃亡者的行為仍然犯了「過度使用權威」的罪行。然而這次判決
更重要的是，法官給被訴者緩刑的機會，同時以如下宣示為後來
的同類案件設下了重要的範例。首先，法官指出，「上級的命令」
不能當做赦免或合理化犯罪行為的藉口。可是，兩位衛兵在當時
的情境下，難以獨立自主行動。「引導他們犯罪行為的因素並非
自私自利或罪惡的動機，而是當時他們所無法影響的環境，包括
分裂德國在政治和軍事上的對抗，以及東德特殊的政治情境。」[9]

8　唯一的例外是Elster在 *Closing the Books* 的 "Wrongdoers" 這一章中，
　　所做的仔細討論。此外也可參考Herbert C. Kelman and V. Lee
　　Hamilton, *Crimes of Obedience: Toward a Social Psychology of
　　Authority and Responsibility* (New Haven, CT: Yale University Press,
　　1989)，雖然本書的焦點比較不是道德問題。

9　A. James McAdams, "Communism on Trial: The East German Past and
　　the German Future," ed. A. James McAdams, *Transitional Justice and
　　the Rule of Law in New Democracies* (Notre Dame: University of Notre

　　這也就是說，一方面，政治壓迫行動的執行者，不能用接受上級指令和遵循法律當犯行免責的藉口。命令的執行仍然有甚大的彈性空間。「逮捕、偵訊」和「刑求」之間有甚大的分野：人性和野蠻的分野。「依法律規定的刑期判決」和「拒絕了解口供如何取得、拒絕求證、甚至拒絕聽取被告的辯護」也有甚大的差別：執行職務和政權幫兇的差別。在很多案例中，上級指令和依循法律，不能成爲凌虐人性的的理由。可是另一方面，我們也必須理解當時的政治氣氛和政治情境，了解人性在組織中、以及特定情境中的脆弱。這種情況下，我們或許可以不追究法律責任，卻不能刻意遺忘。

　　上述對轉型正義的處理方式，包括對最高統治者及其核心成員、以及壓迫組織中工作人員的追訴，並非每一個國家都有條件這樣做或有意這樣做。有些國家，如波蘭、智利和巴西等國，反對派在民主轉型過程中和統治團體達成協議，承諾在民主轉型之後不對其侵犯人權的罪行提出法律的追訴行動，以減低後者對民主化的抗拒，讓民主轉型可以順利進行。可是有些國家在民主轉型過程中，雖然沒有經過這樣的妥協，仍然選擇刻意遺忘過去的歷史，放棄對統治團體和其幫手做任何的追究。這些國家包括西班牙、羅德西亞和烏拉圭等。此種處理方式以西班牙爲代表，稱爲「祛記憶」（disremembering）策略[10]。

　　在以上這兩個相反的取向之間，有些國家試圖以中間路線來處理轉型正義的問題。最經常被使用的是「眞相委員會」的策略。其中最受世界矚目的，是南非師法智利和阿根廷而成立的「眞相

（續）─────────────
　　　Dame Press, 1997), p. 248.
　　10　Elster, *Closing the Books*, p. 62.

和解委員會」。到目前為止，全世界已經有超過20個國家，成立
類似的真相委員會。南非的真相委員會之所以能在成立之後，立
即吸引全世界的目光和道德想像，有幾個主要原因。第一，南非
數十年的種族隔離體制，對人權、人性和生命的凌虐案例太多、
太普遍。加害者不只是南非政府和它的軍警特務機構，甚至連黑
人反對運動的參與者，也常對同志做出凌虐生命的行為。暴力行
為——體制的和非體制的——長久存在而且十分普遍。如何面對
這些令人震撼、傷感的普遍暴力，如何創造雙方可以共同生活的
新社會，是艱難巨大的挑戰。第二，南非產生不少優秀的小說家，
兩位諾貝爾文學獎得主。長久以來，這些小說家透過他們的文學
作品，呈現、批判、反省了種族隔離體制和白人暴力體制對人性
的壓制、扭曲和疏離。這些優秀的文學作品，早在民主化之前就
已經引起世人對種族隔離體制極度的厭惡。如果種族隔離體制的
崩解是從地獄到人間的過渡，世人好奇「真相和解委員會」將如
何處置地獄中的邪惡。第三個原因，當然就是真相和解委員會的
主席，黑人主教圖屠所具有的世界性的聲望和道德魅力[11]。

　　真相委員會的特點是，在加害者完整交代其罪行的條件下，
給予法律上的豁免。正如委員會的副主席波連所說的，真相和解
委員會是一個必要的妥協。當時南非只有兩個選擇。第一個選擇
是，特赦所有白人種族隔離政權中所有的成員。第二個選擇則是
類似紐倫堡大審，起訴應該為大規模的人權侵害事件直接負責的
人。如果種族隔離暴力體制的統治菁英堅持特赦，那麼民主化的

11　關於圖屠主教的道德權威對反種族隔離運動和「真相和解委員會」
　　的運作之影響，參見吳乃德，〈和解：通往未來的橋樑〉，《財訊
　　月刊》（2005/5）：306-307.

協商可能破裂。而如果反對派堅持起訴加害者，和平的民主轉型過程可能無法成功。因此，眞相和解委員會是舊時代通往新時代唯一的橋樑[12]。

「眞相和解委員會」除了是政治上的妥協之外，也經常被賦予更積極的目標。這個追求轉型正義的特殊途徑假定：雖然正義沒有獲得伸張，至少讓歷史眞相得以大白、加害者得以懺悔、受害者得以安慰、後代得以記取教訓；同時更重要的，國家社會得以避免分裂。可是南非「眞相和解委員會」的運作過程和結果顯示：大多時候眞相並不能帶來和解。許多其他國家的例子也顯示：不同陣營的人對眞相有不同的解釋；加害者的眞相和受害者的眞相經常是對立的。例如波蘭前共黨的的統治團體就認爲，事實上是他們救了國家。他們問：匈牙利反抗蘇聯，造成多少人喪生？因此他們的政治壓迫，只是「衡量之下不得不然」，是「較小的惡」[13]。歷史記憶，特別是對歷史的解釋，很難避免主觀和對立。在對立沒有受到調和之前，眞相不可能帶來和解。在討論歷史眞相和歷史正義的下文第三節中，對這個問題會有更仔細的討論。

此種追求轉型正義的第三條路，除了是否能達成其積極目標受到懷疑外，它爲了政治現實而放棄公義的追求也受到質疑。在道德上我們有沒有堅強的理由，足以合理化這樣的妥協？有些人認爲，即使是善意地爲了全社會的政治福祉，放棄對正義原則的

---

12 Alex Boraine, "Truth and Reconciliation in South Africa," in *Truth v. Justice: The Morality of Truth Commissions*, ed. Robert I Rotberg and Dennis Thompson（Princeton, NJ: Princeton University Press, 2000）, p. 143.

13 McAdams, "Communism on Trial," p. 248.

追求，仍然須受某些條件的限定[14]。而在現實政治中，「眞相和解委員會」只有眞相沒有懲罰的途徑，所成就的似乎只是讓民主轉型較爲順利，似乎並沒有爲全社會帶來眞正的和解。

以上是新民主國家追求轉型正義的過程中，處置加害者的三個方式和策略。和上述眾多採取不同途徑的例子相較，台灣有一個特色：在台灣至少有一萬多個受害者，可是沒有任何一個加害者。將近20年了，我們還不知道到底誰應該爲這一萬多件侵害人權、凌虐生命的案件負責。因爲沒有人需要負責，我們也就沒有討論處置方式的需要。

除了如何處置加害者之外，追求轉型正義的第二項工作和難題是：如何賠償受害者。因爲政治壓迫而受害的人，在民主化之後必須給予「正義」：不論是歷史的眞相或物質的賠償和補償。這是毫無疑義的道德理念。可是什麼樣的「正義」？受害者或其家屬有沒有權利要求眞相？當他們要求的時候，社會有沒有義務盡全力滿足他們的要求？即使他們不要求，社會有沒有責任給他們眞相？任何人或全社會有沒有權利要求他們，爲了社會的福祉而遺忘眞相？

而物質的補償應該多少？補償到什麼程度？除了有形資產的損失，我們是不是也應該補償無形的損失？例如：因爲政治原因而被剝奪工作或升遷的機會；妻子在身心上所受的煎熬；子女失去接受高等教育的機會，而因此有完全不同的人生？這些都是難以估計的無形損失。可是在台灣，連有形的、容易估計的損失，

---

14 Amy Gutmann and Dennis Thompson, "Moral Foundations of Truth Commissions," in *Truth v. Justice: The Morality of Truth Commissions*, ed. Robert I. Rotberg and Dennis Thompson（Princeton, NJ: Princeton University Press, 2000）.

我們也吝於補償。全世界的新民主國家，不論其對加害者採取何種處置方式，對受害者總是盡可能地加以補償。除了波蘭之外，幾乎沒有一個國家像台灣一樣對自由和生命的補償那樣不慷慨，對財產損失的補償又是完全的不理會。

為什麼呢？

缺乏歷史正義的轉型

民主化是台灣政治歷史中最重要的變動。雖然我們對民主化之後的政治狀況不滿意，可是較諸從前的台灣、現在的中國，這項政治變遷仍然是了不起的成就。不曾在白色恐怖時期生活過的人，以及依附或支持獨裁政權的人，不太能真正理解這樣的成就。可是民主轉型到底是誰的貢獻？台灣社會對這個問題並沒有共識；不同黨派立場的人仍在爭執之中。而誰又應為過去的政治壓迫、侵害人權的行為負責？台灣社會很少提出這個問題。轉型至今已近20年，這兩個近代台灣最重要的、也最根本的道德問題，一個沒有確定的答案，另一個沒有被提出來。為什麼？

正如杭廷頓在其討論第三波民主化的書中指出的，新民主政府是不是追訴過去威權體制中的罪行，決定的因素並不是道德或倫理的考慮，而「完全是政治、是民主轉型過程的本質、以及轉型期間和轉型之後權力的平衡。」[15] 如果民主改革是由上所發動，或者是和威權統治者談判的結果，那麼後者在轉型之後將仍

---

15 Samuel P. Huntington, *The Third Wave: Democratization in the Late Twentieth Century*（Norman: University of Oklahoma Press, 1991），p. 215.

保有甚大的政治權力。在這種情況下，對過去罪行的追訴、以及
揭露眞相的歷史正義，都不可能。除了民主化途徑不同所造成的
影響外，一位韓國學者同樣提到另一個和台灣特別相關的因素。
菲律賓的民主化過程是威權獨裁政體被推翻，而南韓則是和平的
民主化過程。依照上述杭廷頓的說法，菲律賓應該追求轉型正
義，而南韓則否。可是歷史事實剛好相反：菲律賓對轉型正義絲
毫不以爲意，而南韓則起訴了威權時期的兩位最高領導者。這是
因爲另一個因素的作用：民主轉型之後各政治勢力在權力結構中
的比重[16]。

　　除了上述轉型途徑和轉型之後權力平衡所造成的差異外，另
一個影響新民主國家是否追求轉型正義的因素，是威權體制的性
質。美國作家蘿沁菠認爲，東歐和拉丁美洲威權體制的本質有所
差異，而且其間的差異也造成民主化之後兩個地區在追求轉型正
義上的不同途徑。東歐的共產政權藉由意識型態的教化而統治，
並且要求其子民積極地參與、支持、配合其統治。而拉丁美洲的
軍人政府則藉由槍砲統治，只要其子民保持安靜不抗議，他們就
滿意了。因此，兩個地區在暴力的普及性及受害者的數目方面，
有甚大的差異。在東歐地區，政府的暴力行爲比較少，而政治壓
迫卻普及於一般人民。在拉丁美洲地區，政府的暴力行爲既深沈
且殘酷（虐殺、刑求和失蹤是常見的手段），可是其對象卻只限於
政權的敵人。如果東歐的獨裁政府是「犯罪的政權」（criminal
regimes），拉丁美洲的軍事獨裁政府則是「罪犯的政權」（regimes
of criminals）。因此新民主政府處理過去的威權遺產，必然會有
不同的做法。而且由於「槍砲永遠不會過時」，拉丁美洲民主政

16　Lee, "The 'Legacy Problem' and Democratic Consolidation."

府對轉型正義的追求，經常被軍人仍擁有的強大勢力所限制。[17]

以上討論所提及的幾個因素，都能幫助我們了解台灣處理轉型正義的特殊方式。可是欲解釋爲何台灣的轉型正義是「一萬多受害者，卻沒有任何加害者」，以下幾個因素或許更爲重要：民主轉型的模式、威權體制在經濟發展上的表現、以及「壓迫的時刻」。以下我們將討論這幾個因素。

近代台灣有兩次政權轉移／轉型；在這兩次的轉型之後，轉型正義的問題都沒有被完整地處理。第一次是二次大戰之後，日本殖民政權退出台灣由國民政府接收。在這次轉型之後，和殖民政權合作的台灣人，並沒有受到任何形式的追訴和懲罰。受創最重的，反而是反抗殖民政權運動的本土菁英。和其他的後殖民社會不同，台灣反殖民政權的本土菁英，在脫離殖民統治後的社會和政治中，幾乎沒有扮演任何的角色。他們之中有幸避免被槍殺、拘禁或流亡海外者，選擇了沈默，同時自我放逐於處身的社會中。因此，以下我們將只討論第二次的政治轉型[18]。

1980年代後期的民主化，是近代台灣第二次政權轉型。和前

---

17 Tina Rosenberg, "Overcoming the Legacies of Dictatorship," *Foreign Affairs* 74, no. 3（May 1995）: 134–52.

18 對國民政府爲何接收台灣後，沒有處理轉型正義的初步討論，參見 Naiteh Wu（吳乃德）, "Transition without Justice or Justice without History: Transitional Justice in Taiwan," *Taiwan Journal of Democracy* 1, 1（July 2005）: 84-86. 吳叡人教授於研討會上對本文的評論指出，國民黨接收日本殖民政權是屬於「政權轉移」而非「政權轉型」，它是戰爭的結果，和民主化沒有關聯。而它所牽涉到的正義主要是對發動戰爭者的懲罰，而非對受害者的撫慰。我同意他對兩者的分辨。可是從「反顧性正義」（retrospective justice）的觀點來看，特別是針對和占領政權合作者（collaborators）的處置，兩者面臨類似的道德和政治問題。

一次相同，轉型正義的問題並沒有受到太多的重視。最主要的原因是，威權體制的執政黨在民主轉型之後，於李登輝的領導下繼續執政了十多年。在這十多年間，國民黨自然不可能自動檢視它過去對人權的侵害，不可能在道德上否定自己的過去。而李登輝長久於威權體制中服務的公職生涯、他和獨裁者蔣經國的關係，則為台灣對轉型正義的追求設立了基本的方向和聲調。在1999年出版的《台灣的主張》一書中，李登輝感謝了他任政務委員的6年間，從行政院長蔣經國身上所獲得政治訓練：「出席蔣經國先生主持的會議雖然很緊張，但卻猶如在『政治學校』進修一般，讓我有許多學習的機會。如果今天的我不再只是『理論家』，而是『政治家』的話，這六年的『蔣經國學校』應該是關鍵所在。」[19] 比較令人訝異的並不是政治領導人公開自稱是「理論家」和「政治家」，而是被很多台灣民眾稱呼為「民主先生」的人，自稱是獨裁者「蔣經國學校」的學生。5年後李登輝又出版《見證台灣》，這是他任副總統3年期間的工作日誌。該工作日誌可視為前一本書《台灣的主張》的註腳：蔣經國對李登輝的政治教練日誌[20]。李登輝至今似乎仍在和他自己的歷史掙扎搏鬥。

　　如果李登輝至今仍在和自己的歷史搏鬥，在他任總統期間，自然不可能檢討國民黨的過去。因為國民黨的過去同時也是他的過去。如果威權的國民黨在道德上犯了侵害人性（humanity）的嚴重錯誤，那麼李登輝在那個時期的歷史角色和道德定位應該是什麼？德國哲學家雅斯培（Karl Jaspers）曾經在德國納粹政權底下過活，又因為妻子是猶太人，在1937年被剝奪教職。他曾分辨四

19　李登輝，《台灣的主張》（台北：遠流，1999），頁268。
20　李登輝，《見證台灣：蔣經國總統與我》（台北：國史館，2004）。

種不同種類的道德罪過：犯行的罪過（從事犯罪行為）、政治的罪過（支持上述行為）、道德的罪過（袖手旁觀不加以抵抗）、形上的罪過（別人受屠殺自己卻倖存）[21]。袖手旁觀和倖存的罪過，表面上看來似乎是道德的高調，具有宗教救贖的意味。事實上，如果我們願意拋棄我們的傲慢，我們或許會發現它們其實平凡無奇。納粹集中營的倖存者作家普利摩‧李維，甚至以受難者的身分，對不抵抗和倖存做了深刻的反省和自責。在那個艱苦的環境中，自私、冷漠、順從、缺乏人性是常態。可是仍然有人勇敢地以各種形式反抗，只是反抗的都已經提早滅亡。「從納粹集中營生還的人不是最好的人。……能生還的其實是最壞的人，自私的、暴力的、冷漠的……。」[22] 而我們這些旁觀的，同時因此而活得更好的人，我們應如何看待自己的道德責任？而曾經支持威權體制、尤其是在體制內工作的人，又應該如何反省這個問題？李登輝似乎很少反省這個問題。如果他至今仍然無法和自己的過去和解，在當時自不可能回顧國民黨的過去。

因此，在1988年就任總統的記者會上，李登輝呼籲國人忘掉過去，「向前看」。兩年後，李登輝總統公開承認，他以前忘掉過去、向前看的呼籲引起朋友對他的批評。如今他找到一個新的方法來面對過去。不過，他還是堅持認為「我們不要把過去的問題一直挖，然後再形成大家不和諧，或是大家不快樂的情況。」他希望「大家應該在快快樂樂之下，從大家的記憶中，把這個問

---

21 摘自 Andrew Rigby, *Justice and Reconciliation: after the Violence*（Lynne Rienner, 2001），p. 6.

22 普利摩‧李維，《滅頂與生還》，李淑珺譯（台北：時報出版社，2001），頁95。

題給過去。」[23] 李登輝所找到的新方法是，首先，在行政院成立「研究二二八事件小組」研究二二八事件的眞相，以及「二二八事件專案小組」對政府提出處理的建議。「研究二二八事件小組」後來出版了《二二八事件研究報告》。該報告對這個台灣政治史上最重要的政治事件、同時也是台灣民眾最大的歷史創傷，有詳盡而不偏頗的敘述。更難得的是，雖然它自限於「旨在說明事實之眞相，並無判別責任所在的企圖，然對於數位關鍵人物之所作所爲，不能不加以檢討。」該報告接著檢討了治台最高軍事行政首長陳儀、警備總部參謀長柯遠芬、高雄要塞司令彭孟緝、憲兵團長張慕陶、在台情治人員、以及最高領袖蔣介石。根據該報告，蔣介石的責任是「軍務倥傯，無暇查證，又過度信賴陳儀……不能不說有失察之疵。」而在事後則因爲未能接納民意，懲治失職者，「以致留下長期的社會傷痕，確有考慮未週之處。」[24] 身爲威權體制的最高領袖，蔣介石的責任是「失察」和「考慮未週」。

李登輝的第二項措施，是廣建二二八事件紀念碑和補償受害者。從1989到2002年爲止，全國總共完成了20座紀念碑。在受害者的補償方面，1995年成立「二二八事件紀念基金會」。對白色恐怖政治壓迫受害者的補償，亦於1998年成立「戒嚴時期不當叛亂暨匪諜審判案件補償基金會」來負責這項工作。兩個基金會補償的對象不同，補償則以同一標準。處決或失蹤的補償金是600萬元。每一年的監禁補償50萬元，監禁補償最高不得超過500萬元。財產損失的補償最高200萬元。可是每一人總共可以獲得的

23　《聯合報》，1999/5/23。

24　行政院研究二二八事件小組，《「二二八事件」研究報告》（台北：時報出版社，1994），頁410-412。

補償不得超過600萬元。也就是說，如果一位受害者被監禁10年，那麼他的財產損失只能補償100萬元。如果他被監禁超過12年，總共也只能獲得500萬元的賠償。相較於其他國家，如阿根廷，這樣的補償標準並不算大方。阿根廷的年平均國民所得只有台灣的三分之一，可是對喪生者的補償是美金22萬元（超過台幣700萬元）[25]。

在物質的補償方面最不符合正義原則的，或許是對財產損失方面。一般而言，對財產損失的賠償是最沒有疑義、引起最少政治分歧、也最容易估算的部分。因此大多數的國家（除了波蘭之外），都盡可能對受害者在財產上的損失給予完全的賠償。例如捷克對財產損失盡可能的還原，而在無法還原的狀況下，政府發給金錢券加以賠償。可是在台灣，財產的損失卻一直不獲賠償。白色恐怖期間，叛亂罪（刑法的「二條一」）通常都加附沒收財產的處罰。可是戒嚴令在1987年取消的同時，立法院立即通過「動員戡亂時期國家安全法」；其中第九條第二款前段規定，「戒嚴時期戒嚴地域內，經軍事審判機關審判之非現役軍人案件，於解嚴後依左列規定處理：……二、刑事裁判已確定者，不得向該管法院上訴或抗告。」這樣的規定明顯違反戒嚴法第十條，軍事法庭之判決「均得於解嚴翌日起，提出上訴。」然而在大法官會議解釋國家安全法杜絕上訴的法律沒有違憲的同時，也封閉了受害者透過上訴歸還財產的可能性。一般的新民主國家，如果以法律杜絕對轉型正義的追求，其目標都放在阻絕對加害者的追訴。像台灣這樣，將目標放在阻絕賠償受害者的例子，非常少見。

至目前為止，兩個基金會審核通過的補償案件數目如下：

---

25 Elster, *Closing the Books*, p. 63.

二二八事件 (1947–1948)		白色恐怖 (1949–1986)	
死刑／槍殺	681	死刑	699
失蹤	177	無期徒刑	53
監禁	1,294	15–20 年	406
總數	2,152	10–14 年	1,247
		5–9 年	1,075
		5年以下	579
		感化教育	1,306
		其他	657
		總數	6,022

　　以上的數字，當然不能完全反映確實的數目。有些二二八事件的受害者，當時仍然單身。經過50年，在父母已經過世的情況下，沒有親人可以出面申請賠償。有些受害者的家屬長居海外。白色恐怖時期受害者的數目，也應比上引的數字為高。有些受害者是由中國單身來台；目前沒有家屬可以出面申請。有些人則因為某些私人及政治的原因（如對中國的民族認同），而拒絕申請補償。而上表的刑期也不能反映真實的情況。政治犯在刑期結束之後，經常以「感化教育」之名被延長拘禁。感化教育一次3年，可續延一次。所以有些政治犯，其實額外被拘禁了3年到6年，而這個期間的延長拘禁均不得申請補償。這就是是我們對受害者的補償情況。

　　而對加害者，我們幾乎不聞不問。到底是誰應該為近萬（或上萬）的人權侵害事件負責？上面的數字包含了多少的鮮血、眼淚、殘酷和不仁？到底誰應該負責？這種「上萬人受害，可是卻沒有加害者」的現象，並非沒有社會基礎。一位美國學者以東歐

後共產社會的經驗指出，一般人對過去的政治壓迫「在態度上的接受、行動上的漠視，其實是理性的，甚至是合乎常識的，或者是非常自然的。」他認為導致一般人對歷史正義冷漠有幾個原因：一般人對道德議題持有曖昧的態度；新民主國家經常面臨比道德議題更迫切的難題；許多人將轉型正義的問題看成是不同陣營的政客之間的權力鬥爭；一般人對回復常態的欲望比回復正義的欲望更為強烈；新民主社會經常需要借重舊政權底下的政治菁英的治理經驗[26]。

除了這些因素，台灣社會之所以對追求轉型正義漠不關心，或許是因為兩個更重要的原因。第一個原因是，威權體制在經濟發展上的成功，以及蔣經國個人的統治風格。白色恐怖時期，剛好也是台灣經濟起飛的時期；而蔣經國的統治風格，也迥異於一般的獨裁者。他統治台灣數十年，其間不論是反對派或是傳播媒體，沒有人敢挑戰他、甚至批評他。可是他似乎成功地防止了統治團體中的高階成員，如一般獨裁政權的貪污和腐化。此種施政風格，讓蔣經國或許被懼怕、被痛恨，但是卻很少被輕視。經濟的快速發展、蔣經國的統治風格，導致了民眾對那個時代的懷念。中央研究院社會學研究所在2003年所做的全國性電話調查發現，將近一半（46%）的受訪者認為：「像解嚴之前蔣經國時代那樣的政治，對台灣比較好。」甚至在大學以上教育程度的受訪者中，都有三成接受這樣的說法。

除了上述因素之外，另有一個原因導致台灣民眾對轉型正義

---

26 Stephen Holmes, "The End of Decommunization," in *Transitional Justice: How Emerging Democracies Reckon with Former Regimes*, vol. 1, ed. Neil J. Kritz（Washington, DC: United States Institute of Peace Press, 1995）, pp. 118-19.

的漠不關心：「壓迫的時刻」所造成的效果。一位研究轉型正義
的學者指出，如果民主轉型是一個較爲長期的過程，而殘酷的政
治壓迫在這個冗長的民主轉型過程中逐漸減輕，那麼民眾就比較
願意對加害者持有寬容的態度[27]。相反的，「在民主轉型的過程
中，如果加害者仍然活躍於政治場域，那麼壓迫經驗的鮮活記
憶，將讓過渡階段的政府較不安穩。」[28] 不論是個人或社會集體，
時間和記憶確實是一個重要的變項。許多政治學者，都體認到時
間因素對追求轉型正義的重要性。「時間會模糊我們對過去（殘
酷壓迫）的記憶。」[29] 不只記憶會隨時間的過去而模糊，道德的
憤怒也會隨時間而減低。如果政治壓迫距離民主轉型的時間較
久，對政治壓迫和殘酷行爲的感情反應和道德憤怒也會降低，對
轉型正義的追求同時也會減弱[30]。台灣民眾對轉型正義的淡薄態
度，或許是由於殘酷的政治壓迫事件，在轉型之前的數十年間已
較爲減輕。下列根據「不當審判基金會」所賠償的政治案件而計

27　José Zalaquett, "Confronting Human Rights Violations Committed by
　　Former Government: Principles Applicable and Political Constraints," in
　　*Transitional Justice: How Emerging Democracies Reckon with Former
　　Regimes,* vol. 1, ed. Neil J. Kritz（Washington, DC: United States
　　Institute of Peace Press, 1995）, p. 19.

28　Paloma Aguilar and Katherine Hite, "Historical Memory and
　　Authoritarian Legacies in Process of Political Change: Spain and Chile,"
　　in *Authoritarian Legacies and Democracy in Latin America and
　　Southern Europe*, ed. Katherine Hite and Paola Cesarini（Notre Dame,
　　IN: University of Notre Dame Press, 2004）, p. 209.

29　Luc Huyse, "Justice after Transition: On the Choices Successor Elites
　　Make in Dealing with the Past," in *Transitional Justice: How Emerging
　　Democracies Reckon with Former Regimes*, vol. 1, ed. Neil J Kritz
　　（Washington, DC: United States Institute of Peace Press, 1995）, p. 110.

30　Elster, *Closing the Books*, Chap. 8.

算的統計數字，顯示了這個事實。90%的人權侵犯事件發生於1970年之前，幾乎是民主轉型的20年前。其中只有1%發生在1980年代。在台灣，正如東歐一樣，威權體制的晚期，政治控制的主要方式逐漸由暴力壓迫和逮捕，轉變為心理層次的壓制；雖然逮捕和監禁逐漸減少，政治壓迫的恐怖氣氛仍然普遍瀰漫。類似東歐的共產政權，「控制社會的主要工具從恐怖和壓迫，變更為經濟的控制、媒體的控制、結社的控制、以及權利的控制。」[31] 這或許是台灣民眾對轉型正義的追求相對冷漠的重要原因之一。

年代	數目	比例
1949–1950	1,261	20.9%
1951–1960	3,340	55.5%
1961–1970	798	13.3%
1971–1980	546	9.1%
1981–1987	77	1.3%
總數	6,022	100%

民進黨從民主運動轉化而來。它對轉型正義的冷漠，部分原因或許來自社會大眾的冷漠。即使在2000年獲得政權之後，它也沒有對這個議題投入任何的關心。一直到2004年11月立法委員競選期間，陳水扁總統在為執政黨候選人助選的時候，才認真地提到，如果執政黨贏得立法院的多數，他將重新調查過去懸而未決的幾個政治謀殺案件。可是如果陳總統真有心追求轉型正義，身為控制所有行政機關的國家最高領袖，其實不用等到他的黨在立

---

31 W. Osiatynski, cited by Luc Huyse, "Justice after Transition," p. 110.

法院占據多數席位之後。他更無須在競選期間宣示這樣的決心。如此表態的結果，徒然將具有高度道德色彩的轉型正義，貶低爲權力鬥爭的工具。在選舉期間做這樣的宣示，對轉型正義、對社會道德的重建都是一個傷害。而如果這樣的承諾沒有實現，對轉型正義則是更大的摧殘：徹底毀滅轉型正義在民眾心中的道德性和合理性。轉型正義在東歐之所以不被重視，部分原因正是它成爲政治人物權力鬥爭的工具[32]。

歷史記憶和民主未來

雖然民眾對轉型正義的要求並不強烈，可是爲了民主的未來，我們仍須加以處理，特別是在歷史正義方面。回憶過去，經常是爲了未來。許多學者和思想家討論轉型正義的動機，主要也是爲了未來，爲了「讓它不要再發生」（never again）。雖然過去的裂痕和傷痛，經常阻礙未來的共存和合作；可是遺忘過去，過去可能在未來重現。歷史正義和歷史眞相在防止過去重現上，可能扮演重要的角色。雖然民主體制在今日的世界思潮中已經取得主流的地位，也已經成爲今日世界的主流趨勢。可是民主並非不可逆轉。近代世界許多國家，不只拉丁美洲，甚至具有高度文化、高度教育水準的西歐，都曾經發生民主政體崩潰回到威權統治的案例。民主政體依賴什麼得以鞏固？政治學者可能會列舉許多條件和因素。可是這些條件和因素要發生作用，最終還是公民對民主體制和民主價值的信奉，並且當政府侵犯這些價值的時候，願意以行動護衛它們的決心。歷史眞相和歷史正義在培養一般公民

---

32 Holmes, "The End of Decommunization," p. 117.

的民主價值上，應該具有重要的角色。

歷史眞相是否應該揭露？關心轉型正義的人，對這個問題所提供的答案其實是非常紛紜的[33]。歷史眞相和歷史記憶有許多層面。就其和民主體制的未來有關而言，有兩個議題值得討論。第一是短期上，是眞相的揭露還是歷史的失憶，比較有助於民主體制所須要的社會和諧？第二是長期而言，眞相的揭露是否有助於民主體制的穩定？

在討論揭露眞相還是忘懷過去比較有助於社會和諧之前，我們或許必須先討論另一個先決的道德問題。我們很難否認：受害者有權利知道眞相，知道誰應該爲他們的苦難負責。許多人因此認爲，也只有受害者有權利決定是否遺忘、寬恕或記憶。在個人層次上，遺忘還是記憶對他們比較好，沒有人能替他們決定。在「眞相和解委員會」的聽證時期中，南非一位法官說，「有些人說：夠了，不要再打開傷口了。我經常覺得奇怪，他們所說的傷口到底是誰的傷口？顯然不是他們自己的。而且，他們憑什麼說，受害者的傷口已經痊癒了？」[34] 只有受害者才有權利決定是否要遺忘過去。可是許多沒有受過傷害、不曾體驗人性（humanity）不被承認是何種經驗的政治領袖、專家學者們，卻經常要受害者遺忘過去，「走出悲情」，「向前看」。

而在社會效果的層次上，到底是遺忘還是記憶比較有助於社會和諧？許多人相信，只有揭露眞相才能爲社會帶來寬恕和和

---

33 Paloma Aguilar and Katherine Hite, "Historical Memory and Authoritarian Legacies in the Process of Political Change: Spain and Chile," p. 198.

34 摘自 Martha Minow, *Between Vengeance and Forgiveness*（Boston: Beacon Press, 1998）, p. xii.

解，為受害者和加害者同時帶來痊癒。正如南非一位父親被警察殺害的女士所說的，「我們很想寬恕，可是卻不知道要寬恕誰。」[35] 透過揭露真相以創造受害者和加害者的和解，是南非「真相和解委員會」成立的宗旨中比較積極的面向。委員會的主席、也是該一精神的具體象徵圖屠主教，在委員會的運作結束後，以如下樂觀卻保留的語氣這樣說：

> 真正的和解必須暴露可怕、濫用、痛苦、作賤和真相。揭露真相有時候可能讓情況更惡化。這是一個具有風險的行動。可是從結果看來，它是值得的。因為揭露真相有助於受害者的痊癒。……而如果加害者能終於認知自己的錯誤，那麼或許就有懺悔，或至少悔過或難過的希望。……我們也希望受害者可能因加害者的道歉而原諒他們的罪行[36]。

並不是所有「真相和解委員會」的觀察家都會接受這樣樂觀的評估。委員會運作的過程和結果顯示：大多時候真相並不能帶來和解。許多加害者在公聽會上的表現，讓人覺得他們並沒有悔悟，讓人覺得：「是的，如果回到從前的狀況，我還是會做同樣的事情。」[37] 而在受害者這一方，其效果也令人有所保留。許多人期望真相的揭露能撫慰受害者的傷痛，同時也帶來寬恕。這是

---

35 Ibid., pp. 270-271.

36 Desmond Mpilo Tutu, *No Future without Forgiveness*（New York: Doubleday, 1999），p. 149.

37 Wole Soyinka, *The Burden of Memory, the Muse of Forgiveness*（New York: Oxford University Press, 1999），p. 35.

對巨大創傷的心理治療術的基本信念。有許多例子確實指出揭露真相的治療效果。南非一位在16歲時遭受刑求的受害者，在「真相和解委員會」的公聽會結束後說，「我過去好幾次說過我的故事，我總是不斷的哭、哭、哭；覺得我的傷痛還沒有過去。不過這一次我知道，全國的人都會知道我的故事了，我仍然哭了一陣子，不過我內心也開始感覺快樂。」公開的證言將創傷的故事「從羞恥和屈辱，轉化成尊嚴和美德；透過對創傷的公開談論，受害者重新獲得他們的世界和自我。」[38]

可是也有許多例子顯示，受害者並沒有因真相大白而釋懷；相反的，他們的憤怒被真相重新點燃。一位因為支持黑人而太太和女兒被警察用郵包炸彈謀殺的白人說，他痛恨的一直是「體制」。可是12年後，透過委員會的證言，他終於知道，是誰殺了他的太太和女兒，他開始痛恨「人」，「我想，有一天我會殺了他。」[39] 這個例子，對在評估揭露真相的政治效果上有重要的參考價值。它顯示，揭露歷史真相將人對「體制」的憎恨，轉變為對「人」的憎恨。對壓迫性體制的憎恨，正是我們期許於一般公民的重要價值。而對人的憎恨，顯然無助於社會和諧。這個例子似乎不是孤立事件。委員會結束運作後的一項民意調查顯示：三分之二的南非人認為，「真相和解委員會」讓南非人更憤怒、族

38　Judith Herman, *Truth and Recovery*, cited in Martha Minow, "The Hope for Healing: What Can Truth Commissions Do?" in *Truth v. Justice: The Morality of Truth Commissions*, ed. Robert I Rotberg and Dennis Thompson（Princeton, NJ: Princeton University Press, 2000）, p. 243.

39　Priscilla B. Hayner, *Unspeakable Truths: Confronting State Terror and Atrocity*（New York: Routledge, 2001）, p. 142.

群關係更惡化[40]。以色列一位學者警告，不要對揭露真相的後果太樂觀：「記憶常帶來和解，也同樣地常帶來報復，而希望透過解放的記憶帶來罪行的洗濯和救贖，結果將只是一個幻影。」[41]因此，在受害者的個人層次上，有些例子支持揭露真相的和解效果，有例子則對這樣的期待加以否定。

而對社會整體而言，揭露真相是否能帶來和解，也缺乏有系統的研究。至目前為止，只有一個研究和此有關。2001年於南非所做的一項民意調查研究指出：真相的揭露可以為社會帶來和解。在這個研究中，「真相」是以幾個對種族隔離態度的道德評價做指標，如「種族隔離是違反人道的罪行」、「維護種族隔離體制是正義的」、「種族隔離體制背後的理念基本上並沒有錯」等。這些態度都是道德評價，而非真相的認知和接受。難怪研究者發現：和解的態度和真相（「對過去的知識」）顯著相關。由於這項研究在方法上的瑕疵，其結論仍然需要有所保留[42]。

至於我們所關心的第二個問題呢？真相的揭露是否有助於民主體制的鞏固？在這個問題上，學者的答案同樣分歧。有些人認為，挖掘過去只會危及脆弱的新民主政體。他們同意尼采的說法，「如果不要讓過去葬送未來，它必須被忘記」，也正是因為對納粹歷史的特赦和遺忘，才能讓西德於1950年代建立穩定的民主體制[43]。可是也有人認為，透過對獨裁者的追訴以保留歷史記

---

40 Ibid., p. 156.

41 Avishai Margalit, *The Ethics of Memory*（Cambridge, MA: Harvard University Press, 2002）, p. 5.

42 James L. Gibson, "Does Truth Lead to Reconciliation?" *American Political Science Review* 48, 2（April 2004）: 201–17.

43 Jeffrey K. Olick and Joyce Robbin, "Social Memory Studies: From 'Collective Memory' to the Historical Sociology of Mnemonic

憶，將能爲民主體制建立穩固的基石。「雖然審判加害者在短期上或許會危及拉丁美洲的民主前景，可是對其長期的健康而言，卻是非常重要的。」[44] 這位作者有力地指出，從獨裁轉型到民主的社會具有兩項義務。第一個義務是對受害者，那些被謀殺的、被刑求的、不合理監禁的、在他們的專業中被剝奪工作權的。第二項義務則是對他們未來的世代：保證獨裁不再重現的義務。[45]在台灣，第一項義務或多或少得到了滿足；可是因爲疏於處理歷史正義，第二項義務，對爲來世代的義務，仍然等待我們去承擔。

可是追求歷史正義經常是一項複雜的工作。追求歷史正義經常牽涉到對社會記憶的重塑。而重塑社會記憶可能永遠沒有「定論」。因爲對社會記憶的解釋，經常植根於政治、社會、文化團體和利益之間的衝突，想要重建一個所有團體(不論是種族的、族群的和階級的)都可以接受的社會記憶並不容易。不同的團體，經常賦予歷史記憶不同的面向、甚至不同的解釋；有時候甚至要共享相同的紀念儀式都不可能[46]。以民族認同較有共識、較不分裂的美國爲例，雖然民族認同較不涉及意識型態，可是甚至不同的族群，都用不同的歷史記憶來塑造他們自己版本的民族認同[47]。而在新民主國家中，集體記憶經常成爲一個衝突的競技場，

(續)

    Practices," *Annual Review of Sociology* 24（1998）: 118.

44 Tina Rosenberg, *The Hunted Land: Facing Europe's Ghosts after Communism*（New York: Vintage Books, 1995）, p. 404.

45 Ibid., p. 397.

46 Mark Osiel, *Mass Atrocity, Collective Memory and the Law*（New York: Transaction Press, 1997）, 20.

47 John Bodnar, *Remaking America: Public Memory, Commemoration, and Patriotism in the Twentieth Century*（Princeton, NJ: Princeton University, 1992）.

「記憶的營造家在其中互相鬥爭，爭相推銷經他們重塑的不同過去、有時甚至是不相容的過去，以促進他們的政治目標。」[48]

由於不同的歷史經驗，台灣的不同族群，對國民黨的威權體制也有不同評價和感情反應。外省籍的民眾由於抗日戰爭、中國內戰、以及移居台灣的經驗，對國民黨有深厚的歷史感情。而本省籍的民眾對國民黨統治經驗的記憶，則是二二八事件的屠殺和白色恐怖。兩個族群對威權統治的歷史記憶，似乎很難相容。兩年前我關於蔣經國的論文所引起的爭論，就是一個的例子[49]。該篇文章的主題是關於前面所提，近代台灣政治兩個最重要的道德問題之一：台灣民主化到底是誰的貢獻？該文檢討了許多外國和本地學者的論點：蔣經國是台灣民主化的推手。這樣的講法不但違反一般的常識，也違反歷史事實。該文指出：蔣經國晚年的解除戒嚴，從而啓動了台灣民主化的進程，主要是在美國和反對運動的壓力下不得不做的妥協。此外，身爲白色恐怖時期擁有至高權力的獨裁者，他也必須爲在他統治下的人權侵犯事件負責。文章發表之後，引起不同政治立場者完全對立的反應。對我論點的贊同，幾乎全部來自「本土派」的學者和媒體；批評我的意見，則幾乎全部來自對立陣營的政治人物和媒體。同時，反對的意見中很少是針對事實的討論和爭辯，幾乎全是對作者的人身攻擊和人格謀殺，包括政黨領袖的意見和《中國時報》的社論[50]。台灣

48　Paola Cesarini, "Legacies of Injustice in Italy and Argentina," 168.

49　吳乃德，〈回憶蔣經國、懷念蔣經國〉，收於《二十世紀台灣民主發展》（台北：國史館出版，2004）。

50　親民黨主席宋楚瑜先生說我「想要成名，就幹掉國王。」《聯合報》，2003/9/26。國民黨發言人說，我是爲了求官(電視訪問)。中國時報社論說，「學者爲政治服務，看了令人難過。」《中國時報》，

社會的歷史記憶和對歷史的詮釋，明顯是以政治立場為分野。

　　台灣社會對二二八的記憶，也同樣是分裂的。對許多本省人而言，二二八的屠殺象徵一個重要的歷史教訓：外來統治者必然帶來災難和殘酷。在台灣認同勃興的現階段，這個事件成為台灣人悲哀的象徵，也是台灣獨立自主的合理性來源。而在中國認同者的眼中，二二八事件、以及隨後的白色恐怖，都是內戰的延長。根據陳映真的闡釋，「二二八論述早已成為台灣反民族政治和歷史論述的『原教主義』的教條，發展為『台灣民族主義論』、『國民黨再殖民台灣』等意識型態的基礎。」其實，「二二八事變的忿怒，基本上在於認識兩岸兄弟同胞之情的基礎上，反對兄弟同胞間的掠奪和壓迫。」[51] 不同的民族認同，導致不同的歷史詮釋和不同的集體記憶，台灣當然不是唯一的例子。例如智利，該國在獨裁統治下同樣獲得不錯的經濟成長，民眾對過去時代的功和過同樣沒有基本的共識[52]。而日本社會在終戰五十多年後，仍然為戰爭和暴行的責任所分裂。

　　然而此種社會記憶的分裂並非難以避免。欲重塑一個所有族群都能共同接受的歷史記憶，讓它成為未來世代的民主教材，並非不可能。畢竟，兩個族群都有成員曾經勇敢地反抗國民黨的獨裁統治。而兩個族群也都有成員，在白色恐怖下受難。如今已知的白色恐怖受害者中，有40%是外省人，遠高於其在總人口中所占的15%的比例[53]。此外，歷史真相的揭露，也可以讓特定族群

(續)─────────────

2003/9/26。

51 陳映真，〈序文〉，曾建民等編，《文學二二八》（台北：台灣社會科學出版社，2004），頁5-9。

52 Hayne, *Unspeakable Truths*, p. 159.

53 感謝「戒嚴時期不當叛亂暨匪諜審判案件補償基金會」所提供的初

的一般成員，不再需要承擔過去統治團體的罪惡。正如雅斯培對紐倫堡大審評論，「這個審判對德國人的好處是，它分辨了政治領導人的罪刑，而沒有譴責所有的德國人。」[54] 我們對歷史記憶的分裂，部分原因或許來自我們對歷史正義和歷史事實的疏於追究。

在追求歷史正義的時候，我們或許可以從瓜地馬拉「歷史澄清委員會」的報告《沈默的回憶》中獲得若干啓發：在保存歷史記憶的時候，避免以攻擊獨裁者爲最高目標；同時不去忽略導致了大規模人權侵害事件的國內和國際政治情境和背景因素，如冷戰、古巴和美國的介入、反對派使用暴力和武裝革命手段等等[55]。我們或許也可以將焦點專注於政治權力（特別是獨裁的權力）的危險性；當別人爲了人性尊嚴（他們的和我們的）而戰鬥的時候，如何不袖手旁觀；以及當我們面對一個不道德的指令的時候，應該採取什麼樣的應對方式。這些問題即使在民主體制中，仍然沒有失去時效。我們不一定能成功地達成這些任務，然而，那卻是我們對下一代的責任。

可是這樣的民主教育，爲什麼要使用我們自己的歷史素材呢？爲什麼不將全人類視爲一個單一的道德共同體？爲什麼不用其他社會的例子，來做民主教育的素材，以避免我們社會的進一步分裂？20世紀畢竟是人類歷史上最殘暴的世紀；如果要利用其他社會的例子，我們並不缺乏這樣的歷史教材。以色列學者瑪嘎利特曾經在不同的脈絡下討論，將全人類視爲一個單一的道德

（續）────────────

步統計數字。

54 摘自Rigby, *Justice and Reconciliation: after the Violence*, p. 4.

55 www.shr.aaa.org/guatemala/ceh/report/english/toc.html.

共同體可能遭遇的一些實際難題。其中兩個難題是，第一，我們
可能不容易找到一個機構來儲存、並且散發全人類的記憶。第
二，更重要的，歷史記憶要被回憶、並成爲有意義的知識和資訊，
它必須屬於某一個整合的網絡關係，而非孤立的、不相關的
人群和事件；家庭、地理社區、階級、國家都屬於這樣的網
絡[56]。

即使將全人類視爲單一的道德共同體沒有這些實際上的困
難，我們仍可以更積極地假設：來自自己社會的經驗和記憶，有
更強烈的教育效果。任何人造訪納粹集中營的遺跡，經過牆壁猶
留有抓痕的煤氣室，站立在火化爐之前，都不可能不被震撼。可
是如果犯行是來自我們自己的同胞，施諸我們自己的同胞，我們
應會有更強烈的震撼。正如我們比較容易被自己的英雄和烈士所
吸引、所感動。

爲什麼自己的同胞比較獨特？這倒不是因爲原始粗糙的部
落主義，也不是盲目的民族主義。而是因爲：一個政治共同體同
時也是一個道德共同體；在這種共同體之中，人和人彼此關連，
也共同爲感情和道德情操所維繫。我認爲，雖然我無法證明，如
果一個歷史記憶要成爲民主教材，它必須是自己社會的歷史、是
自己民族的回憶。雖然揭露眞相、整理事實，不會自動成爲足以
承擔民主教育功能的歷史記憶。可是揭露眞相、整理歷史卻是第
一步。希望在不久的將來，台灣社會可以認眞追究歷史正義；特
別是在民主轉型已經近20年之後，我們可以不再蹉跎。也只有將
正義還給歷史，我們才能眞正告別威權年代，同時可以不再延續
威權年代的族群分裂。這是我們對現在的責任。而因爲這段歷史

---

56 Margalit, *The Ethics of Memory*, pp. 79-80.

記憶對民主教育的重要功能，它也值得珍惜。這是我們對未來的責任。

吳乃德：中央研究院社會學研究所研究員。曾任美國密西根大學社會系訪問副教授，台灣政治學會創會會長，《台灣政治學刊》總編輯。研究領域為比較政治和台灣政治發展，出版論文包括台灣的階級政治、民主轉型、族群關係和民族認同等主題。

當穆罕默德遇上言論自由

陳宜中

2005年9月30日，丹麥《日蘭德郵報》刊登了12張調侃穆罕默德的漫畫。中間有幾張把穆罕默德描繪成恐怖分子，而其中又以「炸彈客穆罕默德」（頭巾上綁有炸彈的穆罕默德）那張最爲醒目。就連以言論自由捍衛者自居的英國《經濟學人》，都不諱言「有幾張圖片，特別是把穆斯林先知畫成恐怖分子的那幾張，擺明了就是在污辱。」

漫畫刊出後，先是遭到丹麥穆斯林團體的抗議，後來怒火一路延燒到中東地區，並發生了幾起攻擊丹麥大使館的暴力事件。在2006年1月到2月間，隨著全球穆斯林社群抗議聲浪的升高，以及國際傳媒的大幅報導，丹麥漫畫事件不僅受到了廣泛矚目，並引發一連串有關「文明衝突」的論辯。

不少爲《日蘭德郵報》辯護的西方評論家，把漫畫事件訴說成「是否有權利嘲諷」或「是否有權利褻瀆」的問題。他們的說法暗示：類似於「炸彈客穆罕默德」這種言論，本來就是「西方文明」與「自由社會」所容忍的；而來自於穆斯林的激烈抗議，正顯示穆斯林想要將其守舊的宗教禁忌強加於自由社會，也正暴露出穆斯林的落後和無理。諸如「西方文明vs.落後的穆斯林」、「言論自由vs.宗教極權主義」之類的論調，廣見於德國、法國、

荷蘭、義大利、挪威的主要媒體。

　　然而，當衝突非但未隨著前述的二分而止息，反倒是加劇時，我們或許應該思考：丹麥漫畫事件的核心問題，並不在於「是否有權利嘲諷」或「是否有權利褻瀆」，而在於「是否有權利煽動仇恨」以及「該不該譴責這類仇恨言論」。

　　把先知畫成恐怖分子，擺明了就是在妖魔化穆罕默德與所有穆斯林——這無疑是整起事件中最為嚴重的挑釁和污蔑。事實上，這類所謂的「仇恨言論」是否應該受到限制、如何限制等等，向來是爭議不休的難題。在某些民主國家，例如今日的丹麥和美國，仇恨言論基本上屬於言論自由權的合法行使。但按照法國、德國及許多其他歐洲國家的「反仇恨言論」或「反群體毀謗」相關法條，類似於污蔑「穆斯林都是恐怖分子」的仇恨言論或群體毀謗，則明顯有觸法之虞。由此觀之，當某些西方評論家宣稱「那些漫畫本來就是我們所容忍的」的時候，他們只是替複雜的道德爭議找尋便宜的卸責藉口。

　　在「是否有權利煽動仇恨」的問題外，還有「該不該譴責這類仇恨言論」的問題。因為，就算「炸彈客穆罕默德」這類仇恨言論完全合法，也不表示評論者不能或不應該予以強烈的道德譴責與政治批評。當某些西方評論家以「那些漫畫本來就是我們所容忍的」為藉口，拒絕批評那些漫畫的時候，他們不但沒有說實話，還等於是在為那些漫畫進行政治與道德辯護。

　　另一方面，有些掛著「反西方」招牌的評論者，在批評丹麥漫畫事件中西方輿論界的偽善時，刻意把「言論自由」說成是什麼「西方霸權」、「西方資產階級意識型態」或「消極自由而已」。在這些評論者的筆下，非西方政府不但應當禁止仇恨言論，甚至還可以正當地以「反西方」或「反和平演變」之名，禁止、懲罰

各種不利於專制的政治異議、政治資訊、新聞報導及輿論傾向。這種為「東方專制」護航的反動說詞，正好與西方墮落的「文明衝突」論調相互呼應，構成了同一枚銅板的正反兩面。

言論自由在丹麥

環顧今日世界，丹麥堪稱是言論自由尺度最為寬鬆的國家之一。根據「無疆界記者組織」2005年的一份評比，丹麥在「出版自由」方面的表現居於全球之冠。以丹麥的現行體制，「炸彈客穆罕默德」屬於言論自由權的合法行使，而必須受到法律保障。因此，當丹麥首相表示他既無法懲辦《日蘭德郵報》也不能代表該報道歉時，他說的應是實話。

2005年10月27日，丹麥的穆斯林團體向法院提出告訴，指控《日蘭德郵報》違反了〈丹麥刑法〉的第140條與第266b條。第140條是丹麥的反褻瀆法。第266b條則可以形容成是丹麥的反仇恨言論法，其對象擴及所有針對特定種族、膚色、民族、族群、宗教、性傾向的「公開的、帶有惡意的」詆毀、污辱或威脅。這類反仇恨言論、反群體毀謗法條在歐洲各國都存在，丹麥也不例外。不過，在2006年1月6日，丹麥當局以尊重言論自由為理由，駁回了穆斯林團體的告訴。

〈丹麥刑法〉的第140條與第266b條，雖然未被廢除，但幾十年來幾乎不曾被使用過。對於言論自由的高度保障，確實已經變成了丹麥政治傳統的一部分；除非仇恨言論的「惡意明確」，除非其程度「極為嚴重」，否則基於對言論自由權的尊重，都必須予以寬容。當然，「惡意」的舉證方式為何？「極為嚴重」的門檻何在？往往沒有客觀標準，而終究取決於政治價值的取捨。

一般來說，愈是看重言論自由的政治社群，為「極為嚴重」與「惡意明確」所設下的認定標準也愈高，對仇恨言論也愈能寬容。

對仇恨言論的高度保障，使丹麥成了歐洲新法西斯團體及言論的天堂；害怕被德國或奧地利當局法辦的新法西斯主義者，到了丹麥就可以暢所欲言。與德國、法國和英國相較，丹麥堪稱是「歐洲的美國」。1978年，美國最高法院判決法西斯團體有權利去芝加哥郊外一處大屠殺倖存者群聚的社區，發動遊行示威並散布其仇恨言論；這個判例無異於宣示：幾乎所有針對特定社群的仇恨言論或群體毀謗，都在〈美國憲法〉第一修正案的保障範圍內。與美國不同的是，丹麥還有個備而不用的〈反仇恨言論法〉，但備而不用一久，便與「束之高閣」無甚差異。

1996年，國際特赦組織的丹麥分部頒獎給一家廣告商，獎勵其「維護思想自由」的重大貢獻。這家廣告商的貢獻何在？在於設計了一張海報，而海報上的老人正是一名宣傳「納粹並未屠殺猶太人，還把他們養得不賴」的前納粹秘密警察。這張海報的獲獎理由是：「要打擊、反對這類令人髮指的言論，便必須先讓它得以被自由地表達。」

對於主張「接近百分之百言論自由」的某些自由主義者來說（按：只有部分自由主義者接受這個立場），丹麥政府及非政府組織的表現無疑令人激賞。「再怎麼帶有污辱和仇恨的言論，也屬於言論自由權的合法行使；反制這類仇恨言論的最佳手段，不在於禁止或懲罰，而在於更多的言論。」這是部分主張「接近百分之百言論自由」之自由主義者的金科玉律，並且在丹麥（以及美國）形成了某種政治文化。

言論自由之外

　　顯而易見，刊出漫畫的《日蘭德郵報》是否因而違反了丹麥憲法或刑法，並不是問題的全部。在丹麥及其他歐洲國家，穆斯林移民向來是弱勢的族群，且近年來的處境更是每況愈下。當他們被財團所支持的媒體嚴重污衊時，政府和輿論界是否願意出面譴責這類仇恨言論，無疑具有重大的政治意義。

　　一個合理的推斷是：假使丹麥首相在第一時間就譴責此類仇恨言論，或《日蘭德郵報》在第一時間出面道歉，則後來的衝突可能就不會那麼嚴重。芬蘭、瑞典、英國的政治領袖，或者主動譴責那些漫畫的不當，或者呼籲丹麥政府出面爲那些漫畫所造成的傷害表示遺憾，以防止衝突態勢的升高。但丹麥首相除了重申丹麥是一個尊重言論自由的國度、丹麥政府無權懲處《日蘭德郵報》外，卻未能在第一時間公開譴責那些「擺明了就是在污辱」穆斯林的漫畫，反而拒絕與穆斯林團體的陳情代表會面。

　　至於《日蘭德郵報》，則在各方壓力下先後發出了兩封不痛不癢的公開信，雖然公開承認「那些漫畫毫無疑問冒犯了許多穆斯林」並爲此道歉，但卻一再重申「我們認爲那12張漫畫都相當嚴肅、審愼」。看在許多穆斯林眼裡，這種道歉當然不能算是道歉，甚至構成了二度傷害。

　　儘管《日蘭德郵報》宣稱他們並未「惡意」污衊「穆斯林都是恐怖分子」，他們只不過是想要測試言論自由的底線何在，但這個辯解明顯是在逃避責任。說穿了，那些漫畫是否屬於言論自由權的保障範圍，只是問題的一部分而已。問題的另一重要部分在於：就算我們認爲程度與之相當的仇恨言論都應該獲得法律保

障，都應當被認定爲言論自由權的合法行使，我們還是有相當強的理由對這類言論進行政治批評與道德譴責。就算按照丹麥和美國的尺度，那些漫畫都並未觸法，但「合法」或「有權」卻未必等於「正當」或「有理」。

事實上，「炸彈客穆罕默德」事件從一開始便不單純。近幾年來，丹麥政治不斷右傾化，弱勢的穆斯林移民（爲數約10萬人）往往成爲右翼政客及傳媒的攻訐對象。根據「歐洲反種族主義網絡」2004年的一份調查報告，《日蘭德郵報》向來「以不成比例的篇幅和時間，從事關於少數族群的負面報導。」而就在該報登出漫畫的幾天前，丹麥文化部長米克森甚在公開場合向穆斯林移民宣戰，揚言要針對他們發動「文化鬥爭」，藉以打擊「穆斯林守舊的規範與不民主的思考方式」，並樹立所謂的「丹麥文化與歐洲規範」。既然連文化部長都這麼說，《日蘭德郵報》當然更有恃無恐。

回頭來看，《日蘭德郵報》以及丹麥的右翼勢力，可謂十分有效地「製造」出一個「文明衝突」或「文化鬥爭」的場景。藉由刊登那些漫畫，他們先是成功地激起穆斯林社群的強烈反彈，後是廣發英雄帖，號召歐洲各國媒體也一起加入「文明衝突」或「文化鬥爭」的行列——儼然以十字軍東征的先鋒隊自居。儘管英國媒體不吃這一套，但這群右翼人士卻相當成功地把德國、法國、荷蘭、挪威乃至「歐洲」也一起拖下水。影響所至，連對美國和丹麥的言論自由尺度多所批評的德國和法國各界，這次居然也出現了不少言論自由的聖戰士，他們以自己都難以信服的「絕對言論自由」爲藉口，對穆斯林的激烈反應大加撻伐。

言論自由權利的邊界何在，仇恨言論該不該受到法律限制，無疑都是值得嚴肅探討的課題。但在這齣「文明衝突」的戲碼中，「言論自由」卻似乎只是一個高懸的幌子。

誰在製造文明衝突？

　　敗訴之後，丹麥的穆斯林團體準備了一分長達43頁的說帖，逕自前往中東地區大吐苦水。中東的伊斯蘭領袖當然不是省油的燈，他們對歐洲境內穆斯林移民的處境沒有太多理解與同情，但對以色列的惡行惡狀與西方強權的中東政策卻早有不滿。丹麥漫畫事件，遂令這班領袖覺得機不可失，終於逮到一吐怨氣的大好機會。除了鼓動攻擊丹麥（或所有北歐）大使館、抵制丹麥貨、發動所謂的聖戰和聖裁之外，他們還舉辦了諷刺漫畫比賽，藉以嘲諷猶太人本就該被屠殺。

　　反種族主義、反西方帝國主義，無疑是正當的訴求。不過，當這種訴求以否定「大屠殺」存在、或以發動追殺令的面貌出現時，任何稍有理智的人——無論再怎麼同情中東人民的苦難——大概都會感到不安，也難以同意。中東人民的「反西方」，值得我們以嚴肅的態度賦予同情的理解。但部分中東政客與宗教領袖以「反西方」、「反西方言論自由」之名來正當化其專制行徑，卻又是另一回事。

　　當部分中東的伊斯蘭領袖試圖從漫畫事件榨取政治利益、以「反西方」之名鞏固專制的同時，丹麥方面也開始拼命地向歐洲傳媒發出「文明衝突」的動員令。雖然英國媒體置之不理，但德國、法國、荷蘭的主流媒體卻積極響應。於是乎，歐洲突然冒出了一批以「絕對的言論自由」之守護神自居的評論家，把衝突形容成是「言論自由」對抗「極權主義」、「先進的歐洲文明」遭逢「落後的穆斯林」。這群極度偽善的西方論者與中東的神學暴君相互呼應，形成了一種你儂我儂的共犯結構——名之為「文明衝突」。

　　自從荷蘭一位導演因其電影冒犯了伊斯蘭基本教義派而遭謀殺後，荷蘭穆斯林移民的處境便每下愈況；穆斯林移民遭到不斷的污名化，彷彿他們全都是兇手的共謀。在德國與法國，穆斯林移民也同樣被認爲是「棘手問題」。在新自由主義經濟全球化與區域化的趨勢下，穆斯林移民淪爲弱勢中的弱勢，雖有救濟金可領，但失業率相當高；再加上911事件後「西方」與「穆斯林」之間敵意的上升，將穆斯林移民「整合」進西方社會的任務，顯得愈發困難。與此同時，反穆斯林、排穆斯林的聲浪水漲船高，使得以往的中間力量也日漸向右傾斜。

　　當然，這些「背景」不足以說明爲什麼遭到穆斯林移民恐怖攻擊的英國不願加入「文明衝突」的行列，而德國、法國、荷蘭的主要媒體卻熱情投入。但無論如何，由於德國和法國是歐盟的支柱，這兩國的政治走向必然舉足輕重。也就是說，如果炒作文明衝突的只有丹麥與荷蘭，或甚至再加上挪威與義大利，這都還不足以左右歐盟的政治氣氛。而一旦德法主流媒體也暴露出類似傾向時，有識者便不得不高度關切了。

　　要製造所謂的「文明衝突」，其實一點也不困難。只要雙方一口咬定「文明衝突」確實存在，並且不斷火上加油，那麼這種衝突就會從無到有，甚至變成不共戴天。沒錯，中東的暴君和伊斯蘭基本教義派確實是「文明衝突」的積極鼓動者，但這卻不表示歐洲各界必須隨之起舞、對號入座。就丹麥漫畫事件來說，除了丹麥右翼傳媒及政客要負最大的責任外，與「文明衝突」共舞的那些歐陸人士亦難辭其咎。

僞善、太僞善

　　稍微了解西方近代史的人都知道，言論自由稱不上是什麼西方文明的內在產物，而是宗教殺戮、以及近兩百年來弱勢人民不斷追求自由、平等的歷史產物。提倡宗教寬容的洛克，對羅馬天主教徒和無神論者毫無寬容可言；提倡思想與言論自由的康德和密爾，從不知「絕對的言論自由」（1960年代以後的一項發明）是為何物；20世紀初的美國，就連散發和平主義手冊都會被扣上「叛國罪」。質言之，沒有兩百多年來前仆後繼、由下而上的爭權、維權運動，就沒有今天我們所理解並享有的言論自由權利；而且，靠不斷鬥爭所爭取而來的言論自由，必須時時刻刻努力維持，否則就有著隨時被收回、被限縮的危險。假使言論自由果真是西方文明或文化的內在產物，那奴隸制、納粹的集中營、大規模毀滅性武器的濫用、對穆斯林的歧視，也同樣是西方文明或文化的內在產物？

　　事實上，在那些急忙表態、急於羞辱穆斯林的歐洲評論家之中，絕大多數平常根本就不是什麼「絕對的言論自由」的鬥士。更讓人啼笑皆非的是，為了配合「文明衝突」的演出，歐洲議會竟然大言不慚地宣稱「絕對的言論自由」是所有歐洲人的基本堅持。這種說詞，看在某些真正主張「絕對的言論自由」的論者眼裡，簡直就是自欺欺人、不知所云。

　　在歐洲幾個較具政治影響力的國家，如德國、法國和英國，輿論界及知識分子向來對美國某些主張「接近百分之百言論自由」的論者及其說法，持著保留的態度或甚至嗤之以鼻。沒錯，言論自由對於歐洲各國來說，確實是一項重要的基本自由；但另一方面，主張「接近百分之百言論自由」的歐洲論者，實有如鳳毛麟角。丹麥，是個顯著的例外。但就英國、德國、法國乃至〈歐洲人權公約〉的相關條文而言，我們幾乎可以論斷：相當於「炸

彈客穆罕默德」的仇恨言論，實處於法律邊緣的灰色地帶，不僅有觸法之虞，而且就算真被起訴、被定罪，也稱不上是什麼「牴觸歐洲文明或文化」的表現。

常識告訴我們，主張維護「言論自由作爲基本權利」未必表示支持「仇恨言論的完全自由」。以筆者的了解，主張「仇恨言論的完全自由」者集中於美國東岸，其中又以德沃金（Ronald Dworkin）和杭士基（Noam Chomsky）最爲著名。但在歐洲思想界，則幾乎找不到這種立場的代表性人物，因爲歐洲各界普遍認爲這種美式立場太過天眞。當然，拒絕接受「仇恨言論的完全自由」，並不表示反對「言論自由作爲基本權利」。

2006年2月13日，英國哲學家歐妮爾（Onora O'Neill）在《衛報》爲文指出：〈歐洲人權公約〉第10條對言論與表達自由的保障，並不是絕對的。該條文的第二部分強調：因爲這些權利的行使須「伴隨義務與責任」，所以在「必要」時得立法加以限制，以保障其他重要的基本權利與公共旨趣，這包括「他人的名聲或權利」。在歐洲，歐妮爾的見解其實早已是ABC。那些放言高論「絕對的言論自由」的歐洲論者，又眞會不知道嗎？

在法國與德國，針對仇恨言論或群體毀謗的相關立法早已行之有年。根據1972年7月1日修正通過的〈法國出版法〉，任何以特定種族、民族、宗教群體及其成員爲對象，煽動歧視、仇恨、暴力或進行毀謗，都在該法的禁止範圍內——無論煽動者或毀謗者的意圖何在。1975年，一位期刊編輯僅因爲寫出「採用外來移工不利於法國經濟」的觀點，便遭到起訴，並被定罪。

與法國相較，德國的相關規定更爲嚴苛。根據〈德國刑法〉第130條，凡是傷及社群尊嚴的仇恨、嘲諷或詆毀言論，只要有破壞和平之虞，都在禁止之列。此法的保障對象除了種族與族群

外，也包括宗教社群與文化結社——穆斯林作爲宗教社群當然也在保障之列。德國之所以禁止「否認大屠殺」的言論，背後的最主要理由即在於保障猶太社群免受仇恨言論的攻擊。

從維護言論自由的角度來看，法國與德國的這些法律似乎太過嚴苛；這些法律要是出現在今日美國，幾乎肯定會被美國最高法院判決違憲。但重點在於：不論這些峻法的好壞或對錯，只要其繼續存在於法典之中，法國和德國各界就沒有正當理由以「接近百分之百言論自由」爲名，一口咬定「炸彈客穆罕默德」這類言論沒有觸法之虞。而歐洲議會，當然也沒有正當理由高談什麼「絕對的言論自由」。

當一些歐洲論者自以爲是地隨著「文明衝突」起舞，大言不慚地以「絕對的言論自由」羞辱穆斯林的「落後」，他們所暴露出的不外乎是種族主義、文化傲慢、政治道德的墮落與極度僞善。

沒有責任就沒有權利？

在丹麥漫畫事件中，英國只有兩個名不見經傳的小報轉載了漫畫（各刊出一則）；其中一個是卡地夫大學的學生報紙，刊出漫畫後遭到強烈抗議而急忙把刊物收回，並公開道歉。有意思的是，英國媒體不但清一色拒絕轉載漫畫，就連言論的口徑也頗爲一致。他們強調媒體必須自律、必須有社會責任感，並反對英國政府加強言論管制。除了批評丹麥漫畫煽動仇恨外，他們亦指陳言論與新聞自由的高度重要性。

英國不是極權國家，所以當英國媒體（包括狗仔媒體在內）出現這種相當一致的反應時，難免讓人十分好奇。一個看法是：英國打了伊拉克，又發生倫敦爆炸案，使得社會各界非常重視穆

斯林移民社群的感受，並致力於降低敵意。這種說法似乎頗為可信，但這次英國媒體的「紀律嚴明」或許還有另一個重要因素。

就在丹麥漫畫事件鬧得如火如荼的同時，英國國會修正通過了一項〈種族與宗教仇恨法案〉，用來填補1976年制訂之〈種族關係法案〉中存在的漏洞。前面提到，法國與德國的相關法令除了保障種族與族群外，也明文保障所有宗教社群。但英國的〈種族關係法案〉卻並未把宗教團體列入，因此無法適用於近年來最受仇恨言論所苦的穆斯林社群。有趣的是，雖然法國和德國早就有了可以用來保障穆斯林的反仇恨法條，但卻似乎不想用以保護穆斯林；而布萊爾政府求之不得的正是法國和德國的那種峻法，以便嚇阻、懲罰「擺明了就是在污辱」穆斯林的仇恨言論。

按照布萊爾政府所提出的草案，無論種族或宗教仇恨言論者的意圖為何，也不管這些言論的直接後果為何，只要是「鹵莽的、不負責任的」（reckless），都有可能被起訴、被定罪。這個草案的基本精神與德國法國的峻法並無二致。套用工黨領袖慣用的術語，就是「沒有責任就沒有權利」：你要是講不負責任的話，言論自由權利就有可能不存在。

過去，英國政府從不怯於動用〈種族關係法案〉起訴種族仇恨言論；而種族與宗教仇恨草案的目的，正在於進一步加強英國政府管制仇恨言論的力道。在英國，這類法律最主要的預期作用在於「嚇阻」。為了嚇阻，必須殺雞儆猴，不能放著法律不用。

除了新法西斯團體外，新聞媒體當然也是英國政府想要嚇阻的主要對象。而以工黨政府的作風，要是哪家媒體因刊登了丹麥漫畫而引起喧然大波，確實不無可能變成眼中釘，或甚至成為起訴的對象。再者，英國媒體並不希望看到布萊爾政府的草案以其原有面貌通過，因此擔心要是不慎闖禍，就有可能使國會最終通

過該一峻法。這個重要因素，似乎也部分說明了為什麼英國媒體在漫畫事件中，表現出相當程度的自我節制。

〈種族與宗教仇恨法案〉直到2006年2月才告塵埃落定。布萊爾政府的草案闖關不成，遭到了否決，最後通過的是英國國會幾度修正後的版本。雖然這一版本同樣將宗教社群納入適法對象，但是明訂唯有「意圖」明確的仇恨言論才得以被定罪。相較於草案以及先前的〈種族關係法案〉，這個〈種族與宗教仇恨法案〉終於清楚地將「意圖」列為定罪的必要條件。就此而言，該法稱得上是言論自由權在英國的一次勝利。

儘管如此，英國政府卻還是可以動用〈種族與宗教仇恨法案〉起訴「炸彈客穆罕默德」這類仇恨言論。在英國，被告者須承擔相當程度的舉證責任。因此，〈種族與宗教仇恨法案〉的「意圖」條款，充其量只略為增加英國政府的不便而已。在可預見的未來，英國政府可能會繼續加強其嚇阻戰略的力道——尤其針對仇視穆斯林的言論。

仇恨言論該受管制嗎？

言論自由之所以是憲政民主所保障的公民基本權利，原因不在於言論自由是消極的或積極的，而在於言論自由是一項「重要」的自由。但顯而易見，並非所有的言論都具有同等的重要性。例如，在台灣，要是獨派（或統派）政府禁止統派（或獨派）言論，幾乎一定會引起激烈反應。相形之下，諸如「原住民滾到中南美」、「同性戀都該死」、「外省人滾回中國大陸」這類仇恨言論，則無論我們從哪一種支持言論自由的理由出發，大概都很難正面肯定其同等重要性，也大概都會認為有必要審慎考量這類言論對他

人尊嚴與權利的傷害，及其對憲政民主的潛在威脅。

在此，我們不妨追問一些更根本的問題：言論自由的重要性何在？為什麼言論自由被視為是重要的、基本的自由？

歷史地看，言論自由的前身是宗教寬容：你信你的教，我信我的教，彼此相互尊重、雙方互不挑釁，藉此讓大家可以和平共存。此後，「寬容」變成了支持言論自由的重要理據之一。

19世紀以降，言論自由亦被認為是「發現真理」的重要途徑。廣義地說，言論自由被認為有助於知識的增進，有助於形成較佳的、較合理的公共意見與判斷，有助於降低統治階層的專斷風險，亦有助於型塑出獨立自主的個人、開明理性的公民、及審議式的民主政治。

到了20世紀，隨著政治自由化與民主化的推進，言論自由被認為是民主政治的要件之一。因為沒有言論自由，某些政治意見將沒有發聲的可能，更不具影響政策的機會，而這既不符合民主政治「平等參與」之基本精神，也妨礙了民主機制的運作。

選舉民主存在著多數暴虐與集權濫權的危險，因為民主多數以及挾民意自重的民主政府，不無可能立法迫害少數，或透過各種方式逃避監督（如迫害揭發弊端的媒體與記者）。有鑑於此，言論自由權利的憲法地位漸獲保障，新聞自由權利的制衡角色亦漸獲重視。

此外，自1960年代以降，要求政府「尊重個人自主」的呼聲愈來愈高。立法限制言論自由，除了有多數暴虐之虞，還普遍被認為是一種不尊重個人自主、把人民當成小孩的不正當舉措。在此，「尊重個人自主」意味著尊重每個人作為說話者與聆聽者的自主權利。

以上各種支持言論自由作為公民基本權利的理由，或許有些較強有些較弱，且立論基礎亦各不相同，但總的來看，這些交集理由強而有力地說明了，為什麼言論自由是一項重要的、基本的

自由，而應當獲得高度的保障。

不過，這些支持言論自由作爲公民基本權利的理據，又是否強大到足以排除一切對於仇恨言論的限制？筆者認爲，這個問題的答案應該是否定的。因爲，仇恨言論不僅違背寬容的精神，且其未必有助於發現眞理，未必有助於憲政民主的運作，未必有助於平等參與，亦未必有助於型塑出獨立自主的個人、開明理性的公民、及審議式的民主政治。此外，「尊重個人自主」也並非毫無例外可言，因爲在某些極端情況下，個人自主權利的行使方式，很有可能會嚴重地危害其他人的尊嚴與重要權利。

更進一步來看，雖然支持言論自由作爲基本權利的理由，並未強大到足以排除所有對於仇恨言論的限制，但這卻不表示，「立法限制仇恨言論」就一定是對付這類言論的最好辦法，或一定沒有足堪憂慮的反效果或負作用。不少論者質疑：要是我們容許政府對仇恨言論進行管制，難道政府不會食髓知味，以切香腸的方式，對言論的尺度與內容進行更大幅度、更實質的限制？此路一開，要是各個社會群體都要求政府管制他們所認定的仇恨言論，那仇恨言論的認定標準會不會愈來愈寬鬆？管制範圍會不會愈來愈擴大？這種局面又是否眞的有助於消弭仇恨？還是使得社會怨懟在永無止境的司法訴訟中，不減反增，不降反升？以上這些論證俗稱爲「滑坡論證」，雖不足以完全排除立法限制仇恨言論的可行性，但其反映出的憂慮並非空穴來風。

質言之，仇恨言論是否該受管制，不全然是原則問題，還涉及到對於具體的、特殊的政治與社會條件的判斷。因此，管制與否、如何管制，實難有定論可言。在此問題上，「唯一合理」的因應方式似乎並不存在。各國之間的分歧在所難免，而這些分歧未必都是不合理的。

徒法不足以自行

在言論自由權的問題上，雖然筆者相當同情「接近百分之百言論自由」之主張，但另一方面卻仍有重要的保留。在那種美國東岸自由主義者所憧憬的最理想狀況下，一個成熟的公民社會當能培育出妥善的自我防衛機制，以言論反制言論，而不必依賴國家的言論禁令或管制行動。在那個社會裡，各種政治意見都能夠被自由表達，而由於大多數公民都明智到了一定程度，所以不會輕易地被仇恨言論所蠱惑。那不僅是一個充分尊重個人自主的社會，同時也是一個高度開明的政治民主社會；社會正義與經濟正義近乎完全實現，資本主義的野蠻性格被去勢馴服，個人自主、多元差異與社會和諧獲得了辯證的統一。這是馬克思的自由大夢的自由主義改良版，去掉了反金錢、反市場、反代議民主之堅持，同時加入了更多的個人自主與多元差異要素；但它對「每個人與所有人的自由發展」的並重，與馬克思則是一致的。

但問題在於：那種成熟的自由社會只是理想，而不是現實，並且似乎很難成為現實。看看今天的美國社會，距離那個理想何止千萬里？而採取「接近百分之百言論自由」的法律體制，又真的有助於達成那個理想嗎？這個問題有相當大的爭議空間，取決於我們對各種現實條件的判斷。但至少，就今日美國社會而言，我們幾乎可以確信它並沒有朝那個理想邁進，反倒漸行漸遠。在此情況下，一味主張「接近百分之百言論自由」顯然缺乏足夠的說服力與現實感。

再以丹麥為例，「仇恨言論的（近乎）完全自由」是否已經、或將會帶來一個成熟的公民社會，同樣也是一大問號。當丹麥的

右翼政客及傳媒大肆污名化、妖魔化穆斯林社群，反制言論的力道卻顯得相對有限。這看起來並不像是什麼成熟的公民社會，反倒比較像是法西斯的前奏曲。

但採取法國和德國的那種峻法，或英國政府那種老大哥的嚇阻策略，又真能解決種族、族群與宗教仇恨的威脅嗎？這個問題的答案，恐怕同樣是否定的。無論法國和德國的法令有多嚴峻，若兩國「主流人士」繼續隨「文明衝突」起舞，則那些法令便可能成為一團廢紙。同樣，無論英國政府有多強的政治意志力，除非「種族與宗教仇恨」的驅動因素能夠被逐漸消弭，否則再怎麼雷厲風行的法律手段都力有未逮。

歸根究底，在仇恨言論的法制問題上，無論採取的是「接近百分之百言論自由」的立場（丹麥、美國），還是其他的各種管制辦法（法國、德國、英國、加拿大），都不可能單獨起得了具根本性的進步轉化作用。所謂「徒法不足以自行」，只要仇恨的原因無法被緩解、根除，什麼樣的法制架構都擋不住沉淪的趨勢。

這並不是說法制問題不重要，或言論自由權利的界線問題不值得嚴肅討論，而是說：除非法制能夠與反歧視、反仇恨、求平等、爭自由的全球正義運動相合作，致力於逐步緩解、消弭仇恨的各種驅動因素（政治的、軍事的、經濟的、社會的、文化的），否則法律再怎麼立意良善，到頭來仍可能是一場空。

陳宜中：現職中央研究院人社中心副研究員，並任《台灣社會研究季刊》、《政治與社會哲學評論》編委，曾任殷海光學術基金會執行長。主要研究領域為近代西方政治與社會思想、當代政治思潮、社會民主、全球正義、自由主義等。

追蹤狡猾的非理性[*]

約翰‧唐恩(John Dunn)

蔡孟翰　譯

　　每個人的政治觀都來自其自身的經驗,來自於這些個人經驗的特質;更重要的是,在人們從出生到死亡的過程中,其政治觀不斷被層出不窮的各種狀況塑造、再塑造;再者,人死的時候,其政治觀大多逃不了與之俱亡的命運。大家可能以為這些是自明之理。畢竟,每個人對每件事的感覺不都來自於自身的經驗嗎?不管這是來自於內在的能力還是自然的認知力,比如說,我們對物理或數學的感覺?不過,就政治來說,個人與其政治觀之間的關係毋寧是更加密切、更具決定性的,因為政治觀無可避免地反映了我們個人的希望與恐懼、信心與懷疑、困惑與興奮。

　　我大半輩子思考政治並試圖瞭解政治,這實在是非常奇怪的選擇。為什麼會選擇一項與人的個人性格息息相關的主題呢?為什麼會選擇如此乏味的主題呢?更奇怪的是,為什麼要選擇一個

* 　譯者識:2002年4月10日,本文作者應前佛光大學校長龔鵬程之邀請,以「追蹤狡猾的非理性」(Tracing the Cunning of Unreason)為題,在佛光大學人文社會學院發表演說,反思他的政治關懷與學思生涯。本文之翻譯,得到作者和龔鵬程校長的授權,特此致謝。譯者並萬分感謝陳宜中先生對譯稿的大力斧正,若有任何其他錯失,譯責仍屬譯者本人。

與其他各行各業相較之下，物質回報相當令人沮喪的行業呢？如果你對政治感興趣，為何去研究政治而不直接從政呢？從政不是可以一路累積對於政治的瞭解，並且加以應用嗎？而如果你不覺得政治全然令人陶醉，又為何不讀藝術、自然科學、商學或宗教呢？究竟為何一輩子致力於瞭解政治、詮釋世界上的政治，卻不去改變政治及世界呢？難道是希望自己的政治觀在自己死後仍能影響他人？或退而求其次，企圖以自己的政治觀，改變周遭人們看待與面對政治的方式？

事實上，那些一輩子投注於研究政治的人，自有其各式各樣的理由，如好奇、樂趣、野心，或甚至在從事了一段時間以後，開始混雜了習慣和懶惰的成分。研究政治的理由，就和研究政治的動機一樣，是非常多元的，就像政治研究者的政治觀一樣五花八門。而我今天希望傳達給各位的，是決定我研究政治的那些數十載不捨的個人理由，以及，這些理由究竟是如何引導我逐漸發展出我的政治觀。

我必須從二次大戰時的童年往事開始說起。我印象最深刻的童年地景，是我祖父母在巴斯市（Bath）美麗的喬治時代風格的新月大樓（Georgian Crescent）老家遭到轟炸的尖銳景象。我的父親是職業軍人，是砲兵團的軍官。我的祖父是軍醫，他在一次大戰時是位無名的軍團醫官，某次前線戰役中瞎了一隻眼。我祖父的家就像是一個大英帝國史博物館，玄關處掛有來自恩圖曼（Omdurman）戰役的弓箭與長戟，門上掛了一隻駱鳥的腿，牆上吊著一個印度野牛的巨頭，不時在德軍轟炸的煙灰碎片中搖晃。我還記得在英國與日本終戰的那一天，延著新月大樓懸掛了一排國旗。那時我才4歲，祖父家頂樓窗外的國旗是我去掛上的。如今回想起來，那真是沙文主義的有效訓練，但卻並不意味著我對

於外在的、且更廣大的世界政治已經產生興趣。

一兩年後，我同我的母親和弟弟搬到德國，在那兒住上了好幾年，因為我父親在占領軍內工作。一位叫艾迪斯的紅髮年輕女人負責照顧我，她高大幹練，是個完全未經改造的希特勒信徒；她在我父親的軍車裡大言不慚地對我說：「你看，這是全世界最好的道路！」——與她的相處進一步開拓了我對沙文主義的瞭解。當時德國鬧飢荒，大多數德國人都受苦；對一個小男孩來說，森林裡到處是讓人毛骨悚然、十分危險的廢棄武器、鋼盔和軍事用品。但儘管如此，我們並沒有住在營區；我大部分的朋友都是同齡的德國小男孩和小女孩。

過了幾年，我父親為了逃避單調的軍中生活，請調到伊朗的英國大使館，擔任一名武官，剛好遇上了中東油田國有化及英伊石油公司被驅逐之事——那是大英帝國崩潰過程中的一起關鍵事件。那年夏天我去了伊朗兩次，去和家人團聚。我很清楚地記得，有兩個男人和我父親一同坐在我家花園裡聊天，鳥瞰德黑蘭市，不斷地談話。現在我知道，那兩個人當時是在安排由中情局資助、目的在於推翻伊朗民族主義者默沙德（Mossadegh）首相的政變。那場政變，使得伊朗走向了陰暗不測之路。

又過了幾年，我父親搬回印度，在英國領事館內擔任同樣性質的工作——我父親年輕時曾在印度當兵，當了很長一段時間。後來基於各種原因，我也到印度與他同住了一年左右，其間發生了英國侵略蘇彝士運河事件，以及後來很不光榮的撤退。這件事對英國的駐外代表來說，在外交上可說是相當丟臉，也引起了我們家裡尖銳的意識型態衝突。不過，這些衝突在那之前就已經存在一段時間了。

在新德里的日子裡，真正引起我注意的並不是那起骯髒的侵

略事件，反倒是擁有眾多人口、且又極度貧困的印度。我親眼看到朱木拿河氾濫時，成千上萬的難民擠在大使館區的溝渠內。這溝渠就在我住的公寓外面，我知道有些難民在隔天早晨以前就會因飢餓而死亡。這些親眼目睹的殘酷景象，強烈挑戰著我的後基督教信念，亦即：人類不應該被迫活在如此恐怖或極度絕望之境。我熱愛印度，且不諱言我喜愛印度生活中許多延襲自大英帝國在戰前所縱容的那些面向。但我卻永遠無法忘記當時發生在我眼前的慘劇，也永遠無法接受上億人口竟必須如此生活、以及在眾目睽睽下持續如此生活之事實。

這些到底教了我什麼？在年少時與父母永無止境的爭辯中，這些事確然地告訴我：人類社會裡的權力與控制，可以在令人心移神馳的狂想中持續好幾世代；任何一個人群都能、而且都很有可能錯誤地認知或評價他們習以為常的特權生活方式。帝國統治對於其執行者來說，確實在一定程度上是個負擔，但我們仍可以合理地假設，無論那些被統治者原先的處境有多糟糕，帝國統治只會在被統治者的身上構成更大的負擔——令他們厭惡、讓他們失去尊嚴、受到差辱。而他們其實和帝國統治者一樣，原本也應是可以為自己做出自由選擇的人類，但卻被斷然否決了此種可能性。

在永無止境的爭辯之中，我的父母親友們提出了許多精湛之論，他們總訴諸他們生命中最深沉的經驗，及許多勇氣、掙扎與犧牲的回憶。但那時年少輕狂的我卻預知，大英帝國只會走向沒落的結局，終結於因對抗德國所積欠下的巨額負債——這從戰時新加坡的淪陷已經可以預見。至此，這些算是給我上了一堂理性懷疑的課，因為在充滿情緒的家庭爭論後，我的理性懷疑最終還是獲得了勝利。儘管如此，我非常愛我的家人，比起我在那10

年間嚴苛的住宿學校生活來說，與家人相處的時光真是好太多了。

如果沒有那段印度經驗，屬於我自己的這種理性懷疑也許就會採取另一種形式，一種非個人的形式。我的意思是說，要是抽掉了我的印度經驗，我很可能就會像大多數與我同一年代的英國人，以及小我們10歲以上的所有英國公民一樣，雖然堅定地抱持著後帝國的態度與判斷，但是在其他方面卻產生不了任何確定的政治判斷或信念。在我童年及年少時的英國內政領域裡，自然存在著一些明顯的衝突對立，但與世界上很多（或大多數）地方比起來，其實並不嚴重。當時的英國有兩個對立的政黨，一個代表勞工，另一個則是盡其可能地代表資本家，但在戰時長期的共事經驗之後，他們所爭執的大體不脫如何有效地組織管理艾德禮政府所留下來的混合式經濟。那時一般人很容易認同其中一個政黨，但更容易的則是反對另一個政黨（這種情況後來持續了好幾十年）。但是，要把這些爭執看成是極端重要之事，恐怕並不容易。讓我深感政治的重要性並且想要進一步瞭解政治的，正是我對於印度貧窮慘狀的回憶——這恐怕是我的同輩們難以深刻理解的。我仍記得那些骨瘦如柴的農民，以及流落在我家門外那些受難災民飽經蹂躪的面容。每當我在紅潤的清晨騎著侍衛的馬匹，穿過依然體現著帝國雍容華貴的「拉特原的新德里」建築群時，那些殘酷的事實總是歷歷在目。

說這些事教了我什麼，大概不算太對（因為那好像是在說，這些事有一些固定的啟示，而我認真努力地上了課，於是正確地掌握了它們的意義）。不過，可以確信的是，這些經驗確實在某些方面改變了我，並且不斷激發我對政治的關懷。這些經驗使我深信一個簡單的道理，那就是：人類集體生活的基本安排、產權

與使用權的安排、以及某些人對於其他人生活與行動的控制等等，全都是至為武斷的（arbitrary）；這些安排往往與道德感或美感風馬牛不相及，且絕大多數只有深刻的傷害性。我們所面對的，絕不僅是一些不合時宜、早晚會被淘汰的實踐，反倒是一大堆沒良心的壓迫和凌辱，以及重於泰山的赤裸苦難。我寧可相信或努力試著去相信，這些無用的制度可以也應該被大幅改善，並相信總有一種更好的方式，可以或甚至真有可能被采行。

　　這個希望或期待完全是錯覺嗎？我不認為如此。在多數狀況下，難道這不是一個很好的賭注嗎？我認為答案取決於你的期待究竟有多高，取決於你所期待的良性轉變的幅度為何。對於以前的我來說，重點是一定要變得更好，因此需要非常巨大的改變。在我的專業裡，我試圖瞭解政治，並把我所掌握的思想及情感資源的絕大部分，都投入於瞭解兩個重大的事實：一是人類改善他們集體生活條件的迫切需求，另一則是人類在追求更美好生活的過程中遇到的災難性阻礙。我試圖研究在幾種不同的情況下，這兩股龐大力量的相互撞擊。最初，我研究其最純粹、最兇猛的形式，也就是引起政治、經濟與社會劇變的革命——1789年的法國、1917年的俄羅斯、1949年的中國、1979年的伊朗。接著，延續我年少時與家裡的爭論，我開始研究戰後的去殖民化過程與後殖民國家的形成。稍後，從我研究後殖民迦納國家的政治教訓，我開始質疑鬆散的英國式社會主義，如何能在20世紀晚期的全球經濟下捍衛英國人民的利益。在晚近15年間，我事倍功半地試圖理解，在世界經濟的不斷重構與再生產過程中，政治經濟的權力及選擇究竟是如何相互接合；同時，我也試著去判斷這樣的接合究竟在多大程度上反映了既有的權力結構，以及人們究竟還有多少空間可以調整既有的資源分配狀態，以使這個充滿悲慘的人類

世界可以變得不那麼殘暴、不那麼喪盡天良。

　　雖然這樣的探究總是令人失望地得不出定論，且對我個人的認知力及自制力構成了沉重負荷，但我仍視其爲有助於改善人類社會的一項努力，亦即：拓展合理希望（reasonable hope）的界限。但那指的是我想要達成的目標，而不是我已經清楚獲致的成果。在過去幾十年間的某些時刻，我坦承時局讓我覺得有必要去說服其他人「不宜太過冒進」，也因此沒有盡可能正確地去估計那些界限的最大可能彈性。（在政治裡，何者可能即將發生，總是比何者也許會發生更爲重要。）當然，這是一個政治判斷，其優點和限制無異於「愼」（prudence）之爲德的優點和限制。愼德有著令人非常提不起勁的特性，但它最大的好處即在於拒絕一些非常令人著迷、但卻深具政治破壞力的惡行。這是我在最晚近（也最有企圖心）的一本著作《非理性的狡猾》裡，最費心琢磨的主題[1]。

　　《非理性的狡猾》不是一本企圖進行政治說服的書，它並不想引導讀者去支持某些政治人物或組織，或去拒絕或反對其他政治人物或組織（雖然有些右翼書評者，指控我想說服讀者去支持一種過時的、且已證明無用的階級戰爭）。這本書既不以現今或過去任何時點的英國政治爲典範；也未曾積極推薦某些與此不同的政治安排、實踐或政策；更不曾設想人物角色的特殊置換。拙著僅試圖指出，在過去幾十年間，英國政治究竟是如何與爲何轉變；以及，轉變中的外在世界的哪些特定面向，大體上也同樣反映在其他相對富裕的西方社會的政治生活裡；還有，到底是何種集體生活的基本邏輯，在鞏固此類實踐，在支持此類對於第三千

---

1. John Dunn, *The Cunning of Unreason: Making Sense of Politics*, (London: HarperCollins, 2000).

禧年早期的全球化資本主義的政治回應。拙著嘗試勾勒出人類集
體生活的基本邏輯，究竟是如何支持或將支持一系列非常類似的
實踐與政治上的調適——正因爲今日世上的每個社會都必須去
適應全球化資本主義的力場及其結構。這個論點，我相信同樣適
用於所有非共產專制或非軍事統治的東亞或東南亞社會，雖然其
歷史經驗與文明遺產迥異於西方。

　　稍後我還會回到《非理性的狡猾》這本近作，因爲它體現了
我思考政治幾乎半世紀以來的主要結論，也因爲這些結論緊密觸
及全球化資本主義經濟下代議民主政治的論題，而我相信這會是
今天在座各位感興趣的題目。但在此之前，我想先談一點西洋政
治思想史，也會談到我是如何理解西洋政治思想史及其重要性。

　　當我還是劍橋大學大學生時，我主修的是歷史，而非政治（雖
然我們被允許讀一些政治觀念史）。在那個時候的劍橋，沒有人
可以主修政治學，因爲那種機會根本就不存在。既使是在歷史系
裡，不管我喜不喜歡，我們的課程多半局限於不列顛史，更清楚
的說，其實就是英格蘭史。或許是因爲我童年較爲廣泛的世界體
驗，也或許是因爲我多少分享了我母親那種蘇格蘭高地雅各賓式
民族主義的反抗情結，我非常**不喜歡**受到歷史系課程的局限。當
我在劍橋讀博士班時，我亦教授英格蘭史，而且持續教了好幾
年。直到1960年代末期，劍橋才決定讓大學生有機會修習政治
學，我在這新的課程裡取得了第一個講授政治學的教職。從那時
起，我終於能將我大部分的精力花在思考現實世界的政治課題。

　　在攻讀博士學位期間，我起初想要探討18世紀的政治思想，
尤其是蘇格蘭的啓蒙先進休姆，但後來很快地轉移到洛克政治著
作的傳播和影響。我花了足足3年的時間，追溯自洛克《政府二
論》首度出版後的125年間，在英國、法國及北美所引起的回應。

我試圖去掌握洛克爲1688年英國光榮革命的正當性所提供之辯
護，在英格蘭、蘇格蘭和甚至愛爾蘭此後數百年較爲平靜的政治
過程中，究竟是如何取得或喪失它的主要特徵及重要性；以及，
它究竟是如何在北美洲殖民地及法國專制王權的異地土壤上，召
喚人們去推翻帝國掌控、繼而建立自由獨立的政治共同體，或拆
解法國古老的天主教君主制。這是一個引人入勝的題目，亦讓我
有幸取得去哈佛訪問一年半的機會，研究洛克思想在美國的影
響。但當時我認爲，探索這個題目並不會對洛克以外的其他事物
產生任何重要的啓示。

　　在研究洛克時，我取得了劍橋大學歷史系的暫時教職，但更
重要的則是，我逐漸發現了洛克政治思想中一些眞正驚人之處。
因此，當我已有足夠的研究資料可以從事博士論文寫作的時候，
我反而去寫了一本比較尖銳的書，剖析洛克本人眞正想要去瞭解
和爭辯的東西是什麼。[2] 那本書主張洛克並非現代自由主義的俗
世先驅，其政治思想亦非源自於他十足現代的經驗主義認識論。
相反地，洛克是一位非常緊張的非正統基督徒，從他自己的觀點
來看，他的論點最後是否成立，關乎基督信仰啓示的對錯。此外，
洛克晚年持續不懈地探索方法論與認知可信度，但他的努力並非
建立於自然科學方法論，而是立足於基督啓示的詮釋學。我的這
些見解，當時是不受歡迎的，很多學者直斥其爲謬論。從那時起，
我的觀點便一直有相當多的敵人，包括施特勞斯（Leo Strauss）的
徒眾。但今天我可以持平地說：那本書關於洛克政治思想的主要
論點，如今已變成了正統。

---

2. John Dunn, *The Political Thought of John Locke*（Cambridge: Cambridge University Press, 1969）.

　　那時，我同我的好友斯金納（Quentin Skinner）對於如何準確掌握過去思想家們的意圖，以及如何盡可能如實地解釋他們思想的起源與發展，感到特別有興趣。從當時乃至今日，我們一直認為上述兩項任務是史學家們責無旁貸的，而如欲成功地達成任務，必得採用現代專業史學家常用的方法，仔細去考察脈絡、文體及作者所使用之語言的歷史，並全面探索相關文獻及藏書所提供的證據，據以追蹤作者的所作所為、所寫的一切、及其與週遭環境的關聯性。當時，我們兩人可說是年少輕狂，感到我們是在以一個新的思想史研究典範去取代舊典範，以一種可善加控制、可信度高的發現過程，去取代以往那種令人困惑的、神秘的表意過程——正如同在17世紀，人們對於自然的前科學式理解，與培根、笛卡兒、波義耳（Boyle）、牛頓所倡導的科學方法論之間的對比。今天回顧彼時的大論，我總覺得我們太過樂觀了，因為實在沒有任何理由可以假設，在面對非常複雜且充滿多重意義的歷史文獻時，有任何普遍的探索或分析方法可以保證其應用時的確然性。不過，我們的方法論與那種玄想式的思想研究之間的對比，直到如今還是很有說服力，在實際的思想史研究領域裡尤其具影響力。從那時起，就思想史領域而言，沒有任何人（包括傅柯、德希達、李歐塔）撼動了當年我們所提出的那個簡潔有力的對比。

　　我當然可以達到這個簡單結論，並保留它，使它不影響我後來觀察政治百態的方式。事實上，當時我十分輕率地認為，在我的思想史方法論指引下所看到的洛克政治思想，與我自己所關注的高度不平等的全球經濟下的政治選擇及負擔問題，乃是完全無關的。但現在回頭來看，當時我顯然是低估了洛克思想對我個人政治觀的影響，因為那幾年對洛克作品的思索，深切影響著我後

來幾十年對政治的思考——這至少有三個不同的理由。

其一是（我當時或多或少已意識到），洛克關於人類的判斷所做的討論，係建立在新教神學之上，但新教信仰在我年少時的英國已經式微。今日滿路荊棘的人權政治，與新教信仰的消散可謂息息相關。我們知道，人權之概念在美國政治及意識型態史上扮演了重要角色；在猶太人遭到納粹大屠殺後的60多年間，亦有其一定的全球影響力——此與美國強加於全球的武力難捨難分。

人權的觀念起源於17世紀歐洲，是從上帝造人、人是神聖的創造物等一系列概念所推導出來的。神聖的造物主與行使權利義務的個人之間，在概念上的關係究竟為何，向來具有很大的爭議性；但我們卻少見非基督教人士參與此一爭議。雖然基督教不管在什麼樣的組織形式下，從未變成美國的國教，但是美國在很多方面仍然很清楚地是一個基督教社會。相對於歐洲人而言，美國人比較難以理解的一個重點是：在基督教世界觀式微後，人權這個觀念即面臨艱難處境。

人權觀念帶有一種外於任何宗教信仰框架的規範性意義。把人權當成全世界人類集體福祉的基礎，我一點也不覺得荒誕。但是，去除了基督教的人權觀，卻將缺乏鼓舞人心的力量；在面對層出不窮的各式壓力時，亦將缺乏政治定力。雖然人權仍是一個非常具啟發性的觀念，但我卻不得不指出：人權觀念的政治力量遠遠不及其啟發性——假使其政治力量可以被單獨計算出來，而不計算美國的武力及戰備。這種不一致的情況——亦即啟發性與政治力量的分裂——我們從當代美國政治哲學的政治無力症亦可以清楚看出，例如羅爾斯、德沃金、華爾澤、諾齊克等人的政治思想。

無論如何，這些非常學院派的論說，在重要性上遠不及先進

國與後進國在人權問題上激烈的意識型態衝突：一方是宣稱要保障世俗的現代自由權的少數先進資本主義國家；另一方，即世界上許多經濟破敗的區域（其中有些與基督教素無歷史淵源），往往連大多數住民的基本物質需要，以及合理的個人安全都無法滿足。在此情況下，「人權之戰」無論打得有多激烈或是否取得軍事勝利，其分裂效應恐怕不亞於所謂的「反恐之戰」，兩者都同樣無法促使全球更加團結。每個人的人權都受到妥善保障的那種世界，顯然有別於目前我們所身處的世界，而我認為那將會是一個比起現在好得多的世界。但若要靠戰爭去建立那樣的世界，其先決條件是所有人都必須站在同一邊為此而戰；或說，那些連起碼的自由與安全都未能受到保障的百姓們，必須把宣稱要解救他們的外人（或外敵）當成是朋友。歷史地看，這不是一個新穎的夢。羅馬人曾作過類似的夢，英國人也是，甚至日本人也曾短暫作過此夢。但最後，他們的夢想都沒有成真。

　　洛克研究之所以持續影響我後來政治思考的第二個理由，要比起第一個理由更令我不舒服，因為它推翻了我第一本書中最堅持、最強調的一個論點。洛克自己對《政府二論》最自豪的是它對財產的分析——什麼是財產，以及擁有財產的正當性要件為何。千年以來，人間的爭執沒有比起這個更深刻的了；而洛克的問題意識，直指目前大家所依賴的全球資本主義網絡的一個最基本環節，亦即財產取得的正當性問題。洛克在這方面的著作，過去一直以來都被認為是典型自由主義式產權觀的代表；已故的加拿大馬克思主義學者麥克佛森（C. B. Macpherson）即雄辯地論證：洛克是在為資本主義積累進行辯護。在拙著《洛克的政治思想》一書裡，我強調無論洛克如何書寫關於財產的論述，他絕不是在為無止境的資本積累建構一套權利論說，也未曾倡議一套物

質積累（遑論金錢積累）高於履行宗教義務的學說。[3] 我依然認爲這兩項歷史論斷是正確無誤的，但現在看來，在當年我與麥克佛森的爭論中，這兩項論斷似乎無關緊要。可以確信的是，洛克對於土地、勞動、生產力與占有之間種種關係所做的分析，既是大膽的也是小心翼翼的，其目的在於把17世紀晚期英國產權秩序正當與否的問題，與當時英國政權正當與否的問題分開來看待，同時從生產力的角度來爲私人占有進行辯護。正因爲此一生產力理論至今仍是爲資本主義護航時唯一有力的規範性及實用性說辭，也因爲資本主義作爲一種經濟模式目前幾乎不受挑戰，所以，這套原針對17世紀英國的特殊情境所著的理論，在我埋首研究洛克的那些年也許不太具政治重要性，但如今卻大大不同。

洛克思想中多年來影響我至深的第三個要素，是比較難以說清楚的。它在洛克的著作裡根本不曾被提起過，但如果你幾十載與洛克思想交流，你將會發現它與洛克的思想風格十分融貫一致。在此，我指的是洛克對於政治是爲何物、爲何發生、及其可能性的看法。洛克對政治的看法，是遲疑的、懷疑論式的；他眼中的政治包括一系列因時制宜的實際成就，但絕大多數卻非常明顯是失敗的；他認爲政治是一種不完美的，且往往十分粗暴的競爭過程，若以經得起考驗的信任爲基礎，也許會出現較好的結果，但更常見的情況則是因背信或暴力壓迫而導致災難。由此觀之，洛克稱得上是所有偉大政治思想家之中最不烏托邦的，在某些方面甚至比馬基維利或霍布斯還不烏托邦。洛克沒有政治上的解決方案，也拒絕提供一個明確的政治終點（一個先驗的政府形

---

3. John Dunn, *The Political Thought of John Locke* (Cambridge: Cambridge University Press, 1969).

式，如民主）。他深知政治絕不可能進行地非常好，而且總有可能變的非常可怖。若說洛克帶給了我們一套古典的人權政治觀點，他同時也讓我們非常清楚地理解到：在一個宗教多元或世俗化的世界裡，所謂的人權在政治鬥爭的過程中，註定是脆弱不堪的。要建立起每個人的權利都受到平等保障與尊重的世界，我們不僅要超越馬克思所謂「布爾喬亞權利的狹隘視野」，從而生活在一個完全非資本主義的經濟宇宙裡，我們更需通過政治來達成這個目標——但政治不外乎是各種權力和判斷之間的無盡衝突。期待我們很快或終究能夠到達那個理想世界，不但很烏托邦，而且可以說是雙重的烏托邦：一個美麗的終點，但卻沒有可靠的途徑可循。從這個角度看來，洛克實在是一位非常偉大的政治思想家。但我必須告白，我年輕時一點也不這麼想，是經過了數十載後，我才逐漸體認到與洛克相知的那些年實在是一大榮幸，也是我人生中一份不配得的好運。

　　現在我想轉個話題，比較輕鬆地談談我在洛克研究之外的政治探索及其動力。1968年的夏天，我把洛克丟到一旁，前往西非國家迦納去教學研究。我決定去那裡，主要是爲了反省、分析一個以第三世界商品出口經濟爲生存動脈的後殖民國家的性質。選擇迦納完全是隨性的，不過，迦納的可可亞出口，使其成爲20世紀中葉下撒哈拉地區（南非之外）國民平均所得最高的國家，所以是一個很好也很適時的選擇。20世紀中期，迦納的物質條件不錯，人民意氣風發，其民族主義領袖恩克魯馬遂在此基礎上，推動非洲的去殖民化運動。但在1968年我去迦納之前，恩克魯馬已經被他自己的軍隊和警察推翻了，因爲他施行了將近10年之久的毀滅性統治，造成了政治與經濟的破敗；我去的那個時候，迦納正第二度嘗試要建立起民主政治的競爭機制。迦納在殖民地時期

與獨立初期，是個相對富裕之地，其國民所得與南韓不相上下，其財富分配至少在該國南半地區是頗為平均的。我去那裡試圖瞭解的是：為什麼去殖民化運動竟會使迦納住民的生活變得更壞？在可預見的未來有可能改善嗎？殖民統治究竟是如何改變當地居民的生活及前景？以及在何種程度上，殖民統治的後果仍繼續型塑著後殖民國家的結構？

在研究前述課題的那段令人振奮的時光裡，我得到了兩個主要的政治教訓。第一個教訓對於成長在戰後英國的我來說，構成了巨大的震驚，因為它永久且深刻地改變了我對政治的看法。那就是：行使政府權力的人，可以因為錯誤的建言和政治選擇，而釀成極為嚴重的損害。當我第一次去迦納的時候，以下撒哈拉非洲的標準而言，那裡仍可說是一個快樂且相當富裕的社會，但恩克魯馬的錯誤施政卻已經帶來了極大損害。在後來的7年間，大部分人的日常生活受到了更加殘暴的第二次軍事政權的無情摧殘。我們不難理解，世界經濟的貿易情況，往往會左右特定國家的人民的生活機會；對於像迦納這樣一個比英國更易受外界影響的經濟體來說，情況更是如此。但真正令我坐立難安的經驗是：在迦納這麼一個國家裡，幾乎每個人的命運都完全操縱在少數恣意妄為的統治者手中。（而如果你認為更富有、思慮更縝密的國家一定會比較慎重地選擇統治者，只要想想小布希如何成為美國總統即可。）從1970年代中期起，迦納的政治與經濟命運浮沉很大，不管是在軍事統治下，還是在間歇的民主政府時期。但在1970年代中期以前，迦納無論在經濟或社會層面上實已病入膏肓，幾乎已註定不可能恢復經濟發展的動力。我們可以說，約在1975年左右，迦納的美好未來就已一去不返了。

迦納經驗給我的第二個教訓是：代議民主制度在確保其自身

存續、挽回結構性經濟劣勢、逆轉已累積許久的政治傷害等方面，其能力相當有限。這並不是說專制統治相對於代議民主而言，一定比較有利。對我而言，代議民主制度的脆弱及局限性，主要說明了爲什麼殖民統治的結束未必就能帶來有效的政治自主。

　　類似的政治教訓不僅來自於迦納經驗，也同樣清楚但卻較爲緩慢地來自於我對20世紀革命史的研究，以及我30多年來講授「何謂革命、革命爲何發生、如何理解其後果及意義」的長期教學經驗[4]。作爲課程教材，迦納較爲和平且頗具共識的去殖民化運動及其後來的悲慘發展，與20世紀發生在俄羅斯、中國、墨西哥、越南、阿爾及利亞或伊朗的浴血革命，在很多方面是相輔相成的。我之所以選擇研究革命，一開始並不是出於天眞的政治樂觀主義或按捺不住的政治仇恨，而是因爲在我看來，巨大革命的軌跡所展現出的動力與強制性，爲我們提供了通過政治抗爭以進行劇烈社經變革的可能性的最醒目證據。儘管我從頭到尾就對革命抱持高度懷疑，但我希望或甚至一度暫時相信：革命也許可以證明人類集體生活的可塑性，乃至於使人相信我們可以大幅改造這個不平等與沒良心的野蠻世界，可以將其改造成一個適合大多數人居住的家園。但後來，我對革命可說是全然失望。

　　之所以如此，乃是因爲20世紀的革命經驗有兩個相當簡單的面向：其一是與社會主義經濟的榮枯密切相關；其二是伴隨著極端的、體制外的革命衝突而來的極爲嚴重的附加損害。正如同我的師友、已故的哈佛大學教授斯卡拉（Judith Shklar）所指出，革

4.　John Dunn, *Modern Revolutions*, 2nd edition（Cambridge: Cambridge University Press, 1989）.

命總是一種或顯或隱的內戰。如果社會主義經濟能夠取得巨大的實際成果，那麼，從資本主義過渡到社會主義過程中的巨大附加損害，也許還是可以彌補的。但過去幾十年來，事實終於證明社會主義經濟已全面失敗；也正因此，所有過去累積的附加損害也註定無法彌補。最後，這種不斷累積的失敗，摧毀了所有拒絕承認失敗的革命政權。

這並非我一開始研究革命時所希望發現的，但在研究過程中卻變得益發明顯。到了1970年代末1980年代初，這個結論的重要性迫使我從一個截然不同的角度去檢討西洋政治思想史，使我更關切過去幾世紀以來資本主義世界經濟的特殊性、動力及其巨大的強制性。我認為後者正是現代政治的核心，構成了對現代政治的經濟限制[5]。

可以說，我從迦納帶回了一個令人氣餒的答案：資本主義經濟的競爭壓力對於現代社會的人們，將會是最大的實際挑戰，而這個挑戰，雖然每個人可以在市場上努力應付，但對於任何一群可以做出集體政治選擇的人們來說，總是一個累進式的挑戰；現代人能否長期有效地應付這個挑戰，到頭來還是得看職業政客的慈悲與能耐。因為我沒有改變我的政治理念，也因為其最自然的執行者仍是工黨，所以，當我發現工黨竟冷酷地拒絕為世界經濟下的英國人民負起政治責任的時候，我深感吃驚。在1983年的夏天，我寫出了畢生唯一(但卻完全無用的)一本試圖改變英國人政治認知的書[6]。在那本書中，我分析為何社會主義在政治上的實

5. John Dunn, ed., *The Economic Limits to Modern Politics* (Cambridge: Cambridge University Press, 1990).

6. John Dunn, *The Politics of Socialism* (Cambridge: Cambridge University Press, 1984).

效，完全比不上它的政治吸引力（此係針對受社會主義所吸引的那些人而發）；我一則試著說明社會主義的政治吸引力何在，另則指出儘管社會主義有無數的歷史成就，但卻絕不可能可靠地達成其目的。當時我迫切希望工黨能夠擔負起政治責任，看清楚它以及它未來的選民所必須因應的世界，無論喜歡還是不喜歡。從今天的角度來看，我們可以說布萊爾首相與財務大臣布朗至少認清了這點。自1983年起，我持續不斷地思索這些問題，總希望能在某些面向談得更深入一點。

你可以認為我這些彷彿無用的嘗試，是在探索一個客觀外在的邏輯或因果領域——科學地或業餘地。你也可以認為這些嘗試不外乎是一系列無窮盡的修辭對話，或甚至全然是工具性的政治抗爭。但不管你怎麼認知，沒有任何認知方式可以完全抓住在我們週遭所發生之事；它們充其量只能提供吸引我們政治或知識注意力的焦點，卻無法真正讓我們充分掌握、認知現下所發生的。在《非理性的狡猾》一書裡，我試著盡可能清楚地說明：為什麼我們不可能充分掌握到現下所發生的？為什麼不可能全盤明瞭，然後正確無誤地修補它？以及，為什麼這不僅僅是我們有限的計算能力所使然？我認為，這是現代政治給我們的一堂課，亦即關於政治到底是什麼？以及，政治的本質排除了哪些理解的可能性？

我也花了不少功夫，研究代議民主作為政治觀念及制度形式的歷史擴展與制度化過程[7]。民主的基本觀念是：自由選擇我們集體生活的條件。這個觀念很有吸引力，大概只有那些從未曾受

---

7. John Dunn, ed., *Democracy: The Unfinished Journey*（Oxford: Oxford University Press, 1992）.

到集體壓迫的人群才對它不感興趣。過去幾十年來，一個最重大的政治課題即是：民主作為名詞、概念及制度實踐，為何如此廣泛且快速地擴散？以及，在民主的新生地上，民主究竟意味著什麼？這些是目前我最想回答的問題。

我相信民主化運動總的來說是良性的，而且還有好一大段路要走。在此，我想要特別強調的一點是，「自由選擇吾人集體生活條件」的民主概念，其實是相當具欺騙性的──因為我們只能自由選擇我們所清楚瞭解的；但正如拙著《非理性的狡猾》所指出，現今世界中最具主導性的因果關係，卻不是我們可以完全理解及掌握的。我並不是說民主是一個壞的觀念，更不是說專制統治要比民主更好。我想要強調的是：如同社會主義，民主作為一個觀念的吸引力，要遠遠超過民主政治的實際表現。無論你喜歡民主的哪一點，喜歡民主可以說是很對的，但千萬別讓你喜歡民主的理由，誤導你去期待：現實的民主政治會像那些理由一樣地令人贊同。

約翰・唐恩(John Dunn)：不列顛學院院士，著名之西洋政治思想史學家及政治思想家，現任教於劍橋大學政治暨社會科學院。蔡孟翰：日本同志社大學技術・企業・國際競爭力研究所卓越計畫特別研究員，Email: monhan2002@hotmail.com

歷史與現實

召喚沉默的亡者：
跨越國族歷史的界線 *

沈松僑

中國大陸作家國亞在他自傳性的著作《一個普通中國人的家族史》中，講述了一椿驚心動魄的故事。

1964年，國亞的父親國之杭頂著「反社會主義壞分子」的帽子，甫由勞動農場改造釋放，正在東北大興安嶺密林深處一個叫作加格達奇的小集鎮上擔任修築鐵路的工作。那年夏天，鐵路工程隊附近的加格達奇林業局一名工人的妻子突然上吊自盡。

那個自殺的女人是來自山東的異鄉客，在家鄉原已結婚生子。1960年，大饑荒舖天蓋地，席捲全境，眼看一家老小都餓得奄奄一息，束手待斃，那女人把心一橫，隻身逃往東北求生，輾轉來到加格達奇，嫁給了林業局一名比她小上兩三歲的工人，條件是每個月向山東老家郵寄些糧食和金錢。她原來的丈夫和孩子，靠著這些接濟，總算挨過饑荒，活了下來。往後幾年，這女人也為新的丈夫生了兩個小孩，心裏卻始終牽掛著原來的丈夫和子女，每年都在東北和山東之間往返幾次，兩邊都難分難捨。東北的丈夫對這個女人非常疼愛，又是她全家的救命恩人；山東老

---

* 本文根據本人2004年12月26日《台灣社會研究季刊》社舉辦之「歷史學與歷史意識」論壇發言稿修訂改寫。

家的丈夫感念她的犧牲，對她更是好上加好。可憐的女人夾在中間，無論丟下那邊，都無法承受。天天受盡煎熬，最後只能一死以求解脫，留下兩個孤獨的男人和幾名年幼的孩子[1]。

國亞沒有告訴我們這個女人的姓名、年齡，沒有細緻刻劃她的生活實貌，更沒有深入探究幾個相關人物愛欲妒恨、纏綿交織的心理糾葛。他只勾勒出歷史長流中一個無名者瞬息即逝的生命片刻。面對這樣一段小說家亨利‧詹姆斯(1843-1916)所謂的「連舒伯特都將無言以對」的時刻，我們當然可以有各色各樣不同的感受與詮釋。不過，就一個以書寫過去為專業的歷史工作者而言，或許在低個感慨之餘，不免要捫心自問：為什麼翻遍近代中國浩若淵海的史籍典冊，都找不到這樣的「過去」的任何痕跡？為什麼這樣的事件，會被視作「過去」的剩餘，瑣細無謂，根本不夠資格納進「歷史」的範圍，而只能留給小說、戲劇、電影與私人回憶去處理？或者，我們還可以進一步追問，在歷史學對「過去」的特定認知與敘事模式下所形塑出的歷史意識，究竟怎樣地限制了我們對「過去」的想像與理解[2]？

美國勞工運動史家古特曼從一個不同的歷史脈絡，為這些問題的解答，提供了一些線索。古特曼在〈當代美國的歷史意識〉這篇著名的論文中[3]，也引述過一件20世紀初期美國工運史的小

1　國亞，《一個普通中國人的家族史，1850-2004》（北京：中國廣播電視出版社，2005），頁96-97。

2　這裏所謂的「歷史意識」(historical consciousness)意指個人或群體對於「過去」的理解、形塑這些理解的認知與文化因素，以及歷史理解與對現在及未來之理解的關係。參見Peter Seixas, "Introduction," in Peter Seixas ed., *Theorizing Historical Consciousness* (Toronto: University of Toronto Press, 2004), p. 10.

3　Herbert G. Gutman, "Historical Consciousness in Contemporary

故事。1911年，麻薩諸塞州勞倫斯市一位義大利的移民年僅13歲的女兒卡蜜拉（Camella Teoli），在勞動條件極度惡劣的紡織廠裏發生了意外。她在工作時被捲進軋棉成線的機器中，削去整片頭皮，住院治療了好幾個月，並在後腦勺上留下一塊方圓6吋、終身難癒的疤痕。第二年，她出院回家時，勞倫斯市紡織工人正好展開了罷工運動。卡蜜拉立即投身工運行列，並且和其他幾個工人代表，一同遠赴華盛頓，出席國會舉辦的聽證會。她的證詞，震撼了整個美國社會；她的悲慘遭遇，也登上了全美各大報的頭版。但是，60年後，《村聲》（Village Voice）雜誌專欄作家柯宛（Paul Cowan）來到勞倫斯市，重訪這段往事時，卻驚訝地發現，不但當地居民對這段歷史已經毫無記憶，甚至卡蜜拉的女兒對自己母親那段政治性的過去，也是一無所知。雖然她在卡蜜拉生前，每天都要為母親梳頭挽髻，來遮掩那塊醜惡的傷疤，卻始終不知道這塊疤痕所象徵著的那段壓迫、苦難，與勞動社群團結鬥爭、追求公義的滄桑動盪。一直要到柯宛把她帶到圖書館，從布滿塵埃的舊報紙堆中，翻撿出1912年卡蜜拉的國會證詞，歷史意識的長期斷裂，才在這一瞬間重新彌合起來。卡蜜拉的女兒讀著母親當年的證詞，輕柔地說著：「現在，我有過去了；現在，我的兒子有可以引以為榮的歷史了」。

為什麼卡蜜拉要長期抑制自己的過去？為什麼她以及當年攜手抗爭的罷工工人的遭遇，一直被排拒於她女兒以及社區居民的歷史記憶之外？古特曼將此中癥結歸於美國歷史書寫的內在

（續）————————————————————
America," in Herbert Gutman, *Power and Culture: Essays on the American Working Class*, ed., by Ira Berlin（New York: Pantheon Books, 1987）, pp. 395-412.

局限。自1894年透納（1861-1932）提出著名的「邊疆假說」（frontier thesis）以來[4]，主導美國歷史之敘事與解釋模式的基本原則，便是一種「占有式的個人主義」（possessive individualism）；獨立、自由的單子式個人，匹馬單槍，冒險犯難，發跡起家的成功故事，成爲體現美國「進步」精神的英雄形象。古特曼指出，即使是以移民、婦女、勞動階層與少數族裔等依賴群體（dependent group）爲研究對象的學院歷史，也都未能擺脫這種片面強調個人成就的主流意識型態的桎梏，以致幾乎完全忽視了這些群體在應付其所面對的剝削與不平等的境遇時，更常訴求於家庭紐帶與團結互助之社群價值等集體主義理想的行爲方式。這種高度窄化的歷史視野，相應型塑出一種被刪節、被減縮的歷史意識。卡蜜拉的女兒便是這種歷史意識下被迫失憶的犧牲者。她們與過去斷絕，被剝奪了理解型塑她們自己的生活、她們父母的生活之歷史過程的任何門徑。歷史，對她們來說，遙不可及，毫不相干。

在不同的政治、文化、經濟條件下，近代中國的主流歷史意識，自然具有迥異於美國的獨特歷史性。不過，從古特曼所提供的參照架構出發，我們或許可以進一步思索，究竟是怎樣的意識型態因素，對近代中國的歷史書寫與歷史意識，發揮過決定性的型塑作用，致使關於那位加格達奇的女人的記憶，終將如同卡蜜拉的過去一樣，湮沒無聞，被排拒於「歷史」的界線之外？

著名歷史學者顧頡剛的親身遭遇，爲這樣的思索，指出了一條切入的途徑。

4　Frederick Jackson Turner, *The Significance of the Frontier in American History*, Annual Report of the American Historical Association （Washington, D.C.: US Government Printing Office, 1894）.

1929年春，顧頡剛爲商務印書館所編的《現代初中本國史教科書》，因爲否認三皇五帝的存在，遭到國民政府下令查禁。當時的考試院長戴季陶認爲，「中國所以能團結爲一體，全由於人民共信自己爲出於一個祖先」，因此，三皇五帝的歷史眞實性，只能局限於學者的討論，卻萬萬不能在教科書中明白點破，「否則動搖了民族的自信力，必於國家不利。」顧頡剛則在答辯書裡一再強調，「我們的民族自信力應當建立於理性上」，三皇五帝既然無法通過史學知識標準的檢驗，「萬無維持其偶像之理」。如果眞要團結中華民族，中國歷史經歷過無數次磨難，「這磨難中的犧牲人物正可喚起全民眾的愛國精神」[5]。

回顧這一段歷史軼事，可以清楚看出，戴季陶與顧頡剛表面上針鋒相對，勢同水火，實際上，兩人卻有著一項共同肯認的基本前提：歷史學與歷史教育應該爲國族利益服務；歷史學者應該是「國族」這個被想像出來的共同體的忠誠信徒與護衛。這也就是爲什麼在五四後期，編輯《古史辨》，提出「層累地造成的古史說」，名噪一時，並對中國傳統歷史知識抱持著高度批判態度的顧頡剛，竟在1930年代，外患日亟、國族危機日益深重之際，「遽易其昔者寂寞窮經之心志」，將治學方向轉往民族史、邊疆史的根本緣由了[6]。

其實，早在20世紀初期，中國現代歷史學甫行誕生之際，這項知識門類就與國族主義意識型態糾結纏繞，結下了不解之緣。1902年，梁啓超在他那篇掀起近代中國史學革命的名篇〈新史學〉

5　顧潮編著，《顧頡剛年譜》（北京：中國社會科學出版社，1993），
　　頁172。
6　顧頡剛，《西北考察日記・自序》（中國邊疆史地研究中心，1983），
　　頁2。

一文中，便這樣地大聲疾呼：

> 今日欲提倡民族主義，使我四萬萬同胞強立於此優勝
> 劣敗之世界乎？則本國史學一科，實爲無老無幼、無男
> 無女、無智無愚、無賢無不肖，所皆當從事，視之如渴
> 飲饑食一刻不容緩者也[7]。

正如梁啓超所期望者，一個世紀以來，中國的歷史學，始終屈從
於國族主義的宰制之下；歷史教育，也一直被視爲「民族精神教
育」的重要環節。也正因如此，不分台海兩岸，不論解嚴前後，
各類政治勢力莫不爭相致力於歷史記憶與歷史詮釋的攘奪與壟
斷，以之爲打造特定國族認同的手段。在一片擾攘與喧囂聲中，
史學研究與歷史教育更不免染上高度政治化的色彩，自覺或不自
覺地化作爲特定政治利益與意識型態服務的工具。歷史學者縱或
有過微弱的吶喊與反思，歷史學，作爲一套獨立自主、自具尊嚴
的「客觀」知識門類，長久以來，依然是學院象牙塔內少數學者
的「高貴夢想」。

　　當然，我們也不能過分苛責近代中國的歷史知識工作者，歷
史書寫與國族主義的共生關係，毋寧乃是一個普世性的現象。姑
不論舉世各國歷史教育與國族計畫（nationalist project）千絲萬
縷、難分難解的緊密連繫，19世紀，當歷史從傳統的業餘嗜好，
正式轉化爲一門擁有特定研究對象、操作程序與規訓系統的專業
學科時，無論是在老牌的國族國家如英、法等國，抑或是在新興

7　梁啓超，〈新史學〉，《飲冰室文集》（台北：中華書局，1978），
　　九，頁7。

的國族國家如德、義等國，歷史學者對於「過去」的建構與再現，
大抵都難以擺脫國族陰影的籠罩。鼓吹檔案研究、強調歷史知識
的客觀性，從而爲中國新史學中堅之史料學派奉爲圭臬的德國史
學大家蘭克（1795-1886）本人便曾擔任普魯士王國的官方史家；
對他及其後輩而言，書寫歷史乃是爲國家服務，而爲國家服務，
便是爲上帝服務。國族國家，作爲上帝的觀念（ideas of God），乃
是只能順從、膜拜而不容質疑的神聖存在。同樣地，在歐洲史學
史上的幾個偉大名字，如麥考萊（1800-1859）、基佐（1787-1874）、
克羅齊（1866-1952）、邁涅克（1862-1954）諸人的筆下，歷史不多
不少，便是各個不同國族，源起自邈遠的過去，在線性進步的歷
史時間中，實現其偉大使命的特定過程[8]。經由這樣一套國族主
義化的歷史敘事策略，國族被物化成爲神聖而永恆的歷史主體，
歷史也只能是國族的歷史。在這種意義下，國族實際上構成了歷
史書寫中亞里士多德所謂的界線（limit）：「（它是）個別事物的終
極，是在它之外別無他物，在它之內無所不備的始點。」[9]

　　然而，近代歷史學與國族主義的深厚淵源，並不足以在知識
上與道德上爲國族歷史提供堅實的正當性基礎。史學家霍布斯邦
對歷史書寫與國族建構之間的密切聯繫，有過敏銳的觀察；他把
史學家與國族主義者之間的關係，比喻作罌粟種植者與海洛因吸
食者之間的關係。但是，他同時也指出，伴隨國族俱生共榮的「歷
史」，絕非汲汲維護知識尊嚴與倫理規範的專業史家所應提供的

8　歐洲近代史學與國族主義的關係，參見Stefan Berger, Mark Donovan
and Kevin Passmore eds., *Writing National Histories: Western Europe
since 1800,* London and New York: Routledge, 1999.
9　亞里士多德著，苗力田、李秋零譯，《形而上學》（台北：昭明出
版社，2003），卷五，17，頁143。

歷史。[10]赫南（1823-1892）在其著名演說〈何謂國族？〉中，固然高度強調國族建構過程中歷史所發揮的重要作用，卻也坦率點破：遺忘歷史，乃至扭曲歷史，才是國族創立的眞正樞紐[11]。質言之，國族歷史，其實只能是一套「神話歷史」（myth-history）。「神話歷史」的編造者，並不在意他們筆下的「過去」是否正確無誤，他們所作的歷史敘事，目的也不在增進我們對於過去的認識。他們眞正關切的，毋寧是在汲取、操弄特定的「過去」，來爲政治的、意識型態的，以及心理上的需求服務[12]。這種「神話歷史」所指向的，乃是「歷史的政治運用」。

　　極度簡化地說，神話化國族歷史的操作模式，乃是一種加加減減的「歷史算術」。一方面，爲了替國族提供一套堅實的根基性存在理據，熱切的國族主義者往往附麗於荒渺難稽的遙遠過去，來重新記憶、編寫，甚至重新「發明」、想像國族的起源與傳統[13]。19世紀法國歷史學者之所以將法國王室的世系向前追溯到高盧人，甚至古希臘時代的特洛伊人；英國歷史之所以必須溯源到1066年的征服者威廉；1860年才完成統一建國大業的現代義大利之所以要宣稱其爲古羅馬的直接繼承者；採用西班文爲「國語」的墨西哥人之所以將其祖源延伸到久經湮沒的阿茲特克人與

10 Eric Hobsbawm, "Ethnicity and Nationalism in Europe Today," in Gopal Balakrishnan ed., *Mapping the Nation* (London: Verso, 1996), p. 255.

11 Ernest Renan, "What is a nation?" in Homi Bhabha ed., *Nation and Narration* (London and New York, Routledge, 1990), p. 11.

12 Paul A. Cohen, "The Contested Past: the Boxers as History and Myth," *Journal of Asian Studies,* 51-1 (Feb. 1992), p. 82.

13 參看 Eric Hobsbawm and Terence Ranger eds., *The Invention of Tradition* (Cambridge: Cambridge University Press, 1983).

馬雅人，可以說都是國族歷史內在邏輯的當然產物。而關於馬薩達戰役（the battle of Masada）之集體記憶在猶太歷史上曲折繁複的變化過程，更無比生動地彰顯出國族歷史的人為建構性質。

西元70年，羅馬大軍攻破耶路撒冷，約有九百餘名猶太殘軍敗將退守山區的馬薩達要塞，負隅頑抗。3年後，羅馬人揮軍圍攻馬薩達。這九百多名猶太守軍共立盟誓，寧死不屈，絕不淪為羅馬人的俘虜。當羅馬士兵逼近最後一道城牆時，這些猶太人以集體自殺的方式實踐了他們的諾言。

在《塔木德經》與其他猶太經典中，並無片言隻字提到這個事件，只有變節降敵的猶太史家Josephus於其編年史書《猶太人之戰》，對這幾百人集體自戕的悲慘場景，留下過一些零星的記載。此後將近兩千年間，馬薩達戰役根本不曾在猶太人的歷史意識裏烙下任何一絲最細微的痕印。但是，到20世紀前期，猶太復國運動蓬勃展開時，馬薩達的記憶卻從故紙堆中被發掘了出來；1927年一位移民巴勒斯坦的烏克蘭猶太詩人，據此撰寫了一部長篇英雄史詩，有力地把這段早經遺忘的「過去」，重新帶進猶太人的集體記憶之內。以色列建國後，更是不遺餘力地動員馬薩達戰役的象徵資源，馬薩達的遺址被重新發掘、馬薩達淪陷的日子被制訂為國定紀念日、馬薩達戰役被編入中小學歷史教科書，馬薩達被抽離出原有的歷史脈絡，由哀傷淒涼的輓歌，轉化成為體現猶太民族無視艱厄、英勇奮戰、誓死維護國族自由與尊嚴的神聖象徵，也是以色列國族歷史無比光輝的重要篇章。然而，在這些重建馬薩達的歷史敘事中，真正發揮力量的，並不是疏簡有限、無從驗證的歷史「事實」，而是不斷踵事增華、渲染轉化，

藉以凝聚國族認同、強化國民戰鬥意志的意識型態表述[14]。

另一方面，國族歷史的建構，同時也是一段對「過去」不斷刪減、排拒與遺忘的過程。國族，作為一個「想像的共同體」[15]，原本只是柯立根與薩耶所謂的「文化效應」，只是由包含歷史書寫在內的各類論述所建構出之人為產物[16]。但是，藉由特定「框架、聲音與敘事結構」所建構出來的神話化國族歷史，卻極其有效地形塑了一套強大的「真理治權」（regime of truth），將「國族」縫合成為一個至高無上、同質的、本真的（authentic）、永恆的自然事物。借用印度賤民研究群（Subaltern Studies Group）創始學者古哈對黑格爾歷史哲學的詮釋[17]，這樣的國族歷史，乃是一套由國族國家賦予內容的「歷史散文」（the prose of history）；它所蘊涵的，是一種同質、整體、直線進化的單一時間性（temporality）。在國族歷史以國族為中心，對過去進行選擇與編碼的篩汰過程中，實際生活中眾聲喧嘩、由充斥著差異與矛盾的多重時間性所構成的「世界散文」（prose of the world），成為被抑制、被泯除

14　參見 Barry Schwartz, Yael Zerubavel, and Bernice Barnett, "The Recovery of Massada: A Study in Collective Memory," *Sociological Quarterly* 27-2（1986）: 147-64; Yael Zerubavel, *Recovered Roots: Collective Memory and the Making of Israeli National Tradition* （Chicago: The University of Chicago Press, 1995）, Chapter 5, pp. 60-76.

15　Benedict Anderson, *Imagined Communities: Reflections on the Origin and Spread of Nationalism,* London and New York: Verso, 1991.（中譯本見《想像的共同體》，吳叡人譯，台北：時報出版公司。）

16　Philip Corrigan and Derek Sayer, *The Great Arch: English State Formation as Cultural Revolution,*（Oxford: Blackwell, 1985）.

17　Ranajit Guha, *History at the Limit of World-History*（New York: Columbia University Press, 2002）.

的對象。國族內部性別、階級、族群與種族等等多樣的身分與差
異，只能馴從於國族認同的宰制與操弄；個人與弱勢群體的存在
與記憶，也只能在國族不斷自我再現的眩目光芒中，被編納入一
個集體的「過去」，甚或徹底地滌盪盡淨。赫南便曾呼籲，每一
位法國國民都應該「遺忘」1572年的聖巴多羅繆節宗教大屠殺，
也必須忘卻13世紀發生於法國南部Midi地區的流血慘劇。同樣
的，在殖民時期的印度，為著維護國族的純淨本質，喪夫的寡婦
被迫投身柴堆，縱火自焚(sati)[18]。爭取獨立的國族主義運動期
間，無以數計的印度農民，在甘地的號召下，義無返顧地投身建
國大業，卻在獨立建國之後，被中產階級知識分子所書寫的國族
歷史揚棄於印度的國族國家之外[19]。在中國，20世紀初期以黃帝
祖源神話為核心的種族國族主義運動，驅使章太炎立意重新編寫
一部上起軒轅，下迄洪、楊，由漢族「明王聖帝」一脈相承的中
國歷史，從而將鮮卑、女眞、蒙古與滿族等少數族群，從中國國
族的歷史記憶中排除出去[20]。在台灣，「光復」後國民黨政權重
新打造國族認同的文化實踐，也使得一整個世代的本地知識分子
淪為失語與失憶的邊緣群體。而1955年一江山孤島上葬送掉近
5000條年輕生命的那場血戰，50年後更在台灣國族主義的政治盤
算下，刻意被蔑視、被遺忘[21]。……翻檢這些難以直面的斑駁史

18　Lata Mani, *Contentious Traditions: the Debate on Sati in Colonial India*
　　(Berkeley and Los Angeles: University of California Press, 1998).

19　Partha Chatterjee, *Nationalist Thought and the Colonial World: A
　　Derivative Discourse*(Minneapolis: University of Minnesota Press,
　　1993).

20　章太炎，〈民報一周年紀念會祝辭〉，收於湯志鈞編，《章太炎政
　　論選集》(北京：中華書局，1977)，上冊，頁326。

21　龍應台，〈冷酷的盤算〉，《中國時報・人間副刊》，2005年3月

頁，我們在國族歷史這座輝煌璀璨的大理石教堂之下，所看到的，其實只是一道幽黯的深淵，裏面埋葬著無數沉默的死者。國族歷史，也許正如喬艾斯（1882-1941）所言，是我們最為深沉的夢魘。或者，套用班雅明在《歷史哲學提綱》第九論綱中所作的反思，「國族」的風暴把歷史的天使吹向未來，而在天使腳下，則是一場不停不變的大災難，不斷地堆積出高達天際的瓦礫[22]。那位加格達奇的女人，一如歷史中無以數計的無名者，也只能是隱沒在瓦礫堆裏、深淵底處，沒有臉孔、沒有聲音的幽微暗影。

那麼，面對當前這個時代的精神狀況、重新反思型塑著我們對現在與過去之特定認知模式的歷史意識時，我們是不是應該取法英國史學家柏頓（Antoinette Burton）對大英帝國歷史書寫所作的批判，不停地追問：「誰需要國族」、「誰需要國族的歷史」[23]？是不是應該像印度的賤民研究群那樣，自覺地割斷我們與國族的共謀紐帶，轉而面對沉默的死者，讓久遭放逐與遺忘的賤民，終能發出他們自己的聲音？或者，我們是不是應該如美國學者杜贊奇所鼓吹者，把歷史從國族的宰制下拯救出來[24]？

(續)────────────

11日。

22 Walter Benjamin, *Illuminations: Essays and Reflections,* tr., by Harry Zohn（New York: Schocken Books, 1968），pp. 257-58. 中譯本見班雅明著，林志明譯，《說故事的人》（台北：台灣攝影工作室，1998），頁135。

23 Antoinette Burton, "Who Needs the Nation? Interrogating 'British' History," *Journal of Historical Sociology,* 10-3（Sept. 1997），pp. 227-48.

24 Prasenjit Duara, *Rescuing History From the Nation* , Chicago: The University of Chicago Press, 1995.（中譯本見杜贊奇著王憲明等譯，《從民族國家拯救歷史》，北京：社會科學文獻出版社，2003。）

事實上，在全球化、後殖民與多元文化主義等多重力量所構成的嶄新世界圖景中，自1960、1970年代以降，從「下層的歷史」（history from below）所揭櫫的社會史研究取向，一直到當今風行一時的「日常生活史」（history of everyday life），國族歷史的堅實堡壘，業已被鑿開無以數計的隙縫與孔洞。「歷史散文」也一再被要求對「世界散文」敞開，接受後者的質疑與詰問。在透納「邊疆假說」的掩蔽下，長期被抹殺的印地安原住民等少數族裔的「過去」，便是在這個變化過程中，重新被發掘、被譜寫進入美國的歷史。加拿大的歷史，也不再只是一個「加拿大國族」的歷史，而是兩個不同「民族」——英語民族與法語民族共同組成的歷史，甚至是包含許多原住民族在內的多元族群的多元歷史[25]。許許多多類似的努力，或許正昭示著，我們這個時代的歷史知識，正處於一個重新學習、重新調整與建構的艱苦階段。

不過，這樣的學習與調整，是不是便足以衝破國族歷史長期設定的界線？歷史知識工作者對「世界散文」中各類異質聲音所講述之故事的傾聽與重述，是不是便足以讓他重新評估、重新編寫自己一向最為熟悉的故事？或者，用班雅明的術語來說，這些「他者」所提供的，究竟是一個斬釘截鐵、簡單明確的「答案」，還是一些可以讓我們剛剛起頭的故事，得以繼續展開的「勸告」（counsel），並且最終將使我們所講述的事物與我們的生命本身同化為一[26]？

---

25 Chris Lorenz, "Towards a Theoretical Framework for Comparing Historiographies," in Peter Seixas ed., *Theorizing Historical Consciousness*, p. 33.

26 Walter Benjamin, "The Storyteller," in *Illuminations: Essays and Reflections,* pp. 86, 91.

對於這些問題，古特曼所提出的答案是否定的。他以1976年黑人作家哈萊（Axel Haley）所出版的《根》（*Roots*）一書爲例指出，這本轟動一時的著作，固然把非裔美國人被奴役的過去，帶進到美國社會大眾的歷史記憶；然而，弔詭的是，該書所以成功，卻正是因爲其所遵循的歷史敘述與解釋模式，適足以強化作爲主流意識型態的個人主義價值。換言之，對於被迫害的歷史群體的研究，一樣可以被用來鞏固爲現況服務的特定形式的「過去」。[27] 同樣的，目前爲止，我們在歷史知識實踐上所作的學習與調整，嚴格而論，或許只是擴展了國族歷史既有的界線，豐富了國族歷史的細節與內容，而未曾根本撼動過國族長期型塑，並爲我們所高度內化的那套宰制性的認知與思考框架。在更爲艱苦的「去學習」（unlearning）過程的必要性尚未能登上我們的知識議程之前，告別國族、告別國族化的歷史書寫，或許還是難以企及的夢想。此所以柏頓在她由後殖民論述出發，試圖解構不列顚國族歷史敘事的過程中，便瞿然警覺到，這樣的知識操作，恐怕還是不免會把國族「從後門帶了回來」。

話說回來，縱使我們承認國族意識所加諸於我們的重大桎梏與局限，我們至少還是可以敗而不潰，從事一些局部的、最低限度的嘗試，在政治勢力所操弄的國族歷史之外，重新書寫、重新建構諸如顧頡剛所說的，「建立於理性上」的另類國族歷史。

首先，我們今天當然已經無法再像19世紀的史學家，對歷史的客觀眞實性，抱持著無比樂觀的信念。但是，對於基本歷史事

---

27 Herbert G. Gutman, "Historical Consciousness in Contemporary America," pp. 401-02.

實的尊重，依然不失爲史學專業維繫其自主與尊嚴的最終礎石。
1930年代，蘭克史學所遺留的資產——史學客觀性的信念，在一
定程度上，便爲法、德、義三國的學院史家，提供了免於全面屈
從於法西斯政權國族歷史霸權敘事的解毒劑。我們不必再執著於
歷史知識的本體性意義與客觀價值，但是，在歷史知識生產的場
域中，史學工作者或許還是應該自覺地秉持著一套策略性的「實
踐的實在論」(practical realism)，還是應該遵循尊重史實、考辨
史料、審慎詮釋等史學操作的清規戒律[28]。惟有在這樣的共通前
提下，不同的歷史詮釋之間，在對彼此差異性的肯認與尊重的基
礎上，所展開的多元對話，才有正面、積極的意義，也才不致淪
爲敵對的整體性國族歷史論述之間，互不相容，你死我活的惡性
鬥爭。

其次，我們對於自身歷史意識的再思索，還必須奠基於比較
性研究的恢宏視野之上。透過對不同文化、不同人群了解與運用
「過去」極度不同的方式的認識，我們才有可能透視自身歷史意
識的歷史性與局限性，也才不致將我們習以爲常的偏執與假設，
誤認做一套天經地義，不容質疑的封閉性價值系統，從而切斷了
我們與異質性他者交融互認的契機。

最後，猶如戴季陶與顧頡剛兩人的論爭所顯示者，國族並不
是一個本質性的實體，而毋寧更是一個各種想像與論述彼此對
抗、爭逐與協商的場域。戴季陶所想像的中華民族，是一個植基
於「生物性」祖源傳承、並具高度排拒性的血緣群體；顧頡剛所
建構的國族，則是一個由歷史、文化紐帶所構成，相對開放的命

---

28 Joyce Appleby, Lynn Hunt and Margaret Jacob, *Telling the Truth about
History* (New York and London: W. W. Norton, 1994).

運共同體。同樣地，我們當然不是沒有重新想像一個更為開放、更具包容性之國族共同體的空間。我們當代的國族歷史，當然也可能是更為多元、更為寬容的敘事模式的產物。因而，重構國族歷史的努力，並不僅是一種知識生產的介入，更重要的，它也是一種倫理責任的承擔。我們所需要的，不是「歷史的政治運用」，而是德國哲學家哈伯瑪斯所謂的「歷史的公共使用」(the public use of history)：回顧歷史，召喚死者，追究罪責，為的是要增進公民的倫理／政治的自我理解；對不同「過去」的爭議與論辯，目的不在為特定政治勢力的短期利益與政策服務，而是去闡明我們希望實現的政治共同體的理想形式，以及在此共同體中應當享有優先地位的諸項價值[29]。1986至1987年間，德國（西德）新保守主義者試圖將納粹歷史「正常化」所引發的「史學家論爭」中，哈伯瑪斯砥柱中流，極力持守的憲政愛國主義立場，便為我們樹立了一個足資式守的典範。而1996年美國歷史學者戈德哈根（Daniel J. Goldhagen）撰著的 *Hitler's Willing Executioners* 一書所造成的歷史事件，更是值得我們再三玩味。這本「污衊德意志民族」的著作在統一後的德國史學界引發軒然大波時，德國社會大眾所選擇的立場，卻是不受國族主義右派的蠱惑，寧可正視自身過去的罪惡與創傷，與異國學者站在同一陣線，共同對抗本國保守主義史學界的攻訐[30]。他山之石，可以攻錯，我們的歷史知識

---

29 J rgen Habermas, "On the Public Use of History," in *The Postnational Constellation: Political Essays*, tr. by Max Pensky（Cambridge: Polity Press, 2001）, pp. 26-37. 中譯本見哈伯瑪斯著，曹衛東譯，《後民族格局：哈伯瑪斯政治論文集》（台北：聯經出版公司，2002），頁35-48。

30 Mary Fulbrook, "Dividing the Past, Defining the Present: Historians

工作者，是不是也有可能透過對過去的再書寫，有意識地揚棄長久以來與國族國家之間的不神聖聯盟，致力於顛覆任何本質化、排拒性的國族認同，從而為這個社會培育出一種更為誠實、更合乎公義、更能包容「他者」的歷史意識？

歷史書寫，一如人類任何知識的生產，永遠無法擺脫權力關係的支配與角逐。歷史知識的生產實踐，首要課題，莫過於自覺地選擇明確立場與認同對象。如同班雅明所強調者，歷史學如果對勝利者認同，便會不可挽救地淪為當前之當權者的奴僕。任何人，只要曾經贏得勝利，便會加入踐踏死者的遊行行列。歷史知識工作者的職責，不在加入這個行列，歡欣鼓舞地展示他的戰利品；他的任務是保持距離，反向地梳理歷史過度光潔的皮毛[31]。我們或許難以接受班雅明對唯物史觀的崇高信念，或許也無法理解他對彌賽亞式救贖的神學信仰，不過，這並不妨礙我們努力去成為一個「自由主義的反諷主義者」（liberal ironist）。根據羅逖的解釋，「自由主義的反諷主義者」總是認真而嚴肅地面對自己最核心之信念與欲望的偶然性；他們秉持歷史主義與唯名論的信仰，並不相信那些信念與欲望的背後，存在著任何超越時間與偶然性的不變基礎。不過，在「自由主義的反諷主義者」所僅有的無堅實基礎的信念中，卻包含著一項卑微的願望，亦即：世間的

（續）————————————

and National Identity in the Two Germanics," in Stefan Berger, Mark Donovan and Kevin Passmore, eds., *Writing National Histories: Western Europe since 1800,* pp. 217-29; Stefan Berger, "Historians and the Search for National Identity in the Reunified Germany," *ibid.,* pp. 252-64.

31 Walter Benjamin, *Illuminations: Essays and Reflections,* pp. 256-57; 林志明譯，《說故事的人》，頁134-35。

苦難會減少，人對人的侮辱會停止[32]。這或許是歷史知識工作者在他的斗室中書寫過去時，所能自我期許的最低目標罷。

沈松僑：現任中央研究院近代史研究所副研究員。主要研究領域為中國近代思想史。目前的研究興趣，集中於近代中國的國族想像與國民論述，陸續發表過幾篇相關論文。

32　理查・羅逖著、徐文瑞譯，《偶然、反諷與團結：一個實用主義者的政治想像》（台北：麥田出版公司，1998），頁28。

當代台灣歷史論述的雙重挑戰

王晴佳

　　自1987年解嚴以來台灣社會的種種深刻變化，有目共睹。而台灣人歷史意識的變化，更是引人注目。1997年由於國中教科書《認識台灣》的發行所引起的爭論，便是一例。而在這以後，有關歷史教科書改編的討論，依然此起彼伏，爭議頻仍，引起了社會各界的注意。歷史教科書的編寫，自然有專業歷史學者參與其內，而教科書的內容，也常常折射了史學界的一些研究成果。如近年台灣史家對明清城市、世俗文化的興趣，便影響了一些中等和高等學校的教科書的寫作。但就總體而言，台灣專業史家對於歷史論述建構，應該說其角色和作用，並不顯著。其中原因，頗有值得分析之處。本文的寫作，便是一個嘗試。

　　筆者以為，就歷史論述而言，也許台灣學界目前面臨了一個雙重的挑戰。第一是如何進一步檢討、分析自國府撤退到台灣以後，所推行的大中國主義的史觀。第二是如何在揚棄上述史觀的基礎上，重新界定台灣的國際位置和歷史傳承，以及與中國大陸、日本和其它亞洲國家文化的關係。換言之，台灣史學界、學術界面臨了「解構和重構」的雙重挑戰。而這一挑戰本身，又有其內在的矛盾，並不容易調和。論者往往容易各持一端，或者墨守成規，或者矯枉過正。

　　由於本文要處理的是有關歷史論述的問題，而歷史論述的構建、或者解構，往往拼合了社會各階層的力量，因此本文所引用的論著，會自然而然地溢出常規歷史學的範圍，而採用其它相關的材料。換言之，本文不是傳統的或純粹的史學史研究，而是想對當代台灣社會的歷史意識的變化，以及歷史研究在其中扮演的角色，做一個綜合的觀察和分析。

一、由「公」而「私」

　　解嚴之後台灣社會變化的主要表現，即在於國民黨威權統治的瓦解和台灣社會民主化的蓬勃開展。從歷史論述的角度來看，這一瓦解變更了自國民政府在1949年退居台灣以後苦心經營的、以中國國族為中心的歷史觀。這一國族中心的史觀，具體表現為用二元對立、黑白分明的手法，構建「自由中國」的想像，與中國大陸的紅色政權相對照。為此目的，國民政府幾乎動用了一切力量，在冷戰的背景下，以戒嚴為強硬手段，盡速實施這一國族想像。於是，台灣的學生不但接受了一以貫之的中國史教育，而且還必須學會以北京音為基準的「國語」交流，由此來努力消除日本殖民文化在台灣的影響。即使那時的文藝政策，也被調動起來為此目的服務。

　　但在歷史研究和歷史教育等方面，1980年代並未表現出明顯的變化。為了強調台灣是「自由中國」的正統代表，國民政府在遷台以來一直努力強化中國史的教育，有關台灣的歷史，許多學生並無多少知識。那時學生報考歷史學研究所，也大都想研究中國的歷史。即使有人研究台灣史，也主要是清朝的台灣，因此其實也將台灣的歷史，視為中國史的延伸，或者是研究中國歷史的

「實驗室」。有趣的是，這些觀點的提出者，是兩位經歷了日據時代的學者曹永和與陳紹馨[1]。他們提出這些論點，固然反映了台灣學界的實證主義風格，但也顯示了中國歷史論述在解嚴以前的主導地位和影響。而台灣在戰後自己培養的新生代歷史學者，也主要以研究中國史爲志業。

因此，我們若要追溯1980年代台灣歷史意識的變化，在歷史研究著作中，並不多見。那時對國民黨國族論述的挑戰，似乎在思想上，有兩個淵源，一是與左翼思想的聯繫，包括中國大陸的文化大革命、歐美的學生、反戰運動等等對台灣青年知識分子直接、間接的衝擊；二是日本社會思潮的影響。這兩者之間，又有互相交接之處。譬如日本自1960年代以來，反美的社會、學生運動接踵而至，此起彼伏，而其中左翼的思潮，又扮演了領導的角色。台灣的國民黨政府，被視爲美國帝國主義的走狗，因此其大中國國族論述，亦自然被視爲保守的思想，而成爲攻擊的對象。換言之，對於台灣本身地位和歷史的重視，在那時往往與對帝國主義的批判相連。於是最早有關台灣歷史的著作，如史明的《台灣人四百年史》和王育德

1　參見曹永和《台灣早期歷史研究》（台北：聯經，1979)和陳紹馨《台灣的人口變遷與社會變遷》（台北：聯經，1979)。

的《苦悶的台灣》，都首先在日本發行，而史明的左派立場，更是爲人所熟知[2]。許多到日本留學的台灣學生，在日本期間，能讀到這些著作，目睹日本的學生運動，在思想上產生共鳴，因此開始思考並懷疑原先所接受的歷史教育。如台大的中國史教授鄭欽仁，便是一個例子。他從日本回到台灣以後，「不僅專注學術研究，而且重視教學與啓蒙」，並開始參加社會活動[3]。比他略早留學日本的台大同事李永熾和較晚的吳密察，或許都有類似的思想轉變過程。他們以後相繼成爲挑戰中國國族論述和倡導台灣史研究的先進人物。

左翼的社會批評，自保釣運動以後，通過出版《大學雜誌》、《夏潮》等刊物，一直有所持續。而1970年代對「現代詩」的批評以及後來展開的「鄉土文學」論戰，都以批判西方文化以及西方帝國主義爲出發，轉而訴諸民族主義的關懷。譬如唐文標、尉天驄等人對「現代詩」的批評，就是因爲現代詩的寫作，企圖直接與西方文化交接，排斥、輕視、甚至無視中國文化的傳統。這些批評和討論，引發了對文化認同的思考。不過就總體傾向而言，那時的民族主義的認識，仍然以中國國族爲中心（以陳映真爲代表）。左翼人士的批評矛頭，主要針對的是國民黨的國族論

2　日本學術界的左翼傾向，由來有自，在1930年代便以反帝國主義的形式出現，如矢內原忠雄的《帝國主義下の臺灣》（1934），便是一個顯例。以後又有台共領導人、流亡日本的蕭友山在1946年用日文寫作的《台灣解放運動の回顧》（東京：竜溪書舍，1971）。史明的著作，便是這一傳統的延續。

3　參見《鄭欽仁先生訪談錄》，訪問者薛化元、潘光哲、劉季倫（台北：國史館，2004），頁63。有關鄭欽仁以後在號召反省台灣人的歷史意識方面的工作，參見王晴佳《台灣史學50年：傳承、方法、趨向，1950-2000》（台北：麥田，2002），頁185-186。

述與西方帝國主義之間的從屬關係。他們希圖繼承五四的反帝傳統，並挖掘五四對台灣文壇的影響，並進而研究日據時代台灣的本土作家。易言之，左翼人士的文化批評，目的是尋求一種不同於或對立於官方的民族主義的論述。

西方研究中東歷史的專家Bernard Lewis曾指出，歷史寫作無非有三種形式，「記憶的歷史」（remembered history）、「重現的歷史」（recovered history）和「發明的歷史」（invented history），後兩者或者是已經被遺忘，或者本來並不成系統但爲後人所構建而成[4]。如果在1980年代，官方的國族論述是一種「記憶的歷史」，爲了與之抗衡，左翼人士便希求一種被遺忘的歷史，並將之「重現」。他們轉向鄉土，並進而發掘日據時代的台灣文學，特別是左翼文學，正是因爲在官方的歷史記憶中，這些鄉土和左翼文化不是被掩蓋、就是被遺忘了。而相對於國民黨從大陸移植到台灣的中國文化，台灣當地的文化自然就是本土文化。這一本土文化在日據時代如何延續並與大陸文化變化之間的聯繫，便成爲他們關注的熱點[5]。

---

4 Bernard Lewis, *History: Remembered, Recovered, Invented*（Princeton: Princeton University Press, 1975）, pp. 11-12.

5 那時參加了「鄉土文學論戰」的陳映眞和以後編輯左翼刊物《夏潮》的蘇慶黎等人，都認爲從左翼反帝的立場出發，研究日據時代的台灣本土作家，是一個自然的發展。見郭紀舟對他們的訪談，郭紀舟《70年代台灣左翼運動》（台北：海峽學術，1999），頁469和499。從某種意義上看，這一興趣仍在持續，如較早由學術界而加入黨外活動並以後在民進黨中十分活躍的陳芳明，就一直研究日據時代台灣左翼文學，如氏著《楊逵的文學生涯：先驅先覺的台灣良心》（台北：前衛，1988）和《左翼台灣：殖民地文學史論》（台北：麥田，1998）。當然，陳芳明在1990年代以後，一般人已不再視他爲左翼人士了。

　　台灣史學界的變化，亦與西方文化的影響，息息相關。在戰後的幾十年中，由於冷戰的持續，中國大陸的封閉，使得台灣成為西方學者研究中國的基地，台灣與國外學者的交流，因此也十分頻繁。因此從1960年代以來，台灣史學界與西方史學界，便保持一種幾乎同步的互動。1960年代中期以後，在西方史學界社會史、或社會科學史研究的影響下，台灣史學界中亦興起社會經濟史研究的熱潮，便是一例。而到了1980年代，由法國年鑑學派中間出現的文化史，亦主導了台灣史學的新趨向。與前一時期一樣，留學歐美的學者在溝通台灣和西方史學的過程中，扮演了重要的角色。1989年留學法國的梁其姿等人編譯出版了《年鑑史學論文集》，引起了台灣史學界的高度重視。1990年《新史學》的創刊，便體現了台灣學者希圖借鑑年鑑學派的歷史研究方法，在原來的社會經濟史的基礎上，重現定位和出發的意向。杜正勝在《新史學》發刊詞中指出了年鑑學派作為一種「新史學」對西方傳統史學的衝擊。他希望《新史學》的創辦能與「海內外所有史學同志一起攜手，共同創造21世紀中國的新史學」[6]。

　　其實年鑑學派的影響，還不僅在於為台灣的史學界的推陳出新提供了一個榜樣，而且還直接啟發了歷史研究新領域的開發。這一新的領域，便是所謂社會生活史[7]。從政治外交史到社會生

6　杜正勝，〈發刊詞〉，《新史學》創刊號(1990年3月)，頁1-4。邢義田回憶道，杜正勝等人在1990年代討論開拓「新社會史」時，「十分推崇」年鑑學派的治史風格。氏著〈變與不變：一個史語所歷史學徒的省思〉，《當代》，第200期(2004年4月)，頁65。

7　杜正勝，〈什麼是新社會史？〉，《新史學》，第3卷第4期(1992年2月)，頁95-116。順便提到，布洛克的《史家的技藝》，那時已由周婉窈譯出，在1989年由遠流出版。蒲慕州〈西方近年來的生活史研究〉，《新史學》，第3卷第4期(1992年2月)，頁139-154。

活史，也就是將史家的注意力由「公領域」轉向「私領域」，因
為這一研究取向所開出的研究項目，大都涉及人們的私人生活，
包括家庭關係、疾病衛生、宗教信仰等方面。這些領域的開拓，
展現了一個新的歷史觀，與以前形成明顯的對照。舉例而言，19
世紀進化史觀的主要人物、社會達爾文主義的倡導者斯賓塞曾對
史家提出一個問題，如果史家的鄰居家的貓產子，是否值得史家
為此記錄。他的答案自然是否定的，因為斯賓塞認為史家的任
務，是勾勒歷史演化的大趨勢。中國的梁啓超在20世紀初年引進
進化史觀的時候，也以此為例，提出「鄰貓生子」的問題，不值
得史家記錄[8]。但從1990年代以來台灣史學的發展來看，這一看
來有清楚答案的問題，也許可以重新考慮，因為目前不少台灣史
家所從事的研究，至少從表面上看，與社會現實和歷史趨勢，沒
有直接的關聯。

　　歷史進化的觀念，主要開始流行於19世紀下半葉的西方學
界。由於西方殖民主義和帝國主義在全球範圍的順利擴張，以及
西方本土工業化的顯著成功，使得西方人認為他們的文明代表了
人類歷史的前途。西方向其它地區擴張、殖民，是一種文明的輸
出。有趣的是，當詩也有不少非西方人士，認同這一主張，如日
本的福澤諭吉便認為西方代表的是「文明」，而中國和日本的文
明，還僅處於「半開化」的狀態。中國的康有為和梁啓超，也有
類似的主張[9]。但一次大戰的爆發，使得不少西方人對這一歷史

8　梁啓超，〈新史學〉，《梁啓超史學論著三種》（香港：三聯書店，
　　1980），頁7。斯賓塞的說法，由浮田和民《史學通論》（東京：東
　　京專門學校講義，1898）首先介紹，見該書頁19。
9　潘光哲有長文探討「現代化理論」在中國的流行和對歷史書寫的影
　　響，氏著〈想像「現代化」──一九三〇年代中國思想界的一個剖析〉，

進化論產生了不少懷疑。同樣梁啓超在戰後訪問歐洲，在思想上產生了明顯的變化，也爲許多人所熟知。但應該說，這一歷史進化的觀念，雖然受到懷疑，但仍然根深柢固，在戰後由於冷戰局面的形成，又開始佔據歷史論述的主流，其主要表現是現代化理論的流行。這一現代化的理論模式，建立於這樣一個前提，也即現代化的正常開展，必然導致民主制的建立。由此「目的論」(teleology) 的立場反觀現代歷史，德國、日本等發達世界大戰，就是因爲其現代化沒有走上正常的軌道。而第三世界國家的落後，更是由於其本土傳統的阻礙。

現代化理論對台灣學術界歷史論述的影響，大致表現在兩個方面，一是1950年代末「新儒家」牟宗三、唐君毅等人致力從儒家傳統中，開發中國文化內部的「現代性」因素；二是史學界人士從美國的中國史家費正清的「挑戰與回應」的論點出發，研究中國近代歷史的變化。兩者在1980年代以後，由於台灣經濟的蓬勃發展和所謂「亞洲四小龍」的出現，都有了明顯的發展。前者由美國華裔學者杜維明、成中英和香港的劉述先、金耀基等領頭，提出東亞社會工業化的順利進行，已經爲儒家文化的「第三期」發展，創造了條件。這一論點在1980年代和1990年代初，產生了很大的國際影響。後者則主要以中研院近史所所開展的「中國現代化區域研究計劃」爲代表，集中比較分析中國各省現代化的歷史經驗。另外，在社會科學界，楊國樞、文崇一等人研究倡導「社會及行爲科學研究的中國化」的課題，具體分析中國人的心理特質和思維模式，以檢驗現代社會在中國人的社會中建立的可能。這一研究，與史學界的「中國現代化的區域研究」交相呼

(續)——————————

《新史學》，第16卷第1期(2005年3月)，頁85-124。

應，也表現了一種以現代化理論模式解釋中國和台灣社會和歷史的企圖。

可以看出，現代化理論為主導的歷史論述，以台灣是中國文化的延伸或台灣是中國文化的實驗室為前提。但是在史學界之外，對於台灣歷史定位的討論、進而對用現代化理論架構考察中國和台灣歷史的批評，已經開始了。上面已經提到，左翼刊物自1970年代以來，就已經提倡對日據時代台灣歷史的研究——如《夏潮》在1978年便出現了「台灣史料選讀」的專欄，由林載爵主筆介紹了日據時代的「台灣文化協會」、「台灣議會設置請願運動」、「新台灣聯盟」和「社會問題研究會」[10]。1988年《台灣社會研究季刊》的出版，也是台灣左翼刊物的一種繼續。該刊的〈發刊詞〉指出，現代化理論為主導的歷史論述，體現的是「外來理論的套用」，於是指出「這些學術觀點所主導之探討是否能充分而恰當地掌握台灣發展之特殊而具體的歷史——結構特質，逐漸受到嚴厲的考驗。」而該刊創刊的目的，是想「自台灣社會的現實出發，從歷史的—結構的角度，對我們的社會進行深入而全面的調查研究，自我批判地去追問『我們是什麼』這個有著倫理實踐意涵的問題。」顯然，雖然台灣社會研究社（簡稱「台社」）的同仁，許多不是歷史學家，但他們所思考的，卻是台灣歷史論述的問題，並希圖以認同、也即「我們是什麼」的問題為中心來加以探索、討論。

其實，與此約略同時，有些台灣史家也已模糊感覺到，現代

---

10 參郭紀舟，《70年代台灣左翼運動》，頁108。《夏潮》總編蘇慶黎在同年的一次訪談中說道，「至於台灣史，我認為不只要談，而且要研究怎樣談、怎樣看的問題」。同書，頁90。

化的理論模式，往往將歷史的進程做化約式的解釋，而造成與歷史的脈動扞格不入的狀況。1990年中研院近史所舉行「中國現代化研討會」，為該所實行的「現代化區域研究計劃」作一總結。部分與會人士便曾指出，在近史所同仁執行研究計劃的時候，「深刻感受到此一理論（現代化理論）架構解釋效力的重大局限」，並強調將來「不能不在舊有格式之外，別覓蹊徑，以開生面」。[11]這一觀察，既反映了該所同仁的意見，更透露出台灣史學界對於現代化理論逐漸滋生的批判意識。這一會議的召開，與《新史學》的創辦及其提倡社會生活史，正好是同一年，所以我們可以將兩者聯繫起來看，也即史學界新一代的研究興趣由「公」而「私」，轉而研究社會生活史，是以現代化理論在1990年代台灣學術界的式微為背景的。

二、「小的就是美的」

　　1990年代台灣史學界研究興趣的轉向，還是可以從中研院近史所舉辦的學術會議中，看出端倪。1990年的「中國現代化研討會」，為該所的「現代化區域研究計劃」做了一個總結。兩年後，該所與美國的劉廣京和曼素恩（Susan Mann）教授合作，召開了「近世家族與政治比較歷史」的國際研討會，將對家族和婦女的研究，引入了歷史研究的殿堂[12]。這也是台灣婦女史研究者首次大規模地在國際會議上發表論文。會議之後，該所又與曼素恩教

11　沈松僑，〈現代化的回顧與展望──「中國現代化研討會」紀要〉，《新史學》，第2卷第1期（1991年3月），頁115-129，引語見頁117。

12　史語所的黃寬重、柳立言此時也已從事家族史的研究，在1990年代以後出版一系列論著。

授合作，成立了「近代中國婦女史研究計劃」[13]。當然，在這之前，台灣已經有學者開始從事婦女史的研究。1975年近史所的張玉法與任教美國的李又寧教授合作，利用和整理哥倫比亞大學的材料，出版了《近代中國女權運動史料》。1977年，同樣有留學、任教美國背景的鮑家麟教授，在台大首次開設了婦女史的課程。由此可見，台灣的婦女史研究，自始便有一種「移植」西方學術、文化的傾向。這一「移植」的傾向，不但顯現在婦女史的研究中，而且也可以解釋台灣婦運和婦女研究在1970年代以後的發展[14]。也許由於是一種文化上的「移植」，因此台灣的婦女史研究，起初並沒有多少質疑現有歷史論述架構的意圖。李又寧教授嘗言，她之所以蒐集中國婦女史的資料，「是為歷史，而非為婦女」[15]。換言之，當年婦女史研究的開展，與舊有的歷史論述架構之間，沒有本質的衝突。

不過，婦女史的開展本身，卻也體現了台灣歷史研究架構的轉型，因為從研究國家民族到注意家庭組織、兩性關係和婦女地位，已經表現出一種歷史意識的潛在變化。這一變化，也在婦女史研究中，有所表現。起初的婦女史研究，比較側重發掘精英婦

13 游鑑明，〈中央研究院近代史研究所近代中國婦女史研究〉，《近代中國婦女史研究》，第4期（1996年8月），頁207-319。那次會議，幾乎集中了許多自那時以來活躍於美國中國婦女史研究領域的人士，其論文發表數量，超過了台灣本地的婦女史研究論文。

14 參見顧燕翎，〈從移植到生根：婦女研究在台灣（1985-1995）〉，《近代中國婦女史研究》，第4期（1996年8月），頁241-268。

15 參李貞德，〈超越父系家族的藩籬——台灣地區「中國婦女史研究」（1945-1995）〉，《新史學》，第7卷第2期（1996年6月），頁140，注1。李還提到，這一「為歷史，而非為婦女」的想法，也為張玉法所認同。

女，也即與國家民族有關的婦女人士，就是研究婦女和家庭，也比較注重歷史上的世族聯姻，「其目的不在探究婦女（或夫婦）的婚姻生活，而在彰顯世族之間藉婚配鞏固其政治、社會和經濟力量的實況，『婦女』本身並未成為研究者關注的重點」[16]。但是，從當前的趨向來看，婦女史的研究已不再處於一種依附的地位，而是有其自身關心的重點，譬如生育文化、婦女的文學創作和婦女的宗教行為等等。由此，婦女史的研究者開始提出諸如「超越父系家族的藩籬」，婦女史研究應該「補充歷史，抑或改寫歷史」以及如何「破壞傳統」的問題[17]。

其實在尋求婦女史研究的自主性和通過婦女史的研究，而「破壞傳統」和「改寫歷史」之間，不但存在某種距離，甚至還有一種張力。譬如周婉窈寫過一篇評論文章，討論有關清代文人史震林（1693-1779）筆下一位名叫賀雙卿的女才子的研究論著。在評論的最後，周婉窈提出了一個問題，那就是「賀雙卿研究的學術意義何在？」她的回答是，這一研究，圍繞史震林這些自外於主流文化的邊緣文人，「多少能幫助我們了解這個社會階層」

16 同上，頁143。這一研究精英婦女的傾向，可以從張玉法、李又寧和鮑家麟編的婦女史研究論文集中，找到清楚的線索。見張玉法、李又寧編《中國婦女史論文集》一集和二集（台北：商務印書館，1981，1988）和鮑家麟《中國婦女史論集》和《中國婦女史論集續集》（台北：稻鄉「重印」，1988，1991）。

17 同上。李貞德有關婦女史研究中歷史意識德討論，還見氏著〈傑出女性、性別與歷史研究〉，《性屬關係（下）：性別與文化、再現》，王雅各主編（台北：心理，1999），頁3-15。游鑑明，〈是補充歷史抑或改寫歷史？近廿五年來台灣地區的近代中國與台灣婦女史研究〉，《近代中國婦女史研究》，第13期（2005年12月），頁68。林維紅、張斐怡，〈破壞傳統？——台灣的婦女史研究〉，未刊稿。

以及清代的兩性社會關係。她在文中並且運用西方的性別理論，
對此作了一些猜測性的討論。但在最後，周的筆鋒一轉，認為這
些理論，提出了對歷史研究的一種「挑戰」，而「我們若想護衛
歷史學的基本訓練（如文獻研究，背景分析等），就應該勇於應
戰」。應戰的方法，就是「透過紮實的『實證主義』的考證功夫
與開放的詮釋視野」，方能使歷史學「峰迴路轉，柳暗花明」。
這裡的表述，隱含一種將理論構建和歷史研究相互對立的傾向[18]。

歷史學家與理論分析、建構之間的緊張關係，可說是由來已
久，而且中外皆然。孔子有「訴諸空言不如見之於行事之深切著
明也」的名言，而德國的近代史家蘭克（Leopold von Ranke,
1795-1886），也以一句「如實直書」而名世。中國近代的傅斯年
（1896-1950），更將民國初年的「史料學派」帶到台灣，於是「上
窮碧落下黃泉，動手動腳找東西」，便長期成為台灣歷史系師生
學史、治史的座右銘，其流風餘韻，至今顯然猶存[19]。但應該指
出的是，無論是蘭克的「如實直書」，還是傅斯年的「史學即是
史料學」，都有一個現成的、那時認為不言自明的歷史解釋框架，
那便是民族主義的目的論史觀。既然有此史觀存在，史家的任務
便只是尋找材料，以填補空白來重建過去了。但正如本文上節所

18 周婉窈，〈綃山傳奇——賀雙卿研究之檢討與展望〉，《新史學》，
　　第7卷第4期（1996年12月），頁159-197，引語見頁194-195。在李貞
　　德、梁其姿主編的《台灣學者中國史研究論叢：婦女與社會》（北
　　京：中國大百科全書出版社，2005）卷中，該文亦收入其內，可見
　　周婉窈的觀點，至今仍有代表性。見書中頁265-291。
19 在中研院史語所建所75週年之際，現任所長王汎森指出，傅斯年強
　　調通過新史料的開拓來展開歷史研究的設想，仍未過時。氏著〈歷
　　史研究的新視野：重讀「歷史語言研究所工作之旨趣」〉，《古今
　　論衡》，第11期（2004年9月），頁1-12。

述，這一史觀已經在當代受到了極大的挑戰，難以爲繼了[20]。於是歷史研究者如何在研究中，尋求理論層次的升華、提煉，便成爲當代社會中歷史研究自我價值建立之基礎和必需。

其實，台灣的婦女史研究者，對此亦有認識。李貞德在1996年撰文，提出婦女如何「超越父系家族的藩籬」，在文章的結尾，她指出有此提法，是「嘗試彰顯史學研究與現實社會互動的可能性」，雖然「距離『超越』大概還有一段時間」[21]。游鑑明2005年提出婦女史研究是否可能「改寫歷史」，就認爲問題的關鍵在於史家在研究中，如何探尋、思考合適的問題意識，而目前的狀況是，台灣婦女史研究中「有的論著不刻意凸顯問題或不認爲自己提出的問題值得發揮，因此有可能改變歷史研究方向的一些概念便被湮沒；有的論著則是看不出問題所在」。而後者的出現，多半與歷史研究強調史料整理和爬梳的傳統有關[22]。

如果說戰後歷史研究的整體趨向，是「自下而上」地觀察歷史，那麼台灣近年的歷史研究機構的設置和人員的培養，也拋棄了原來的整體規劃，而代之以研究人員「自下而上」地選擇課題，或者組合、或者單獨地從事研究。余英時先生在觀察近年史學界的發展時，曾借用《舊約·士師記》的話來形容：「那時以色列中沒有國王，各人任意而行」。他也用《周易·乾卦》爻辭「群龍無首」來比喻。有趣的是，杜正勝在1997年描述台灣醫療史的

---

20 參見方志強，〈「進步」的理念——二十世紀的挑戰〉，《新史學》，第12卷第2期（2001年6月），頁131-172。

21 李貞德，〈超越父系家族的藩籬——台灣地區「中國婦女史研究」（1945-1995）〉，頁157。

22 游鑑明，〈是補充歷史抑或改寫歷史？近廿五年來台灣地區的近代中國與台灣婦女史研究〉，頁96。

發展時，也借用余先生的這些比喻，顯示他也認為台灣史學界的發展狀態，與此類似[23]。其實，學術團體和研究計劃的解構，反映的是歷史觀念、歷史意識的解構。張玉法便批評說：台灣史學界的同仁，喜歡研究專題性的著作，「通論性的著作很少受到肯定」。「大部分的史學家都寫描述式的歷史（descriptive history），並不建構大的解釋體系」[24]。這一「見樹不見林」狀況的形成，既反映了「史料學派」的影響，又和台灣國家科學委員會的獎勵方法和中研院和大學升等的鑑定程序不無關係[25]。

因此當前台灣史學界的發展狀況，可以說是群芳爭艷，也可以說是群龍無首。總之，大部分歷史工作者更關心的是，如何根據自己的興趣和所受的訓練，開拓一個屬於自己的研究領域。由於許多研究者都曾在西方受過不同程度的訓練，認同於戰後西方史學以社會史、文化史為主流的發展趨向，而他們回到台灣以後，又享受到近年學術建制逐漸民主化的成果，使得他們大多得以繼續進行以前在西方求學時已經開始的研究。這些研究，大都屬於「私領域」，如生育、情欲、娛樂、身體、醫療、節慶、服

---

23 余英時的觀察比喻，見氏著〈歷史女神的新文化動向與亞洲傳統的再發現〉，《九州學刊》，第5卷第2期（1992），頁5-18，引語見頁5。杜正勝的引用，見氏著〈醫療、社會與文化——另類醫療史的思考〉，《新史學》，第8卷第4期（1997年12月），頁154。

24 張玉法，〈台海兩岸史學發展之異同（1949-1994）〉，《近代中國史研究通訊》，第18期（1994年9月），頁47-76，引語見頁75-76。黃寬重、劉增貴在最近亦指出「台灣史學研究重專題輕通論」，見他們為《台灣學者中國史研究論叢·家族與社會》，（黃寬重、劉增貴主編，北京：中國大百科全書出版社，2005）寫的導論，頁13。

25 「見樹不見林」的批評見林滿紅，《晚近史學與兩岸思維》，頁154-155。對於國科會評審方法的批評，見傅大為，《異時空裡的知識追逐》（台北：東大，1992）。

飾、閱讀、消費、飲食等等。這些研究領域的開展，使得台灣史
學界與西方史學界的交往，更爲緊密，經常合作。譬如中研院史
語所的李孝悌，近年來便在國科會和中研院的支持下，大力推動
明清社會與生活的研究，組合了一批意氣相投的院內外的同志，
加上海外的學者，共同致力於這一園地的開墾。

因此，雖然目前的台灣歷史研究，呈現百花齊放的局面，但
若以上節提到的「公」、「私」這兩個概念來勾勒其中的主流傾
向，大致可以成立。近史所在上一世紀末開展的「公與私：近代
中國個體與群體之重建」的研究計劃，便是一個很好的例證。有
趣的是，雖然這一計劃以近代中國爲主題，但以後出版的論文集
中所收的論文，卻大都以明清的歷史（甚至更早）爲對象。[26]的
確，如果說對「私領域」的研究，體現了目前台灣史學的一個主
潮，那麼在這些研究中，則又以明清的歷史爲主。這與西方漢學
界的近年趨向，亦大致符合。幾乎在李孝悌推動明清城市文化研
究的同時，近史所的熊秉眞、張壽安和黃克武以「情欲明清」爲
題，也組織了明清文化研究的團隊，其中參與者來自文哲所、民
族所、史語所和政治大學、台灣大學等地。這兩個團隊的研究宗
旨，均與西方史學界的總體趨勢和台灣史學界在1990年代以來的
變化有關。

值得注意的是，儘管上述有關明清社會生活的研究，受到了
西方史學和西方漢學研究近年發展趨向的激發，但從研究的成果
來看，台灣學者也著力發掘出一些體現中國文化特質的課題，並

---

26 見黃克武、張哲嘉編，《公與私：近代中國個體與群體之重建》（台
北：中研院近史所，2000）。

希望由此基礎而與西方漢學家交流、商討[27]。如杜正勝在史語所
成立了「疾病、醫療與文化研討小組」，陸續擴展爲「生命醫療
史研究室」[28]。此後，林富士、李建民、李貞德等人繼承衣鉢，
並做進一步推動，於是有關身體、疾病和醫療的研究，蔚然形成
風氣。2005年史語所主持召開「從醫療看中國史」的學術研討會，
參加者居然超過300人，出乎主辦者的意料。作爲一個新興的研
究領域，生命醫療史的研究，的確已在目前台灣史學界蔚然成
風，卓然成家。這一從國家到社會，從社會到個人，又從個人到
自身的路程，大致是台灣史學近年的發展趨向。這一趨向不但開
拓了不少新的歷史研究領域，也影響了其它現成領域的研究取
向。

三、「乾嘉史學」的重生？

---

27 史語所的盧建榮在引進西方新文化史方面，功勞卓著，其成就可見
其自著〈新文化史的學術性格及其在台灣的發展〉，收入陳恒、耿
相新主編(蔣竹山欄目主持)，《新史學》第四輯(新文化史)(鄭州：
大象出版社，2005)，頁138-162。李孝悌在展開明清城市研究時，
回顧了西方漢學家研究中國城市的幾大模式，並特別指出美國年輕
的中國史研究者梅爾清(Tobie Meyer-Fong)的新著《清初揚州文化》
(*Building Culture in Early Qing Yangzhou*)(Stanford: Stanford
University Press, 2003)，認爲她的研究綜合了文化史、思想史和生
活史，代表了中國城市研究的新型模式。見李孝悌提供給筆者的
「(明清城市生活)總計劃內容」。

28 參杜正勝，〈作爲社會史的醫療史──並介紹「疾病、醫療與文
化」〉；李貞德，〈從醫療史到身體文化的研究──從「健與美的
歷史」研討會談起〉，《新史學》，第6卷第1期(1995年3月)，頁
113-153；第10卷第4期(1999年12月)，頁117-128。

　　以「小的就是美的」出發，「由下而上」地研究歷史，已經
使得當代台灣的歷史研究，開拓出大量新興的領域。這些領域的
開發，極大地豐富了人們的歷史知識。我們或許可以將這一發
展，不甚恰當地比喻爲台灣史學史上一個「乾嘉時代」的來臨。
的確，爲了開拓新的領域，史家必須掌握專門的知識，同時由於
許多的研究，又牽涉到各種不同的層面，史家也必須多方涉獵。
當然，乾嘉時代的「通才」，目前尚不多見，但研究專題之精深，
研究範圍之廣泛，似乎則有過之而無不及。那麼，這些精深的研
究，是否加強了歷史研究與現實社會的互動、使其社會角色，在
當代台灣的文化發展中，更顯得突出重要呢？答案卻未必樂觀。
但也許這一點，正是可以與乾嘉學問相比之處(其不可比或相異
之處，當在下面論及)。乾嘉學者以「實學」爲追求，解構了程
朱理學的理論體系，台灣史學界社會生活史和生命醫療史的蓬勃
開展，也在實踐的層面，瓦解了以現代化理論爲構架的、以國族
爲中心的歷史論述框架。但是，新的歷史論述架構，則尚未形成。
而且從目前的發展狀況來看，社會生活史和生命醫療史的未來發
展，似乎也無法(無意？)在其中扮演重要的角色。

　　當然這種貴「專」不貴「博」的傾向，並不局限在台灣。社
會史研究在美國史學界方興未艾的時候，許多社會史家也注意
到，「我們現在對每一件具體的事瞭解的越來越多，但我們所知
道的事卻越來越少。事實上，每逢有人對美國史提出一個較爲概
括性的解釋，很快就會有一批個案出來，用詳細和具體的事例來
駁斥這種解釋」[29]。台灣史學目前的發展狀況，似乎與此十分相

---

29 引自王心揚，〈美國新社會史的興起及其走向〉，《新史學》，第
　6卷第3期(1995年9月)，頁179。

像。如同前引張玉法等人所言，台灣歷史學界的傳統就是描述歷史，而非提出一些通貫性的論述。這一傳統，在目前仍然大有市場。台灣的歷史研究者似乎更熱中於研究個案，或者用來證明和豐富已有的歷史知識，或者用來質疑和反駁現成的歷史觀點，也有不少是兩者兼而有之。

新興領域研究的開拓，自然能豐富人們的歷史知識，但如果不加整合，各說各話，還是無法獲取一個完整的概念。這是因為，歷史中充滿了矛盾的個案，如果史家專注於一個方面，那麼其研究的結果，反而會引起誤解和困惑。因此便有「瞭解的事越多，但知道的事越少」的吊詭。舉例來說，近年的中國婦女史研究，已經明確指出傳統中國婦女的地位，並不像以前所認為的那樣，一直十分低下，而對婦女貞操的強調、為「烈女」樹碑立傳，也只是明清以後的事情。但一些婦女史研究者通過研究上層婦女受教育狀況以及她們文學創作的活動，更進一步認為明清婦女的地位，也並不像我們想像的那麼低。如果我們再考慮明清商業社會和城市文化的發達，士人的逸樂生活中，必然有婦女的角色參與，而且有關「情欲明清」的研究，也指出婦女（自然是一部分婦女）在明清社會的活躍，更論證她們地位不低。不過這樣一來，便與上面有關元明以後中國婦女地位降低的論述，產生了扞格牴牾之處。換言之，我們對於明清婦女的地位，乃至明清社會的性質，並沒有一個完整的認識。史家往往根據某種需要，攻其一點，不及其餘。譬如上述有關明清婦女地位不低的說法，主要是為了反駁五四時期有關中國傳統婦女的「東方主義式」的概括（以陳東原的《中國婦女生活史》為代表）。為了突出現代化的必要，陳東原等人曾用婦女為例（裹足、女子無才便是德、納妾制等）來說明中國傳統社會的黑暗和落後，而這些批評和概括，在目前

已經不再被看好[30]。

也許有人會說，這些矛盾的歷史解釋，正好顯示了歷史活動本身的複雜性。此言不差，筆者也希望在不久的將來，這些看起來相互矛盾的研究，能促進我們對明清社會的理解。不過，這裡有一個前提，那就是歷史研究者必須在歷史研究中，有意尋找和提出一個通論式的解釋。換言之，如果永遠沉浸、耽迷於專題研究中，那麼這個結果就不會出現。有趣的是，歷史研究貴「專」不貴「博」的現象，是最近幾十年的事情而已。從傳統來說，歷史學是一門講究綜合的學問，中外皆然。司馬遷的「究天人之際，通古今之變，成一家之言」的豪言壯語，曾經激勵了不少中國史家。而在西方，許多經典的歷史著作，亦大都是通史類的著作，如愛德華‧吉朋（Edward Gibbon）的《羅馬帝國衰亡史》，體大思精，時間跨度有好幾千年。即使到了19世紀，科學史學開始盛行的年代，大部分的著作還是以綜述民族的發展歷史為主題。遲至1963年，芝加哥大學出版社還曾出版《歷史著述的通則》（*Generalization in the Wring of History*）一書，由著名史家Louis Gottshalk主編，其中有那時任教於耶魯大學的漢學家Arthur F. Wright討論中國史學的通論傳統。而英國史家湯恩比（Arnold Toynbee），由於寫作了多卷本的《歷史研究》，對人類文明作比

---

30 參柳立言，〈淺談宋代婦女的守節與再嫁〉，《台灣學者中國史研究論叢‧婦女與社會》，頁230-264，和李貞德、梁其姿為該書寫的導言，頁1-10。另，游鑑明，〈是補充歷史抑或改寫歷史？〉。有關明清社會的兩性關係和士人娛樂生活中的婦女，可參看陳熙遠，〈中國夜未眠──明清時期的元宵、夜禁與狂歡〉和王鴻泰，〈從消費的空間到空間的消費──明清城市中的茶樓與茶館〉，《台灣學者中國史研究論叢》，頁309-341, 342-380。

較研究，更被譽爲「20世紀的智者」。這一對「大歷史」的興趣，
至今仍然在西方史學界，頗有生機。如果我們注意一下William H.
McNeill、保羅‧甘迺迪和Jerry B. Bentley等人的世界史、比較史
研究，便可對此有所瞭解。但在1970年代以後，由於社會史的盛
行，歷史研究者開始較少對社會現實和人類歷史發展趨向，發表
評論，而把這一解釋權，拱手讓與其它學門的研究者。譬如近年
有關人類歷史走向和文明發展趨向的探討，由政治學者福山和杭
廷頓等人的著作爲代表，而科學家出身的賈德‧戴蒙，也從人類
與周圍環境互動的角度，探討了人類歷史演化的特徵。與之相
比，歷史學者似乎更有意通過個案的研究，提出反例，並因此而
對他們的通論概括，嗤之以鼻。不過應該值得一提的是，由於最
近環境史的興起，對於「大歷史」的興趣，也在史學工作者中間
慢慢有所回升，這在最近一次的國際歷史科學大會發表的論文
中，可以見其端倪[31]。

　　研究「小歷史」還是「大歷史」，固然有史學發展的內在因
素，但也與時代背景有關。19世紀的科學史學在西方的發達，以
蘭克學派爲代表，而蘭克強調「如實直書」，正反映了那個時代
西方資本主義、殖民主義高歌猛進的時代氛圍；於是「如實直書」
便可忠實地記載西方的興起，以致如何成爲世界文明的領路人。
乾嘉時代考據學的興盛，以前被認爲是清朝統治者實行「文字獄」
的結果，但近年也有不少人指出，這一學風更是乾嘉「盛世」的
產物。換言之，在歌舞昇平、欣欣向榮的盛世，人們一般對歷史
解釋的需求，比較「衰世」和「亂世」，相對較小一些，因爲在

31　參王晴佳，〈文明比較、區域研究和全球化：第20屆國際歷史科學
　　大會所見之史學新潮〉，《山東社會科學》，第1期(2006年)。

動亂之世，史家常常需要強作解人，解釋分析動亂的淵源。明末清初王夫之、顧炎武等人的歷史論述，便是一例。

那麼，當代台灣的史學趨向，是否是一個「盛世」的產物呢？顯然不是，因爲台灣目前的經濟低迷、政治紛爭、社會分化和弊案連連，有目共睹。經過十多年的民主化，台灣目前似乎處於一個十字路口，將來的發展殊難預料；海峽兩岸的關係，更是撲朔迷離，難以把握。照常理說，處於這樣一個時代，正是史家大顯身手的時候，因爲社會和民眾對台灣的過去、現在和未來，有一種認知上的強烈需要。台灣近年圍繞歷史教科書的撰寫和改寫，發生了好幾次很激烈的爭論，便是這一需要的最好注腳[32]。換言之，當前台灣的歷史研究動向，並不是一個「盛世」的產物，這是與乾嘉學術的差別所在。但反過來看，由於社會需要歷史知識的重構，而大部分史家卻專注於「小歷史」的研究，不願處理、面對大的歷史議題，這種「躲進小樓成一統，管它冬夏與春秋」的做法，倒也與乾嘉的學者，頗爲相似。前人已經指出，乾嘉考

---

32 王仲孚曾編輯了近年有關台灣歷史教科書的爭論，見氏著《台灣中學歷史教育的大變動》（台北：海峽學術，2005）和《爲歷史留下見證：〔認識台灣〕教科書參考文件新編》（台北：海峽學術，2001）。另，王甫昌，〈民族想像、族群意識與歷史——「認識台灣」教科書爭議風波的內容與脈絡分析〉，《台灣史研究》，第8卷第2期（2001年12月），頁145-208。有關的英文論著見Mei-hui Liu（劉美惠），Li-ching Hung（洪麗卿）and Edward Vickers（魏德悟），"Identity Issues in Taiwan's History Curriculum" 和Stephane Corcuff（高格孚），"History Textbooks, Identity Politics, and Ethnic Introspection in Taiwan: the June 1997 *Knowing Taiwan* Textbooks Controversy and the Question It Raised on the Various Approaches to 'Han' Identity," *History Education and National Identity in East Asia*, eds. Edward Vickers & Alisa Jones（New York: Routledge, 2005），pp.101-132; 133-170.

據的發達，表現了那時學者和清朝滿洲統治者之間的不合作態度。大部分台灣歷史研究者專注「小歷史」的研究，是否也代表一種「超凡脫世」、「與世無爭」的傾向呢？至少，由於「統」、「獨」意識的爭論，已經彌漫台灣社會和文化，史學界亦不例外，因此處理一些細小和偏遠的題目，對於保持「中立」的政治立場和歷史研究的「客觀性」，似乎的確有幫助。

　　但是這樣一來，台灣的歷史研究者，便把歷史的解釋權，也拱手讓給了他人，也即其它領域的人士。舉例而言，社會學家柯志明，曾是台社的創始人之一，對於台灣的現狀，曾做過不少研究。最近他又涉足歷史研究，從清代台灣的族群政治和地權分配出發，研究清朝在台灣的統治和處理漢、番矛盾的手法，出版了一本名叫《番頭家：清代台灣族群政治與熟番地權》的巨著。柯在序言中提到，他之所以從事歷史研究，純屬偶然，但一旦涉足，卻又感到專業的歷史研究，並沒有回答他所關心的問題。用他的話來說，社會學家可以在歷史研究的領域，發現一塊「租界」，用社會學的理論，加以研究，提出理論的概括，也即他在書中提出的「族群政治」的解釋模型。值得稱贊的是，柯志明提出這一解釋模型，雖然受到來自史學界的一些批評，但其實他的做法，並不是用史實來說明模型，將歷史發展平面化，而是為了凸顯歷史活動充滿「機遇」（contingency），展現歷史發展的多樣與複雜。由此看來，他也吸收了歷史研究的長處，但在另一方面，他又展現了他所擅長的綜合分析能力[33]。

---

33 柯志明，《番頭家：清代台灣族群政治與熟番地權》（台北：中研院社會所，2001）。另見張隆志，〈學術論辯、科際對話與台灣歷史社會研究——讀柯志明《番頭家：清代台灣族群政治與熟番地權》〉，《台灣史研究》，第8卷第1期（2001年6月），頁179-190。

　　柯志明從事的是台灣史的研究，相對中國史的研究，台灣史研究者比較多地涉足歷史教育的場域，因為台灣解嚴以後，社會上對台灣歷史，有一種較強的需求，因此需要一些教材。台灣史研究的專家如吳文星、黃秀政和張勝彥，都參與了台灣史教科書的編寫，其作品包括了國中的《認識台灣・歷史》課本和大學部的《台灣史》[34]。但是，教材固然重要，但並不等於研究。而台灣史的研究，像其它史學領域一樣，還是以實證的專題研究為主，表明「史料學派」的影響和研究「小歷史」的風氣，在台灣史這一新興的研究領域，同樣很有市場。如果我們瀏覽一下1994年開始發行的台灣史研究的專業刊物──《台灣史研究》上的論文內容，便可得出這一結論。換言之，如同台灣史研究的前輩學者曹永和觀察的那樣，年鑑學派的治史風格，對於台灣史的研究，亦有很大的影響[35]。台灣目前活躍於台灣史研究領域的專家，也大都從事個案的研究，不斷開拓新的領域。以現任中研院台灣史研究所所長許雪姬為例，她從研究清代台灣的政治制度與軍事建制開始，轉移到家族史(板橋、龍井林家)的研究，目前又轉移到考察日據時代台灣人在亞洲各地的活動。許雪姬的學術道路，代表了專業台灣史研究者的主流風格。

　　要提出對台灣史的通論解釋，便必須面對台灣與中國大陸和

34　《台灣史》由黃秀政、張勝彥、吳文星著(台北：五南，2001)，是一部大學部台灣史課程的常用教材。《認識台灣・歷史》出版於1997年，引起了很強的反應，為此作者曾做了一些修改。在這以前，張勝彥、吳文星、溫振華和戴寶村還合著了《台灣開發史》(台北：國立空中大學，1995)。

35　曹永和，《台灣早期歷史研究續集》(台北：聯經，2000)，頁445以降。

日本的關係問題，因為這兩地均對台灣歷史的形成，構成了很大的影響。相較而言，台灣與大陸之間的關係，在時間跨度上更長，因此也更為重要。彭明輝指出，台灣的歷史研究中，存在一個「中國纏結」，直到目前，雖然台灣史研究成為某種意義上的「顯學」，但研究中國史的論著，仍然大大多於研究台灣史的論著[36]。把中國史研究在台灣學界的影響，視為一種「纏結」，帶有負面的意思。但也表明台灣與中國大陸的關係，剪不斷、理還亂。於是台灣部分政界與學界人士，便希望「去中國化」，與中國文化一刀兩斷。正如林滿紅所觀察的那樣，有關台灣史的歷史論述，已經形成有兩種對立的傾向，一種強調台灣延續了中國文化，而另一種則強調台灣與中國文化沒有關係。而林又指出，這兩種傾向的產生，又都將「主權」與「文化」混為一談。前者認為台灣延續中國文化，因此台灣的「主權轄屬也與中國大陸不可分」，而後者重視台灣文化與中國文化的不同，「以確保台灣主權」。她自己的觀察則是，就文化而言，「台灣人比中國大陸人更像中國人」，因為在日本統治台灣之前的300年，漢人的移民已經將中國文化（包括經濟活動的形態）引入台灣，而日本的殖民統治，與台灣的社會還是形成某種隔絕，因此沒有在根本上動搖這一文化淵源和經濟基礎。她的總體意見是，如果在台灣史研究中「去中國化」，不但無法全面展現台灣歷史的特徵，而且還會不自覺地沿用原來的民族史框架，把「中國民族主義化約為台灣民族主義」[37]。

　　雖然林滿紅提出了上述這些有意思的觀察，但她尚沒有將這

---

36 參彭明輝，《台灣史學的中國纏結》，特別是頁151-206。
37 林滿紅，《晚近史學與兩岸思維》，引語見頁18, 117。

些想法，以通論式的形式表達，也即以此爲架構，寫成一部台灣的通史。同樣，台灣大學的吳密察近年與東京大學的若林正丈合作，以「殖民近代化」爲題，對日據時代台灣的「近代化」，從東亞的角度做了一些研究，但也僅出版了論文集[38]。即便如此，林滿紅、吳密察的宏觀眼光(後者以台、日關係爲主)，還是在台灣史的研究中，屈指可數。事實上，自1980年代以來，有意重構台灣歷史解釋的人士，大都是已經脫離了學界的人。坊間的台灣史教材或通史類的台灣史，也大都由民間人士或非台灣史專門研究機構的學者撰寫。有的非專業人士寫的台灣史著作，也能獲得史學專家的高度認可。如余英時便爲《天下》雜誌的編輯所寫的《發現台灣：1620-1945》一書，寫了一篇熱情洋溢的序言，充分肯定了著者用「海洋中國」的角度來觀察台灣歷史的取徑[39]。不過這一事例也表明，台灣專業歷史研究者的作品，與台灣社會的歷史認知之間，存在著顯著的落差。當代台灣歷史研究的「解構」趨向(以「小的就是美的」的研究興趣爲代表)和台灣社會目前所需要的歷史論述的「重構」之間，形成一種內在「張力」(tension)[40]。

　　的確，自1980年代、特別是解嚴以來，台灣原有的歷史論述，

38　參若林正丈、吳密察主編，《台灣重層近代化論文集》(台北：播種者文化有限公司，2000)和《跨界的台灣史研究—與東亞史的交錯》(台北：播種者文化有限公司，2004)。

39　余英時，〈海洋中國的尖端——台灣〉，《發現台灣：1620-1945》，天下編輯著(台北：天下，1992)，上冊，頁I-VIII。

40　李淑珍在〈「經學式」、「科學式」與「理學式」的歷史詮釋學：近代中國／台灣史學發展的三個面相〉一文的起始，也指出「當代台灣史學與社會嚴重脫節」的問題。《當代》，第178期(2002年6月)，頁32-55。

已經進入了一個被系統地解構的過程，而這一解構，主要由脫離了史學界的人士來推動，而專業的歷史研究者，也有一部分人有意進行重構，但卻由於種種因素（評審制度、「小歷史」的流行、史料學派的傳統等等），這一重構的努力，似乎還不成氣候。就解構而言，陳芳明自1988年以來，出版了一系列著作。在某種程度上，他的觀察點承襲了1970年代以來的左翼批評傳統，強調從人民的立場，而不是從台灣統治者的立場來考察台灣的歷史，以求突出「台灣人民的主體性」。他指出，國民黨立場的台灣歷史研究，將台灣的近代歷史，與國民黨在大陸進行的國民革命相聯繫，而無視台灣歷史的特點，特別是日據時代台灣與大陸社會的不同[41]。這些批評，對解構國民黨的台灣史觀，頗為有力、有效。

不過，他並沒有就如何以新的立場，重新解釋台灣與中國大陸以及日本等地的聯繫。曹永和在1990年代以後，修改了他以前把台灣歷史視為中國歷史的延伸的看法，而提出「台灣島史」的概念，以突出台灣歷史的「海洋性格」。不過他也承認，台灣雖然是一個島嶼，處於海洋中間，但其居民大都仍以耕田為主，因此台灣雖有「海洋性格」，但還沒有形成「海洋文化」。他提出「台灣島史」，是想「有助於海洋文化基礎工作的建構」[42]。易言之，「台灣島史」主要還是對台灣未來的一種設想或展望。

1990年代中期以後，杜正勝提出了「同心圓」的理論，希望

---

41 參陳芳明，《探索台灣史觀》（台北：自立晚報，1992），頁3-62。
　　另見氏著《台灣人的歷史與意識》（台北：敦理，1988）。
42 曹永和，《台灣早期歷史研究續集》，頁449。

以此來重構台灣與大陸／亞洲以及世界之間的關係。差不多同時，他又積極參與了歷史教科書的編寫，而近年又因出任教育部長，更有機會大力推行「台灣—中國—世界」的「同心圓」理論。他的這一設想，與戰後日本的歷史教育，十分類似，而日本的學者也早在1950年代便使用了「同心圓」這個概念來形容歷史教育從本國史到亞洲史和世界史的循序漸進[43]。可是這個理論，雖然可以用來描繪歷史知識的逐步擴張，但在實際上，並不能把這三層「同心圓」割裂起來看待，而是必須看到它們之間的相互作用。杜正勝以這一理論，重構台灣的中學歷史課程，但反對之聲頗多。

顯然，要想重構台灣的歷史論述，便不能簡單地以「去中國化」為目標，因為台灣與中國大陸的關係，千絲萬縷，如果在台灣的歷史中去除中國文化，那麼台灣史也就所剩無幾。目前一些以「去中國化」或受其影響而寫成的台灣通史，主要從兩個方面，強調台灣歷史與中國歷史的差異。其一是突出鄭成功來台以前，台灣由於荷蘭人、西班牙人的殖民而形成一個「國際競爭時代」，其二是強調日本統治台灣對台灣造成的多重影響[44]。其實這些做

---

43 見《自国史と世界史：歴史教育の国際化をもとめて》，比較史、比較歴史教育研究會編（東京：未來社，1991），頁53以降。但杜正勝本人並沒有提到他是否受到日本「同心圓」理論的啟發，參〈一個新史觀的誕生〉，氏著《新史學之路》，頁66-78。其實，日本教育注重從鄉土到國家，在日據時代台灣便有表現。參見周婉窈，〈實學教育、鄉土愛與國家認同——日治時期台灣公學校第三期「國語」教科書的分析〉，《台灣史研究》，第4卷第2期（1999年6月），頁7-55。

44 參黃秀政、張勝彥和吳文星合著《台灣史》中的第三章和第七、八章。

法，都還是以外部的或殖民統治者的立場來看待台灣史，而忽視
「台灣人民的主體性」，因此我們完全可以套用陳芳明對國民黨
的台灣史觀的批評。兩者的不同，只是一個是台灣民族主義，另
一個是中國民族主義。

四、結語

因此，重構台灣的歷史論述，必須展示台灣這個島嶼上的居
民，如何在各個不同的歷史時期，與週邊各地所產生的互動和交
流。這一交流和互動不但有經濟的層面，如林滿紅、吳密察等人
的著作所示，而且更有文化的層面。1990年代末期以來，台灣大
學歷史系的黃俊傑，集合了台大、中研院和海外文史哲的研究
者，一同探討「中國文化的經典詮釋傳統」。到了2000年，他將
這個計劃擴大，以「東亞近世儒學中的經典詮釋傳統研究計劃」
為名，綜合、比較16世紀以來儒家文化在東亞各地的傳播，也即
把台灣的中國文化研究，給予一個東亞的、比較的視角。在2002
年，黃俊傑與出身台灣、現任教於美國的李弘祺，又在台大成立
了「東亞文明研究中心」，開展東亞文明的比較研究。

2005年以後，該計劃又轉為「東亞經典與文化研究」。換言
之，黃俊傑所領導的上述幾個研究計劃，在重構台灣的歷史論述
方面，做出了不少努力，而其致力的方向，就是想突破民族—國
家的藩籬，轉換研究的視角，從區域交流等方面，重新檢視
台灣與週邊地區文明的種種關係。這些努力，自然都有助於
重新考慮台灣的文化、歷史定位，充分展現台灣文化的多元
特徵。

另一方面，如上所述，解構和重構台灣的歷史論述，往往須

藉助其它學科的研究和人員的參與。而且史學界之外的人士，往往還比史學界的人士，更為活躍。悲乎？樂乎？毋須贅言，但這卻代表了1980年代以來台灣文化的一個特徵。譬如「台社」周邊的研究人員，在反思和重構台灣歷史論述方面，近年繼續做出了不少努力，其中值得注意的是以陳光興等人所倡導的「文化研究」。這一研究所開拓的視角，與黃俊傑等人的做法，有些類似。陳光興等人也提倡從亞洲、東亞的角度，考察台灣的現代性和現代文化。

他們對台灣近年從中國民族主義到台灣民族主義的轉換，加以嚴厲的批評，並呼籲社會各界加以警惕。從其傳承而言，陳的研究，延續了1980年代以來左翼知識圈對台灣學界現代化理論模式的批評，指出台灣學術界的知識參照系，一直以西方為準繩。而他的研究，則想以「亞洲作為方法」，轉變這一知識結構，由此出發而提出有關台灣主體性的再思考，希求在多重的網路關係中，為台灣重新定位[45]。

總之，上述跡象表明，當代的台灣歷史論述，仍在不斷的解構與重構之中。史學界的工作，比較集中在前者。這一傾向，雖然與世界範圍史學研究的發展趨向一致，也反映了「史料學派」的殘存而又持久的影響，但卻不敷當前台灣社會對於歷史知識的需求，由此而形成的張力，似乎在近期內無法疏解。最近史學界前輩許倬雲先生，出版了《萬古江河》一書，對中國歷史，做了通論的考察，精湛而及時，可惜是一個孤例。而黃仁宇生前呼籲

---

45 參陳光興，〈在「後現代主義」與「文化研究」之間〉和〈「亞洲」作為方法〉，《台灣社會研究季刊》，第12期（1992年5月），頁85-116；第57期（2005年3月），頁139-218。

「大歷史」，雖言猶在耳，但響應者寥寥。這一史學界「自我邊緣」的現象，應該值得所有治史者警惕[46]！

王晴佳(Q. Edward Wang)：美國新澤西州羅文大學(Rowan University)歷史系教授兼系主任，學術興趣和專長為比較史學史、史學理論和比較文化史。出版著作有《西方的歷史觀念：從古希臘到現代》(允晨文化公司，1998；華東師範大學出版社，2002)、《後現代與歷史學：中西比較》(與古偉瀛合著，巨流出版公司，2000；山東大學出版社，2003)和《臺灣史學五十年：傳承、方法、趨向》(麥田出版社，2002)等書。另有英文專著二本：《在歷史中發明中國：五四的史學取徑》(2001)和《世鑒：中國傳統史學》(2005，與伍安祖合著)。他還與伊格斯(Georg G. Iggers)主編英文本《史學史上的轉捩點：一個比較文化的觀察》(2002)。

---

46 在中研院近史所於2005年6月29日至7月1日的「中國近代史的再思考」的國際學術研討會上，巫仁恕、連玲玲分別以「明清消費文化的新典範與新問題」和「新典範或新危機？『日常生活』在中國近代史研究的應用及其問題」為題發表論文，對社會生活史的研究趨向及其史學價值，做了一些批判反省。或許這些探討，可以有助於加強歷史研究和社會現實之間的聯繫。

歷史意識是種思維的方法

周樑楷

前言：什麼是歷史意識

　　近30年來在華語文社會的著述裡，「歷史意識」已經成為常見的名詞。就像「歷史文化」一樣，許多人也都不假思索，人云亦云，很自然地隨著援用。所謂辭達而已矣，這種現象本來就是順著語言傳播的通性，並不稀奇。只是當這些名詞與學術或教育等嚴肅的議題發生關聯時，勢必要先探個究竟，以便釐清一些問題。

　　1983年，任教於東海大學的胡昌智曾經以「什麼是歷史意識？」為題，在《思與言》雜誌中說明這個名詞的涵意。他根據當代德國史家呂琛（Jörn Rüsen）的說法，進一步列舉實例，闡釋歷史意識的幾種類型（typology）。在當時，這篇文章一度引起了人們的興趣而加以引用，只可惜後來未再繼續深入討論。呂琛本人由於近20年來不斷營造個人的史學，建構博大的思想體系，顯然已經超越了自己，也不再應用所謂歷史意識的四種類型了。

　　歷 史 意 識 是 由 英 文 historical consciousness 和 德 文 Geschichtsbewusstsein翻譯而來的。在史學界裡，這個名詞常常

和歷史思維、歷史心態或歷史方法交互替用，甚至偶而也被視爲歷史主義（historicism）的同義詞。1986年的某一天，我個人因爲心境上略有所悟，在札記上寫著：「治史的意義，在於歷史意識、社會意識和生命意識的不斷錘鍊和昇揚。」這句話中的歷史意識，其實和上述歷史思維等名詞並沒有顯著的差別；只是我個人因爲平時也關注歷史教育以及大眾文化，日後逐漸將歷史意識的應用外延擴大，兼而涉及影視史學、歷史教材、大眾史學和「大家來寫村史」等領域。這種治史的取向，呂琛、胡昌智和我之間可以說得上意趣相投，所以三人之間一直保持著師友的關係。

從1990年代初期開始，我隨著清華大學的張元參與中學的歷史教育。本來我們以爲這份工作屬於百年樹人之業，需要集眾人之力，長期經營，才能累積成效，個人只憑著一點理想，默默耕耘就可以了。結果卻出乎意料之外，在最近三年中前後兩次激起了全國性的爭論，連大眾媒體及網路上也喧騰一時。綜觀當時的公眾輿論，不論持正面或負面者，鮮少針對歷史意識而發。其實追根究底，把歷史意識列爲歷史教育的首要目標才是關鍵之所在。經過這些風波，我們反而更加警惕，自我檢討，避免自以爲是。

《思想》的編輯同仁對學術文化深懷理想。他們明眼察覺：歷史意識已成爲嚴肅的議題，因而決定以這個主題當做本期的專輯。我應邀撰文參與討論，既感榮幸，也覺得不容推辭。能有機會表述「什麼是歷史意識？」是我個人的責任，同時也藉機向各界討教。

歷史意識和史譜

如果非得爲歷史意識先下個簡潔的定義，或許可以這樣回答：

人們自我察覺到過去、現在和未來之間總是不斷流動的，而且在這種過程中每件事物都一直在變遷之中。

這個定義可以再濃縮一點說：

歷史意識其實就是變遷的意識。

英文可以譯爲 sense of history，有時候不妨和sense of change或sense of the past互用。

然而，這樣的定義簡潔有餘，解惑可能不足，因爲歷史意識常隨著個人的知識、閱歷及體驗，不斷昇揚而日漸圓熟。所謂君子自強不息，歷史意識的昇揚也是永無境止的，需要長期實踐（praxis）的功夫，僅僅下個定義當然不能算數。

歷史意識所牽涉的範圍非常廣泛，如果不成套完整地呈現出來，恐怕治絲益棼，反而橫生枝節，憑添無謂的紛擾；可是，要一口氣講清楚、說明白，卻又牽一髮而動全身，得大費周章。這幾年，爲了方便教學和統攝自己的思想體系，不斷修訂而繪製了一些圖表和光譜，並戲稱之爲「史譜」，這好比坊間有食譜、畫譜、棋譜等等一般。

本文爲了在有限的篇幅，闡述得完整明白一點，不得不獻醜，先把歷史意識攤開在「史譜」裡。（參見史譜—1）

史譜—1

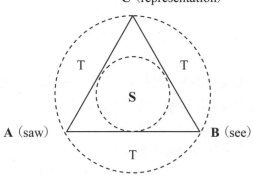

C（representation）

A（saw）　　　　B（see）

A：歷史意識　　　　　　B：現實意識、社會意識
A1：廣義的歷史意識及類型　B1：生死觀
A2：歷史知識論的光譜　　B2：應用的道德、倫理思想
A3：認知取向的典範　　　B3：文化或政治的認同感
　　　　　　　　　　　　B4：政治或社會立場
　　　　　　　　　　　　B5：歷史的利用和濫用

S：人的主體性和生命意識　T：從文化到自然
S1：什麼是人的看法　　　C：歷史的表述和溝通
S2：時間、空間的概念及宇
　　宙觀、世界觀
S3：世界史觀

（周樑楷製・2005年08月22日修訂）

多年前，我曾經為歷史下定義：

1. 歷史是過去的事實本身。

2. 歷史是人們對於過去事實的認知及其傳達的成果。

在《歷史學的思維》這本小書裡，大致已經說明為什麼如此界定的原因，在此不擬贅述。但是為了貫通思路，本文還得從頭說起，簡要交代相關的問題。

上述歷史的第二個定義中，有三個要緊的部分。

一是「人們」，指「人自身」或者自我。每個「人自身」都與他人或非人類有別。以簡單的二分法來說，這是「人自身」或「我」與「他者」的區分關係。「人自身」有生理上客觀存在的一面，同時也有主觀精神上的另一面。對人文學科來說，最核心的議題莫非是人的主體性，或者說是生命意識。在「史譜之1」中的S，指的都是有關人們的「人自身」。不過，「人自身」又可細分為幾個議題：S1，指每個人對「什麼是人的看法」(concepts of human being)，其中包含倫理學的種種問題，但建議避開使用「人性論」或「人的本質」這兩個名詞；S2，指每個人的「時間、空間概念」，如果朝向至久及至大處著眼，就是人們的宇宙觀或世界觀；S3，指世界史觀。相對於「史譜」中S的主觀性，在「史譜之1」中的T，指的是客觀存在的宇宙世界及人類所塑造的社會和文化(the human world)，可以藉一條光譜「從文化到自然」來表示。「人自身」與T的關係如何、又如何自我定位，永遠不斷辯證奧妙無窮，所以「史譜」中以虛線表示S和T，呈現它們的開放性、混沌性和「難以盡言」。以上所談的，古人總歸納為天道、地道和人道，而莊子早以「生也有涯，知也無涯」的箴言示人。

二是「對於過去事實的認知」，在「史譜」中以A表示；有時候活潑一點(即使有違英語的時態概念)不妨以英文saw簡稱，

因爲saw是see的過去式。「人們對於過去事實的認知」，講淺白一點，也就是「人們如何觀看過去」。這裡有關A或saw的部分，就是本文所要討論的歷史意識。至於「史譜之1」中的B，指的是時間之流的現在。相對於A是saw，B就是see。當然如果必要的話，從A到B還可以增加延長線，表示未來（以F表示）。值得留意的是， B（see）或B－F都可以通稱爲現實意識（presentism或present-mindedness）。廣義的現實意識可以涵蓋社會意識（social consciousness），也可以包括「人們對於現在和未來的看法和期盼」。細分地話，現實意識有：B1，指生死觀；B2，指應用的道德、倫理思想；B3，指文化或政治認同感；B4，指政治或社會立場（從極右到極左）；B5，指一般性歷史的利用和濫用。

綜合以上S—A—B，三點之間應該連貫互通而形成辯證的關係，每個人都可以拿A—B，S—A，S—B分別深入作文章，或者當做研究史學史的指標。1968年美國史家伊格斯（Georg Iggers）所出版的成名作《日耳曼的歷史思想》（*The German Conception of History*）[1]一書，就是從A—B的關係入手。他批評自從赫德（1744-1803）以降，日耳曼歷史主義的史學傳統如何與政治、文化上的保守主義結伴共生。而我所謂「治史的意義，在於歷史意識、社會意識和生命意識的不斷錘鍊和昇揚」，便是針對「史譜之1」中S—A—B的關係而發的。依照這個取向，在伊格斯的指導下，我撰寫了《史學思想與現實意識的辯證：近代英國左派史家之研究》一書。

歷史的定義中第三個要緊的部分，是「其傳達的成果」，指

1　此書有中譯本《德國的歷史觀》，彭剛、顧杭譯（南京：譯林出版社，2006）。

人們歷經認知歷史的過程後，藉由各種媒介，例如文字、語音、圖像或實物等，加以表述（representation），形成文本及各種文類，並且進行傳播和溝通。在「史譜之1」中，以C表示其相關位置。所以S—A—C連在一起的關係，就是「人們對於過去事實的認知及其傳達的成果」。屬於歷史表述和傳播、溝通的問題，牽涉之廣並不亞於歷史意識或現實意識。尤其近30年來，因為符號學、敘述學和後現代主義的影響，S—A—C之間不僅在廣度或者深度上，都比昔日所謂的「文史關係」或「史學和藝術、科學的關係」更複雜微妙，而且更耐人琢磨。為了避免空論，我個人以「影視史學」當做切入點，嘗試從實例中探索相關的理論性問題。目前已繪製一條光譜，即：「從『虛中實』到『實中實』」當做評論的參考標準。美國史家懷特（Hayden White）對於西方文學批評學界的影響非同小可，頗受肯定，然而在史學界卻引起質疑和爭議。他所著的 *Metahistory: The Historical Imagination in Nineteenth-Century Europe*（1973）一書，討論的主要範圍在C—A之間。在此暫且不論他所舉的幾種歷史表述類型及實例是否合理或言必有據，我們應注意他的著述與形上學（metaphysics）毫無關連，也未觸及生命意識（S）的層面，所以書名 *Metahistory* 既不宜譯為形上歷史學，也不適合以漢字中的「元」比附而譯為「史元」[2]。

有關歷史表述這個話題，本來可以就此打住，但在這之前必須補充說明，英文中的 "representation" 並非新鮮的名詞。它原本屬於心理學上的術語，指事物投射形影在人們的心裡，心裡的那個形影便代表事物的本身，也就是事物在心中底「表述」。一般

2　請參考《元史學：19世紀歐洲的歷史想像》，陳新譯（南京：譯林出版社，2004）。

人往往也採用意象（image）這個比較通行的名詞。至於把心裡的形影以文字或其它媒介呈現出來，以往大多叫做表現（expression）。不過，近期的人類學者或其它學者，喜歡把表現的成果稱之為"representation"，譯成表述或表徵。值得留意的是，他們把「事物在心裡的投射或認知」這個過程當一回事，把「表現、表述或表徵」的成果又當作另一回事，這兩回事之間固然息息相關，但還是可以分開來談。我為歷史所下的第二定義也是如此看待的，「人們對於過去事實的認知」，即歷史意識，屬於「求真」；「其傳達的成果」，即歷史表述和溝通，則屬於「傳真」。在「求真」和「傳真」的過程中，各種「失真」和「播散」（dissemination）的現象在所難免，人們提高警覺則可，但如果因噎廢食、全盤否定歷史，則大可不必。上述把認知和表述加以區隔的看法，顯然和義大利思想家克羅齊（1866-1952）的思想有道鴻溝。按照他的說法，外在事物完整的形影成功地投射在心裡，稱做直覺（intuition），而直覺就是表現，也就是藝術。換句話說，他所指的，不僅「投射或認知」與「表現、表述、表徵」這兩回事之間已經統一起來，不得分開，而且必然是完整的、成功的、第一流的藝術。克羅齊的主張顯然偏向觀念論，太理想化了，而且祖護菁英主義，世上果真有這類的「表現或藝術」，也是鳳毛麟角。

由於本文反覆使用歷史意識、現實意識、社會意識和生命意識等名詞，所以還得把所有的議題回歸到「什麼是意識？」

首先，就人類的演化來說。距今大約400萬年前，人類開始直立而行，兩隻後肢站立起來活動。這種改變使得前肢（雙手）有機會操作物品，兩眼得以朝著前方觀看。1974年在衣索匹亞出土的「露西」，距今320萬年，是考古發現最早的人類骨骸化石。

到了200萬年前，人類已有能力變造自然界的物件成為工具，這是最原始的「文物」。後人如果有意研究古代文物，不妨溯源至此。接著，由於長期基因突變累積的結果，在20萬至10萬年前之間，原本屬於人類中「少數」的「現代人」，在長期遷徙的活動中，族群間不斷地分化和融合，同時「文化」也不斷分歧和交流。至今，所有的人類包括澳洲的原住民在內，都是「現代人」的後裔。反而過去屬於「多數」的非現代人已經消蹤滅跡了。大約距今6萬5千年前，「現代人」創造了新文化。他們一方面把工具製作得更加精巧複雜，以致於生產所得的「文物」足以讓後人嘆為觀止，稱之為藝術品，在南非發現的屬於石器時代的貝飾珠子可以為證。值得留意的是，這時候「現代人」的語言和意識能力大為提升。

人們不只天生有各種慾望和感受能力，而且有基本的、簡單的，屬於感官和心理層面的意念（sense）。意念可以隨理性的增加，提升人們自我察覺和辨認的能力，成為比較高級一點的意識（英文中sense和consciousness可以互用）。同時，意念或意識也可以隨感性的質和量而改變，形成各種感情，例如愛情、鄉情、愛國、懷舊。當然，實際上意念或意識同時都受理性和感性的影響，可多可少，可好可壞。從早期人類史的演變，我們可以保守地指出，人類至晚到了6萬5千年前已經有「意識」的能力了（史譜，S1），同時他們已經能夠「自我察覺過去、現在和未來總是不斷流動，而且在這種過程中每件事物都一直在變遷之中。」（史譜，A）從分布於世界各地的古代岩畫足以證明，從前這些影像視覺的表述者，都早已有歷史意識的能力。講史學史，我們大可邁步向前，超越長期所因襲的文字本位和菁英主義，在時間點上回溯到數萬年前，從岩畫和歷史意識的出現講起。同時，講歷史大可

捨棄「信史」（指以文字記載的歷史）和「史前史」（指有文字記載以前的歷史）這兩個名詞及其背後的基本理念（即文字中心論）。例如，我們是否以「臺灣史前史」通稱500年前這個地區的社會和文化變遷？值得省思。

其次，就兒童成長發展的過程來說。早期幼兒的活動只屬於感官的、心理的慾望、感受和意念，一切來自於天性的本能。而後隨著認知能力的提升，意識及語言表達能力同時增進。當他（她）開始懂得「昨天……」或「從前，從前……」等話語時（史譜，C），其實就是時間意識的出現（史譜，S2），也就是歷史意識的萌芽（史譜，A）。有些人乍聽到歷史意識這個名詞，往往誤會為是套深奧的歷史哲學，其實太言重了。最簡單的歷史意識，其實每個人在幼兒時期就出現了。大約在15歲的青少年偏好從具象的人、事、物來認知和表述過去，而歷史意識是其中一種思維的能力。到了15歲以後，理性的、抽象的能力顯著增長，因而歷史意識也開展新氣象。基於這些考量，西方國家的學術界和教育界，於近30年日漸重視學童歷史意識的培養。1997年，張元在清華大學主辦「方法論：歷史意識和歷史教科書分析編寫國際學術研討會」，邀請德、英、韓、港專家學者及國內各大中學教師參與，其主題便是針對歷史意識與歷史教育的關係及意義。不過，類似上述的歷史教育理念其來有自，並非當今好事之徒的新鮮玩意，至少早在20世紀初美國哥倫比亞大學的史家魯濱遜（1863-1936）和思想家杜威就曾經大力倡導了。

從人類的歷史和兒童的認知發展總結來說，人是意識的動物；同時，也是有歷史意識的動物。

歷史意識的類型和內涵

1. 從記憶談起

　　為了進一步探討歷史意識的內涵，不妨先區分為幾個類型。廣義的歷史意識有：

　　1. 記憶

　　2. 過去的意識（the sense of the past）

　　3. 變遷的意識

　　4. 歷史思維

　　5. 現代的歷史意識（modern historical consciousness）

　　近來常有人喜歡使用「歷史記憶」這個術語，或者類似說：「歷史是人們的集體記憶」。語言的傳播流行本來無可厚非，把「歷史」和「記憶」合成連在一起或劃上等號，主要與1960年代以來大眾文化受學術界重視有關。將來有一天時過境遷，這種學術上的時尚說不定退潮，不再受人青睞。然而不管如何，純粹就邏輯來說，「人們的集體記憶是歷史」的說法是正確的；反過來，「歷史是人們的集體記憶」可就未必正確。這好比說「兔子是動物」，但不可以說「動物是兔子」。

　　某些記憶的能力屬於本能，人類和許多動物都有這種能力，它與腦細胞和生理組織有關。也許只有人類的記憶，除了本能還同時兼受潛意識和意識的影響。更奧妙的是，有記憶也就有遺忘，兩者同時發生，一起運作。記憶猶如窗子或光學鏡頭，窗子開啟一片視野，同時窗子外環的牆面卻遮住了其它的景觀；光學鏡頭攝取一幅影像，同時卻又切除四周的畫面。人們有意識的記憶和遺忘，必然是選擇性的和人為的活動，含有主觀的成分。

　　記憶可以分成個人的記憶和集體的記憶。個人的記憶可能一輩子永遠深鎖在心房裡，但有朝一日可能主動或被動地公開。影片《鐵達尼號》的愛情故事純屬虛構，洋溢著好萊塢式的煽情，倒是片尾劇中女主角的一句話足以讓人動容。她說：「每個女人一輩子心中都有個秘密。」那個秘密就是個人的記憶，不說出來不爲人所知，然而卻默默地發酵，左右人生。值得留意的是，女主角在得知打撈鐵達尼殘骸的消息以及自己年輕時代的畫像「出土」時，她終於按捺不住地公開傾吐往日的悲情。如果從影片《鐵達尼號》的故事舉一反三，可以得知個人記憶可能因各種不同的動機而公開，例如：日記、自傳、回憶錄、小說、口述歷史、影像紀錄等等，而且這些資料都可能成爲史家的至寶。在現實世界中的鐵達尼號事件裏，哈利·威德納是罹難者之一；在悲劇發生後，他的母親將他生平的藏書捐贈給哈佛大學，並成立了威德納紀念圖書館。沿著階梯而上，走進該館的正門，左側牆上有面紀念碑文；這當然也是表述個人記憶的一種方式。

　　集體記憶比個人記憶更具有社會和文化的意義。全世界各族群在沒有文字以前，早已經由祭典、儀式和歌舞等活動，延續族人的記憶和激發族人的想像力，藉以傳承文化的表徵，維繫族群的命脈。18世紀義大利思想家維科（1668-1744）特別指出，古代各族群的記憶和想像力原本是一回事，所以「想像」一詞在拉丁文裡稱做"memoria"（記憶），同時「想像」也是詩意的來源。維科從這個事實出發，進一步強調：「詩人必然是各族群最初的史家。」近幾十年來，人們在維護文化遺產的理念下，展開一波又一波的活動，有意重建初民社會的集體記憶，至於形式與精神是否統一？成效如何？我們只能拭目以待。法國年鑑史家中，杜比（Georges Duby）、勒·高夫（Jacques Le Goff）和雷·瓦·羅德里

（Emmanuel Le Roy Ladurie）等人，從1960年代起在研究方法上也採取「文化的轉向」（cultural turn）。他們重視心態史和大眾文化；其中研究記憶而卓然有成者，勒·高夫應該當之無愧。鼎鼎大名的布勞岱爾（1902-1985）一向忽視心態史或文化史；然而在上列年輕一輩同事的影響之下，他於1960年代末期，也開始利用了古代的圖像紀錄當做史料依據，敘述遠古時期地中海地區的文化和社會。有趣的是，這本書法文原版的名稱是《地中海的記憶》（*Les Mémoires de la Méditerranée*）（1998出版）[3]，英文版改譯為《記憶與地中海》（*Memory and the Mediterranean*）。記憶 詞顯然取代了「文明」和「歷史」，浮上了布勞岱爾著作的檯面。

　　祭典、歡慶和日常生活的痕跡，往往勾起無限的追憶；災變、動亂和戰爭更可能烙印共同的創傷經驗。對許多人來說，臺灣九二一地震至今仍然記憶猶新，心有餘悸。事後，人們留下大量的圖像紀錄，並且成立了博物館。二次大戰期間，歐洲的猶太人慘遭納粹的暴行；之後，人們於1947年在紐約市設立全世界第一座「大浩劫」的紀念碑（位於河濱公園，靠近第82街附近）。事隔60多年，世界各地已有數不盡的紀念碑、博物館、影像記錄以及文字書寫都以「大浩劫」為主題。又如，越戰對於美國人而言，如同一場夢魘，到了1976年仍然揮之不去。那一年的7月4日，按理應該歡天喜地、煙火四射來慶祝國慶。然而事實卻不然，戰爭失利的創傷刻骨銘心，美國史家更有意淡化獨立建國兩百週年的意義。1776年這個數字，反而讓他們聯想起在那一年英國史家吉朋（1737-1794）開始出版《羅馬帝國衰亡史》的第一冊；此外，他

3　此書有中譯本：《地中海考古：史前史和古代史》，蔣明煒等譯（北京：社科文獻出版社，2005）。

們更聯想起476年是西部羅馬帝國滅亡的年代，距離1976年正巧是1500年整。由此可見，集體記憶可能隨著時下的氣氛而悲而喜，引發情緒的起伏不定。這也難怪常有人為了該不該記憶哪些事、如何記憶，而爭論不休。

2. 幾種歷史意識的辨析

記憶可能是直接反應的本能，但也可能是意涵豐富的行為；相較之下，「過去的意識」只是種簡單的思辨能力，是人們以二分法粗略地區別現在和過去。剛牙牙學語不久的幼兒凡事都以「昨天」或「從前」表示過去，令人覺得幼稚滑稽，那是因為成年人已有複雜的時間意識和歷史意識。其實，只要稍微用心分析，便不難發覺成年人也常常運用這種極為簡單的意識。例如，人們常標榜：「這些食物是古早味的」或「這是我們的傳統」，他所指的時間其實僅有兩個階段，除了「現在」就是「過去」。他與幼兒的話語唯一的差別，只在修辭上包裝得較為文雅一點而已。所謂的「古早」和「傳統」，時間意識的內涵其實也非常薄弱，它們所指涉的「過去」總是模糊的、凝滯的、靜態的，少有流動的感覺。

簡要地說，過去的意識仍然欠缺變遷的意識。變遷的意識不僅能察覺宇宙天地、人事萬物日新月異，無時無刻地變動，而且展向未來也將繼續變化。人們以紀年的方式表列大事，如果缺乏變遷的意識而只有過去的意識，便淪為流水帳或斷爛朝報。另外，標榜科學或概念化思維的學者，往往輕視事物在時間之中的變化，認為個體之間的差異只是表相而不足取，因此一心一意抽離時間的向度，探索所謂「普遍性的通則」（universal law）。這種思維和論述不僅缺乏變遷的意識，而且刻意摒除任何類型的歷

史意識，因此容易引來負面的批評，往往被冠上「缺少歷史」或「違反歷史」的指責。

綜觀西方的思想史，古代希臘哲人赫拉克利圖斯強調變遷的意識而聞名於世。他認為，火是萬物的根源，而且火永遠在運動變化。換句話說，他所指的宇宙本體一直處於動態之中。基於這個道理，他曾經說過一句名言：「人們不可能在『同一的』河流中停站兩次，因為剛剛站立時的河水已經流逝了。」然而，他的見解處在古希臘眾多哲人之中算是「少數」，有孤掌難鳴之苦。近500年來，西方人的變遷意識逐日興起，新教徒因此而質疑天主教會的教義已經變質、背離早期基督教會的真傳。甚至有些天主教的神職人員也批判教皇的權威，因為有些他所依據的經典是偽造的。例如，瓦拉（Lorenzo Valla, 1407-1457）和馬比雍（Jean Mabillon, 1632-1707）運用語言學（philology）和文獻考證學（science of diplomatics）從事考證，先後獲得耀眼的成績。這兩種學問，說穿了就是憑著變遷的意識，活學活用，以致於能通察古今基督教義之「變」，所以後人又把歷史與語言學連在一起，當作治學的方法。到了19世紀，西方人的變遷意識達到高峰。當時歷史與語言學更加純熟發達，兼備內外考證的功夫；現代地理學也運用變遷的意識而開創新局，例如：1830年英國地理學者萊爾（Charles Lyell, 1797-1875）出版《地質學原理》（*Principles of Geology*）。影響所及，人們更加覺得滄海桑田一切無常，任何無形的（如語言）和有形的（如岩石）事物都會隨著時間而變化萬端。甚至連日常用語中每個單字，也都有自己的成長故事，都有自己的「傳記」。因此，查字典除了字義，而且還要追問字源。到了1860年終於水到渠成，英國語言學會（The Society of Philology）形成共識通過議案，計畫編輯一套「基於歷史原則的

新英語字典」。於是日後才有享譽國際的《牛津英語字典》。

變遷的意識如果和形上學、本體論以及時間意識一起討論，是一件非常龐大的議題。以19世紀上半葉日耳曼的黑格爾和蘭克（1795-1886）為例。前者的哲學思想屬於客觀實體存在的唯心論，以永遠變動的精神（Geist）統攝一套含天蓋地的歷史哲學。後者的歷史主義強調個體性或單一性（individuality），但又肯定事物之間的內在關連性、時代的趨勢以及上帝之無所不在。換句話說，在黑格爾和蘭克的思想體系裡，從最表相的個別史實，到最高層次的精神或上帝，每個層次都涉及「變與不變」的問題。但是，他們兩人對「變與不變」的看法卻大異其趣。所以如果有意比較研究他們的異同，勢必以專文才得以充分地討論。同樣地，19世紀以前中國及非西方世界的歷史哲學也都各成體系；歷來賢哲人士的變遷意識，值得我們深入分析。

19世紀中葉，西方思想界受自然科學及工業科技的影響，實證論因而一時如日之中天。有些人從這種認識論的角度切入，將自古以來各種形上學連根拔起，包括宗教信仰在內，都被摒除在學術殿堂之外。史學界在這股學風之下，形成科學派史學和實證史學。這兩種學派有志一同，都避開形上學和玄學性的思維，並且不再涉及宇宙萬物的世界史（universal history）。他們把視野轉向俗世現實的世界史（world history）。不過，同中有異，科學派史學從個別史實入手，重視歷史上的個體性和差異性；相反地，實證史學則熱衷追求歷史的普遍性和通則性。簡單地說，這兩種歷史學派的分野，在於變遷意識的強弱。變遷的意識愈強，歷史思維也愈敏感。

為了分辨人們的歷史思維，首先在「史譜」的架構下又配合一套光譜（即史譜─A2），內有三條。

史譜—A2

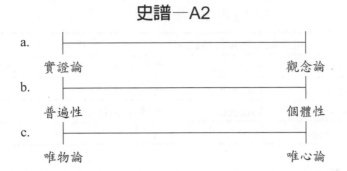

a. 從實證論到觀念論。

b. 從強調普遍性、通則性到強調個體性、差異性。

c. 從唯物論到唯心論。

所謂光譜，原來是光學上的名詞，這裡借用來表示量度強度漸進的分辨方法，左右兩端純屬標竿，而不是二分法。人們的思想在兩端之間，有的偏向左邊一點，有的偏向右邊一點。從這三條光譜分別鑑定人們的思想，觀察的功夫越精密，分辨的能力就越敏銳。人們的思想立場處在光譜中，有時候僅僅失之毫釐，結果整套思想體系和歷史解釋卻可能差之千里。

不過，嚴格地講，這套光譜比較適宜鑑定近代西方認識論中，屬於實證論、經驗論或觀念論的思想；超出了這些範疇，古今中外還有形形色色的認知取向，這套光譜未必能隨心所欲完全適用，萬一削足適履運用不當可能產生反效果。所以，最好配合另外一套圖表輔助參考。（即史譜—A3）

史譜—A3

認知取向的典範	認知的關鍵詞	主客體的關係
經驗—實證論	Understand	認知主體及被認知的客體分開
觀念論	Verstehen	同上
歷史辯證法	Dialectic	實踐(praxis)，主客合一
儒家思想	知道	同上

　　圖表中有四種認知取向的典範，顯然各有特色，而且分別對中西史學的影響最爲深遠。如果爲了周詳完備，這個圖表至少還應補上道家思想、佛教、基督教等等典範。然而茲事體大，勢必涉入更多哲學的問題，本文恐怕無法勝任，就此打住。圖表中"understand"，"verstehen"，"dialectic"和「知道」等四個關鍵詞各代表一種思想體系的認知取向。嚴格地說，它們彼此之間無法相容，也不能互譯，所以最好儘量避開「認識論」這個來自西方概念的名詞，而採用含意比較寬廣以及中立的「認知取向」。圖表上下各有兩種，其間雖然有道鴻溝，並沒有影射四種典範有高低優劣之別。我們在此應注意的是，上面兩種取向的認知者也許事先已心存實用的動機，或者事後也將認知的成果付諸實際的用途，但是他們堅持：在認知的過程中，認知的主體與被認知的客體之間可能分開，或者必要分開。例如，屬於觀念論的英國史家巴特·費爾德(1900-1979)喜歡強調：「爲歷史而歷史」。

　　相反地，下面兩種取向則主張：認知的主客體之間必然要合一實踐，知與行要在互動中同時開展。例如，當代英國馬克思史家湯姆森(1924-1993)的成名作《英國工人階級的形成》

(1963)⁴，主張：勞工之成爲「階級」不是按出身背景而決定；它是以勞工本人是否具有階級意識來衡量。然而，值得注意的是，階級意識之覺悟，一方面在於勞工能否察覺本身所遭遇的各種困境主要來自資本主義社會的結構，另一方面，勞工本人也要有意爲社會革命而奉獻。換句話說，勞工的階級意識屬於進行式，需要不斷辯證、持續地形成（making）；它是勞工自覺（認知）與奉獻社會（實踐）的進程。不過正本清源，湯姆森以馬克思爲師，這種歷史辯證法是奠立在馬克思所說的「人是社會的動物」與「人們創造歷史」這種「對人的看法」之上。

又如，中國乾嘉時代的章學誠（1738-1801）在《文史通義》〈內篇〉一開始便說：「六經皆史也。古人不著書，古人未嘗離事而言理，六經皆先王之政典也。」這句話充分流露了章學誠的歷史意識。他對六經的來源、演變以及在歷代社會文化中的地位之見解，其實與西方學者瓦拉等人有異曲同工之妙。所謂同工，指他們都深諳「變」的道理，在尊崇經義的前題之下，頗能破除某些解經者頑固僵化的思想。所謂異曲，指章學誠所彈的是儒家的調子，而不是基督教、觀念論或歷史辯證法。在「什麼是人的看法」上，章學誠服膺孔子和孟子，相信「仁心」、「性善」之說，肯定「人有自主性的道德心」。這也是爲什麼他彰顯「史德」的原因。「史德」的昇揚必然帶動「史識」的敏銳度，兩者合而爲一、互相通聯。所以如果硬將劉知幾（661-721）所說的「史家三長」（即史才、史學、史識），以機械式的加法，增添「史德」一項而成爲「史家四長」，便忽略了「史德」與「史識」不可分

4　此書有中譯本：《英國工人階級的形成》，賈士蘅譯（台北：麥田出版社，2001）。

割的內在關係。章學誠在《文史通義》〈外篇〉中，暢談地方志的書寫，並由此落實他在〈內篇〉中的理念。他前後至少有兩次提到：「志者，志也。」這句話中前面的第一個「志」，指的是地方志，也就是〈內篇〉中最關注的焦點，但我們不妨擴大解釋為所有的歷史書寫。而第二個「志」，是個非常關鍵性的字眼，不僅是整個〈內篇〉畫龍點睛之處，而且是內外兩篇連結的精髓。這個「志」按理應該指「心志」、「志業」，英文或許可譯作"vocation"，講明白道地一點，就是《論語》中所謂的「志於道」或「朝聞道、夕可死」的「道」。由此可見，「史德」與「志者，志也」是同一回事。研究以儒家思想為典範的認知取向及其史學如果就此切入，許多問題應該可以迎刃而解。當然，以「史德」為歸依的生命意識必要配合現實意識，知行合一，才能「知道」，才能完成「志者，志也」。

　　以上舉湯姆森和章學誠為實例，比較歷史辯證法和儒家思想兩種認知取向。簡要地說，相同的是，他們都強調實踐的功夫，肯定認知的主體和被認知的客體之間不可以脫解或疏離。相異的是，他們對「什麼是人的看法」之著眼點有顯著差別，馬克思說「人是社會的動物」和「人們創造歷史」，儒家則強調「人有自主性的道德心」；因此緊隨而來的現實意識和歷史意識也必然分道揚鑣。本文在此只強調：如果有意深入探討歷史意識，從「史譜」中的生命意識入手，比較可能一針見血。由於「對人的看法」不同，儘管孔、孟和馬克思在「實踐及認知」的出發點上只差之毫釐，但是一路發展下來顯然是失之千里。至於這兩種典範將永遠誓不兩立？或者能進行文化基因的互補？則有待日後觀察。

　　正如「史譜—A2」和「史譜—A3」所顯示的，歷史意識的第四類型（即歷史思維）比第三類型更為複雜。不過，歷史思維並

非史家的專利，各行各業在治學上或在生活中，都可能在習焉不察、缺乏反思的狀況下，實際運用了史譜中三條光譜或四種典範的某一項。簡略舉些例子：當某甲有意祖護某乙的「罪刑」或「過失」時，往往論述說：這是「個案」、「意外」、「偶然」、「一時疏忽」、「情非得已」……等等，訴諸於個體性、特殊性的因素。反之，某甲有意控訴某乙時，會說：這是「蓄意」、「積惡成習」、「必然」……等等普遍性、通則性的因素。同樣地，強勢的國家有意推行某種有利於自己的政策時（例如：自由貿易、人權），會拿出：這是「普遍的法則」、「放諸四海而皆準的」，當做利器。反之，弱勢國家的保守主義者爲了拒絕可能不利於自己的外來政策時，習慣以：「此一時、彼一時」、「國情不同」等等託辭，於是個別性、差異性的原因成爲最佳的擋箭牌。此外，歷史思維也經常與人們的現實意識相互影響。三百\多年前，培根（1561-1626）說：「知識就是力量」；而當今的傅柯（1926-1984）卻反過來說：「權力生產知識」。歷史思維可能成爲知識，也可能應用於日常生活的常識，它與權勢（power）之間可能發生怎樣的微妙關係呢？這兩位哲人的名言孰是孰非？耐人尋味！

3. 歷史意識的現代性

　　第五種類型的歷史意識屬於狹義的歷史意識，也就是所謂的現代的歷史意識。歷史意識之所以有狹義的，因爲它所指涉的外延範圍縮小了，只用來稱呼近一、兩百年來才興起的職業史家或專業史家（本文將依文脈分別使用這兩個名詞）。同時，歷史意識之所以冠上「現代的」，是指某些人已經具備了歷史意識的現代性，否則徒有職業史家的名分，未必人人具有現代的歷史意識。

　　歷史意識的現代性，含有四項必要的條件：

(1) 能運用第四種類型的歷史意識，即已擁有歷史思維的能力。

(2) 絕對尊重史實，不可訴諸權威、以論帶史、或者以意識型態掛帥。

(3) 有理性思維及批判的能力。所謂理性思維，不是特指西方啓蒙運動以來的理性主義，而是泛指人們在成長認知過程中，隨年齡而增長的理性。人們運用這種思維能力，一方面可以從事抽象的推理和論述，辨別邏輯的對錯，達到批評的第一層效果；另方面能以嚴謹的方法考訂文本的眞僞，進行批判的第二層效果。一般人宣稱歷史研究是「科學的」或「客觀的」，如果僅就這兩層效果而言，應該是無庸置疑而可以成立。但是，理性思維及批判能力並非專屬於近代西方學術中的理性主義、經驗論或實證論；它其實也可以與觀念論、歷史辯證法或儒家思想等等認知典範相互結合。這也是爲什麼20世紀以來有些秉持觀念論、馬克思主義、儒家思想的史家能運用自如，擅長理性和批判的能力。

(4) 參與歷史學的學術社群，並且遵循社群的種種規範。職業史家首先得在大學歷史系相關的學術機構裡接受養成的教育，而後又在這類的機構從事教學或研究工作，並因此獲得個人的主要薪資。他撰寫學術的論文，必須遵循各種「行規」，包括註解的格式在內，而後通常發表在學術期刊上。同時，他還參加各種歷史學會，與會員們討論交流。

就西方史學史來說，現代性歷史意識的誕生，可以上溯到18世紀中葉。然而，由於當代研究史學史的學者偏好不同的認知取

向，所以他們對現代歷史意識如何起源，也各有不同的見解。例
如，屬於觀念論的巴特費爾德強調，在日耳曼漢諾威、哥廷根大
學裡的史家，首開風氣之先善用歷史思維的能力。不過，對觀念
論頗有微詞的伊格斯，比較肯定啓蒙傳統中的理性思維和普遍性
人權思想，所以他偏好歐洲各地的啓蒙史家，即使在討論哥廷根
大學的史家時，也喜歡突顯其中幾位具有啓蒙思想的學者。但是
不論巴特費爾德或者伊格斯，當代研究史學史的學者幾乎都異口
同聲，公認19世紀的蘭克對現代性歷史意識的貢獻非凡。不過，
推崇是一回事，推崇的學術理由又是另一回事，值得進一步推
敲。蘭克擅長批判考證，勤於收集史料，在柏林大學時採用專題
討論（seminar）的教學，以及秉持實事求是的態度。他的確促進了
現代性的歷史意識，難怪許多人講近代史學史時都以蘭克爲第一
人。不過，蘭克的歷史主義應該歸類爲廣義的觀念論，他的史學
思想不僅依附在路德派教義的宗教信仰上，而且他還憧憬著撰寫
一部含有形上學色彩的世界史（universal history）。所以嚴格地
講，蘭克仍然持有非現代的觀點，還不算是位道地的現代性史
家。可是值得留意的是，長期以來人們對蘭克認識有限，因而以
訛傳訛，產生錯誤的印象，誤以爲他是位「科學派史家」。

在德國獨占鰲頭，領先群雄之後，法、英和美國等地在19
世紀下半葉也相繼成立歷史系、創辦歷史期刊雜誌，和積極培養
現代性史家所應具有的史學方法。例如，法國在1868年成立高等
科學院，下分爲四個所，其中之一是歷史語言研究所。另外，他
們也仿效德國的《史學雜誌》（*Historische Zeitschrift*）創辦了《文
史評論》（*Revue critique d'histoire et de literature*）。到了1897年，
朗克若瓦（Charles Victor Langlois, 1868-1929）和瑟諾博斯
（Charles Seignobos, 1854-1942）則合著了《史學原論》

(*Introduction aux Études Historiques*)，發揚所謂的「歷史方法」。由於上述的事實，在一般史學史的著作中，都以這個時期當作職業史家出現的年代，換句話說，這也是現代性歷史意識形成的時期。

　　至於西方學術界史學博士到處人滿為患的現象，則要等第二次世界大戰結束後、嬰兒潮長大成人，即1960年代才正式浮現。近幾十年來，由於職業史家大量增加，學術機構裡則僧多粥少，競爭激烈，同時在嚴謹治學的條件下，許多人為了立於不敗之地，不敢逾越雷池從事「通觀」、「綜合」性質的歷史解釋，結果研究的題目越來越專精，形成只見樹木不見樹林的現象，成為名副其實的專業史家。其實，職業史家淪為專業史家，早有學者引以為憂。19世紀末到20世紀初之間，英國史家艾克頓（1834-1902）和法國史家貝爾（Henri Berr, 1863-1954）都有先見之明，預知這種不利的發展趨勢，因此他們分別主編了《劍橋近代史》（*Cambridge Modern History*）和《人類進化史》（*Evolution de l'humanité*）。可惜他們的努力和搶救工作，並不算成功。畢竟成一家之言的通史絕非眾人合著、各自撰寫一個篇章就得以集結完成。20世紀以來，形勢終究比人強，到了1960年代以後，格局上自囿於一隅的專業史家比比皆是。

　　根據上述，不妨先簡單歸納自古以來幾種歷史的書寫者。在數萬年前，人們早有簡樸的歷史意識和歷史表述的能力。到了5000年前，由於文字的發明，人們除了原有的語音、圖像和文物，又多了一項媒介。只不過從此以後，文字後來居上，反客為主形成文化霸權，貶低了其它媒介的正當性。接著，大約在西元前6世紀到5世紀之間，世界史上發生所謂的「哲學突破」或「思想革命」，造成人文或理性思維的大躍進，於是社會上少數能以文

字書寫歷史的作者，獲得菁英式的地位。這是爲什麼一般人講西洋史學史從希羅多德（484-430/420 BC.）的《歷史》說起，並尊稱他爲「歷史之父」。然而，在19世紀職業史家形成之後，從希羅多德以來所有赫赫有名的菁英史家，就一律被冠上了業餘史家的稱號。嚴格地講，以「業餘」一詞稱呼希羅多德等菁英史家並不貼切，甚至隱含貶意。不過，如果業餘史家只當做相對性的名詞，與職業史家或專業史家區別開來，應該還可以接受。只是採用這個名詞的時候，應該注意業餘史家未必完全落伍；而19世紀中葉以來具有現代性的職業史家、專業史家也不見得處處勝人一籌。理由是：（1）我們應避免以進步史觀解釋思想文化史。時代環境各有不同，如果一味以「現代性」當做標準比較古今之高下，似乎有欠公平；（2）職業或專業史家是種入行的身分，而歷史意識的現代性只是幾項必要的條件，並非成爲第一流學者的充分條件，史家是否爐火純青，得心應手，還得另當別論；（3）面對自古以來種種的歷史書寫者以及五種類型的歷史意識，我們對職業、專業史家應該從嚴，採取謹慎的評論態度，反之對於前四種類型的歷史意識及其表述者不妨從寬，在日漸開放多元的社會裡，讓這幾種歷史意識有充分表露的機會。

討論近代中國史學史，也可以從五種歷史意識，即變遷意識的強弱度爲主軸。自從19世紀以來，滿清帝國屢遭內外各種變局，因此人心普遍思變。思變之道，有的針對現實獻策，提出改革的方法。有的由思維方法上著手，有意活化運用歷史意識（指第三或第四類型）。這兩種途徑，可能前者帶動後者，也可能因後者而引發前者，當然更可能兩者互動，相互影響。就學術史和史學史而言，清朝末葉的經今古文之爭，擁今文經者的變遷意識遠超過古文經者，可惜他們吶喊求變，以論帶史、託古改制的動

機，往往湮沒了應有的實事求是的精神。接著，在20世紀前後之際，國家政體何去何從面臨嚴峻的考驗，因此「新史學」的呼聲來自支持維新和革命的人士。他們否定舊史，有意重寫國史（national history），變遷的意識有增無減，顯然超過前一個時期。而後，到了五四運動時代，求新思變的風潮達到高峰。學術機構裡，北京大學研究所國學門、幾個重要大學的歷史系以及中央研究院相繼於1920年代成立，史學界的學術社群於是正式誕生，成為中國現代性歷史意識成形的重要指標。然而，另一項值得注意的指標是，當時「歷史方法」如同剛剛煉就出爐的寶劍，鋒芒畢露，銳利無比。許多人以為有了「歷史方法」就等於掌控「科學方法」，不僅可以革新史學、改變中國人的思想，甚至可以革新中國。留學哥倫比亞大學，主修哲學的胡適（1891-1962），在格局上沒有被局限在本行或專業史家裡。他經由杜威，間接地把西方史學的現代性引進了中國，以「歷史方法」改寫中國哲學史，結果不僅成就了自己，而且造就了許多學人。後人回顧這段時期的學術史，強調胡適促成了中國的「史學革命」，的確是擲地有聲之說。當然，學術新潮的形成不能完全歸諸於某一個人。除了胡適，例如同樣也是留學哥倫比亞大學，但主修歷史、師承魯濱遜的洪業，於1923年回國主持燕京大學歷史系。他鑽研《史通》，闡揚劉知幾的歷史方法，教授史學方法課程，主編各種「引得」等現代工具書，一心一意地引進「歷史方法」，期盼促長中國史家的「現代性」。平心而論，洪業應該比胡適更像位道地的職業史家；不過，洪業也能於專精中求博通，所以格局上與胡適一樣，也沒有淪為專業史家。

　　胡適和洪業都誕生於1890年代，他們這一代的學人大約在十幾歲之前接受過舊式的教育，而後改入新式的中學，新舊學問的

交替既不太早也不至於太晚。到了成年，有的直接留學西洋，吸取現代性的歷史意識，不必像許多更早的學人須從東洋接受二手的新知識；他們之中包括有陳寅恪（1890-1969）、傅斯年（1896-1950）等人。另外，有的雖然沒有出國，但也能急起直追，間接地融合現代性的歷史意識，例如顧頡剛（1893-1980）和錢穆（1895-1990）等人。1920年代，當中國史學的「現代性」正漸形成之際，這些學人大約只有30歲出頭，便能在各學術機構裡位居要津，成爲第一代的職業史家。他們只要不自囿於「專業」的格局，往往能成爲大家，在某個學術領域中成爲「典範」人物，並且影響學界。當然，現代性的歷史意識，並非一紙保證書，能確保史家永不變質。1930年代以後，中國內政與外交遭逢巨變，因而造成這些1890年代出生的學人及其門生日漸兩極化。他們的現實意識有的往右傾，偏向文化的保守主義；有的往左傾，支持教條化的馬克思主義。只有胡適等人繼續堅持自由主義，不過往後的日子裡，他們在學術上日漸成爲孤單的少數，甚至顚沛流離，寄居他鄉。

　　現代性的歷史意識在台灣的發展過程，也是幾經波折。從1928年到1945年期間，台北帝國大學設立了歷史系，台灣才得以有職業或專業的史家。不過在殖民主義的統治下，他們都屬於日本血緣，台籍人士無緣接受現代性的歷史意識。當時候，連橫（1878-1936）撰寫《臺灣通史》，類似這種文人應該歸於第四類型的歷史意識，即含有歷史思維的業餘史家。此外，類似賴和（1894-1943）等活躍於1920年代台灣文化界的知識分子，也不乏有第四類型的歷史意識，只是他們的歷史表述大多融入在個人的詩文裡。1945年到1949年期間，台灣遭逢歷史上的轉捩點。從這個時段起，新的權威體制領導一切，官方說法高高在上，言論自

由被套上緊箍咒，各種類型的歷史意識在狹窄的角落裡委曲求全，默默地傳承。到了1965至1970年間，台灣由農業轉型為工商業社會，戰後嬰兒潮也已長大成人，於是大學歷史系所等學術機制顯著增加，學術社群更加活躍，與國外的學術交流也日漸頻繁。這幾年可以說是臺灣現代性歷史意識形成的轉折時期。不過，在1970年以後，有兩股趨勢迎面而來。一是年輕歷史學者「專業化」的格局日益顯著，研究的題目朝向專題化，同時與社會大眾也漸行漸遠。另一股潮流是歷史意識與現實意識之間加速互動，助長了有些歷史學者以及一般人們對「文化及政治認同感」的省思，結果五種類型的歷史意識紛紛出籠贏取發言權，同時各種歷史、政治和文化的論述轉向多元化，進而挑戰權威體制的一元性思維及其國史論述。

由近200年來的實際情形觀察可以證明，歷史意識是種思維的方法，就正面意義來說，它可能鼓勵各種弱勢者發聲，也可能成就史家的學術造詣，更可能撼動權威者及其守舊保守的歷史解釋。當然，它也有可能與現實意識互動，產生各種複雜的效應，包括負面的意義在內。假使人們有意達到圓融成熟的境界，則有待個人進一步的錘鍊和修養。

歷史意識的圓融成熟

1.分類與知識位階

以上本文以變遷意識的強弱為基準，將廣義的歷史意識分為五種，只不過在「歷史思維」和「現代的歷史意識」兩類型中，又增加一些質性的考量。分類的目的不外乎方便參考而已，類別的多寡也可以再斟酌，作適當地調整。然而，分類不當卻可能誤

己誤人，造成反效果。本文的五種分類法，可能引起某些人的誤判，認爲：⑴五種歷史意識暗示有五種知識的位階（hierarchy of knowledge）；⑵這種分類的基準完全受德國歷史主義的支配。爲了澄清起見，必要進一步加以說明。

首先，本文承認，第四和第五種類型的思維能力及其內涵的確勝過前三種。站在教育的立場，我們希望助長年輕學童的思維能力步步提升，至少達到第三種或第四種的階段，否則完全放任，漫無標準，就失去教育的目標。還有，在大學歷史系所的科班教育裡，我們更期盼學生具備現代性的歷史意識，以便將來都成爲夠格的史家。所以純粹就教育和學術的願景來說，這五種類型的歷史意識，的確早已預設高下優劣的位階。

不過，站在社會及文化上比較恢宏高明的制高點來說，我們建議人們應以平常心，一視同仁，公平對待這五種歷史意識，或者至少退而求其次，能以同情的了解，寬待前幾種思維型態的意義。理由有二：

a. 我們在肯定菁英史家的貢獻之餘，應該避免菁英主義，不要以傲慢的態度，否定社會大眾或任何弱勢者的論述。童話故事中「國王的新衣」給人的啓示：即使年幼的兒童偶而也能辨識某些事實，由於他天眞無知，脫口表述眞相，結果更能戳破眾人虛僞的論述，造成國王的難堪，震撼了他的權威。在民主開放的社會裡，原則上應該容許各種「小敘述」發聲。「小敘述」的效用，或者可以彌補「大敘述」、「總敘述」的盲點和漏洞，或者可以施展「阿基米德的支點」，顛覆「大敘述」的迷思。這是爲什麼1960年代以來，經由種種社會運動的洗禮之後，個人記憶、口述歷史或集體記憶普遍受到歡迎、大興其道的原因。我們應該承認「人

是有歷史意識的動物」、「人人都是史家」。大眾史學的目的，不僅提倡撰寫社會底層大眾的歷史，以及撰寫歷史供給大眾閱聽，而且更重要的是，鼓勵大眾親自「書寫」歷史，即使屬於個人的記憶，或者區區方圓只有數里的「村史」，都應該理直氣壯，大方的表述出來。

b. 歷史意識區分為五種類型，並非指每個人的思維方法常年一直固守在某個位階上，好比軍人的階級配章一樣。知識分子每當青燈黃卷，孜孜不倦從事治學時，可以充分施展個人第四或第五種的歷史意識，然而一旦走出嚴謹的學術場域，在放鬆心情的狀況下，他可能與一般人相同，只運用前三種的歷史意識。人生本來多面相，何必時時刻刻正襟危坐，端起面孔？再說，在顧及外力的干擾下，如果藉著詩文、歌謠、圖像傾吐種種往事，表述個人的「微言大義」，不亦快哉！晚年的陳寅恪寄情於詩詞之中，不就是最佳的例證嗎？所以這五種類型的歷史意識，不必然排出知識上的位階。

然而，在為前四種歷史意識及其表述辯護之餘，人們也不應由此而矯枉過正。近來有人援引古希臘哲人亞里斯多德所說的：「詩比歷史更接近哲學。」或者常喜歡說：「小說比歷史更真實。」類似這種論述難免以偏蓋全，以上駟對下駟，或者恃寵而驕，挾持某些理論而自以為是。古代的說書、史詩、圖像、口傳歷史、歷史劇，以及近代的小說、詩文、影視等歷史表述全都應該接受評品，並非毫無標準照單全收。「從『實中實』到『虛中實』」這條光譜，或許可以用來鑑定古今以來五種歷史意識的表述，然而篇幅有限，本文不宜偏離主題。在此我只想強調，小說等等文類是否比歷史更真實，並非十分要緊，它只是個普通的話題而

已。但最起碼有一點是正確的，那就是持現代性歷史意識的職業史家，不應再唯我獨尊，高高在上了。

其次，有關五種類型是否完全依照歷史主義而分類呢？這五種類型顯然步步提高，越來越敏感，越善於運用「變遷」的思維能力。不可諱言，我們得要感謝歷史主義對近代史學的貢獻和影響。但是近代史學思想及史學史，並非完全以德國歷史主義或蘭克學派為基地，且經由他們的啟發，人們才會有高度敏銳的歷史思維能力。這種過分簡化的論述，並不合乎事實。每個文化之中都有出自本土的變遷意識，我們應該重拾維科《新科學》的觀點，從早期各族群的祭典、歌舞或詩文中找尋各文化中的變遷意識。或者，我們應該從認知取向的典範裡（即本文中的三條光譜和四項認知取向），進行個案的實例分析，發揚各種典範的變遷意識。人們為了提升個人的歷史意識，如果完全服膺觀念論或歷史主義，結果可能得不償失。

2. 理性和感性

由於歷史意識的「現代性」標榜「尊重史實」和「理性思維及批評的能力」，有些人很可能誤判這無非是一種「理性至上」或「理性中心論」的觀點。本文必須特別澄清，簡要補充說明歷史意識中理性與感性的關係。

首先，考慮後現代主義的立場，他們除了從表述及溝通的觀點，強烈質疑歷史書寫的真相之外，同時也有意摒除理性中心論。在「對人是什麼的看法」方面，他們貶抑意識與理性，進而強調潛意識、慾望、甚至性的作用。這種種觀點力道十足，頗能顛覆長期以來啟蒙運動的傳統，甚至來勢洶洶企圖終結歷史，宣布學院派的歷史著作一律都是虛構的。我們應該感激後現代主義

喚醒許多人的迷思，並且能爲種種「小敘述」、「記憶」及「另類的歷史書寫」爭取立足的空間。近幾十年來，由於後現代主義的一臂之力，歷史意識才得以多元化，五種類型免得定於一尊。

不過，我們也得爲歷史意識的現代性辯護。因爲「尊重史實」和「理性思維及批判能力」，都是爲了建立史學知識的基本規範，以便探討眞相。史家在「求眞」和「傳眞」的過程中難免失眞，這是事實，無庸再議，但在同行的規範之下，他們必須戰戰兢兢接受檢驗，絲毫沒有虛構假造的權利。反之，小說等文類的作者可以公然杜撰，自由地揮灑。有些持後現代主義的論述者犯了邏輯上二分法的謬誤，以爲探求眞相是種「零和壹」，即二選一的遊戲。他們以爲，歷史書寫既然不可能完成「壹」，即整體性的眞相，便淪爲「零」，即是全盤性的虛構。其實，眞相應該以「壹百分」計算，有些歷史的認知（求眞）及其傳達的成果（傳眞）可能一派胡言，純屬虛構，得到「零分」。但是，大多數的歷史書寫應該多少擁有部分的眞相，實得分數在「壹分至玖拾玖分」之間。有見於此，英國史家卡耳（E. H. Carr, 1892-1982）在1961年便曾經說過：「歷史是史家和事實之間不斷交互作用的過程，『現在』和『過去』之間永無止境的對話。」其實，除了歷史知識，各種自然科學的性質何嘗不是如此？現代物理學中的「測不準原理」早已說明：所有物理定律都不可能絕對正確或放諸四海而皆準。持現代性的歷史意識者如果虛懷若谷，不給自己打「壹百分」，而盡力追求趨近於「玖拾玖分」的眞相，如此態度有何不可呢？歷史意識的「現代性」，強調「理性的思維」和「批判的能力」何罪之有呢？人們又何必急著全盤否定它們的價值呢？

的確，有些人爲了遵守「理性思維」，結果矯枉過正扼殺了感性；理性對他們來說，不但成爲一道枷鎖，妨礙歷史意識的成

熟，甚至僵化了生命意識。當今大學歷史系的教學，依照近30
年來的觀察，許多學生往往在「理性」、「客觀」的口號下，未
蒙其利先受其害。嚴重者在填鴨、死背及墨守成規的教室裡，變
得木木然而毫無生氣；輕微者可能思想呆滯，少了幾分靈性。歷
史意識的養成，除了理性，感性的流露也是非常的重要。按照人
們認知發展的過程，幼童時期感性原本強於理性，只不過那種感
性與生理感官比較相近，而且感受的面向多半止於窄小的生活圈
子裡。幼童對複雜多變的人生以及遼闊的世界，就如同一面白紙
無法應對。隨著年齡的增長，生活經驗的累積，以及理性的調和，
人們的感性才不致於激化氾濫，甚至於兩者調和，還可以產生相
乘的正面效果。觀念論的學者最熱衷直覺、洞察力(insight)、想
像力、同情心(sympathy)、神入(empathy)、理解(verstehen)等。
他們認為不僅藝術美學和歷史意識在「求眞」認知的時候需要這
種能力，而且在「傳眞」表述的時候也得依賴這種能力。但值得
我們注意的是，他們所說的直覺等等能力，都經過理性和感性的
調和而成，而且也是隨者生活經驗而更加敏銳。以柯靈烏
(1889-1943)爲例，他一再強調「同情心」、「想像力」以及「理
念」(idea)的重要性。但是，他同時也肯定「工作過程中的理念
是清楚的、理性的、具普遍意義的，這就是把歷史想像當做自主
的、自覺的思想型式的理念。」

　　有關理性與感性的調和，觀念論者如柯靈烏等人其實只討論
到某個層次而已；換句話說，他們僅就歷史意識和歷史表述發揮
己見，但是還沒有深入到生命意識的層次。說實在的，理性與感
性並非觀念論者的專利，任何人都應該超越某種認知取向的典
範，不斷提升個人生命意識的境界，使得歷史意識和現實意識也
更加圓融。本文在此再以洪業爲例。自從西元1923年留美歸國

後，他致力於引進歷史意識的「現代性」，除了教學，也竭盡心力研究歷史。任何人閱讀他的學術論文，不難發現篇篇都是擲地有聲、考證嚴謹的佳作。也許因為如此，有些人可能判定他是位「科學派史家」，或者是位一板一眼「理性至上」的學者。其實不然，洪業為人頗富感性。自幼在父親的指引下，他研讀杜甫的詩作，但起初鮮少受到感動。到了31歲回國任教，自認為「世味的鹹酸苦辣嚐得比十四五歲多得多了，對於杜詩的領會也增加了不少。」而後再經歷十多年，不僅已經年過40，而且飽嚐對日抗戰的苦難，個人還一度被捕，淪為囚犯。恢復自由之身後不久，又經歷國共戰爭的的悲劇，於是杜詩中「國破山河在，城春草木深」、「不眠憂戰伐，無力正乾坤」等等，差不多天天都掛在口上。西元1946年，洪業遠赴哈佛大學，應聘講學半年，不料中國政局遽變，共產黨當權，不久又有韓戰爆發，他被迫不得不寄居在波士頓劍橋。我推想，這個時期每當他徘徊在查理斯河畔，眼見水上的飛鳥，而低吟杜詩中的「飄飄何所似，天地一沙鷗」時，應該別有一番滋味，點滴在心頭吧！本來他有意在哈佛大學裡講授《史通》，詮釋劉知幾的「歷史方法」，傾囊相授這種學術信念以及對人生的執著。可是學生們興趣缺缺，沒有人選修，開不成課，所以他改變主意，講授「杜詩與歷史」。這門課的講稿後來編印成書《中國最偉大的詩人杜甫》（1952）。西元1962年，他曾經遠赴新加坡，並且發表演說，演講稿〈我怎樣寫杜甫〉發表在《南洋商報》上。文章中有一段話說：

　　我很佩服40年前梁啟超任公先生的一篇演講：「情聖杜甫」。在我心中這篇啟蒙了一套思想：所謂詩聖應指一個至人有至文以發表其至情。真有至情的才算是至

人。眞能表露至情的才算是至文。可見重心點是在至
情。至情是什麼？一往情深而不愆於義才算是至情。情
意洽合無間就是至情，也是至義。情中的要素是「爲
他」。義中的要素是「克己」。

　　讀者應該可以體會得到，這段話裡反映了東方人的心思和生
命。但是，既然講到至情、至義、至文和至人的最高境界，按理
我們就應該超越一切，不應再談東西文化之分了，因爲「至情至
義」的生命是屬於全人類的。近代西方學術界常喜歡以英文字
"sublime"入題，討論自然界或與人世間的巨大變故及其對人們的
刺激、感受和影響。例如，任何天災、地震、戰爭或革命等等，
只要足夠壯大、壯觀，令人嘆爲觀止，都可以稱做"sublime"。
"sublime"這個字的用法，可以僅止於指個人的或感官的層次，所
以就這個層次來說，"sublime"和「至情至義」完全無關。然而，
"sublime"可能因人而異，因情境而異，而發生轉化。如同洪業所
說的，一個人應該把個人的感性轉化成「爲他」的「至情」，把
理性轉化成爲「克己」的「至義」，同時「至情」「至義」又能
洽合無間的，達到感性與理性的交融。這種從個人、個體提升到
他人、群體的層次，從殊相躍進爲共相的精神，其實就是所謂的
昇華（sublimation）。"sublime"和"sublimation"只有一線之隔，
"sublime"經過心境上的轉化和昇華後，不僅仍然保持量度上原有
的「壯」或「大」，而且在質性上又達到「至高」或「至大」。
洪業所說的至情、至義，不僅是理性與感性交融，而且是已經昇
華到「極致完美」的境界，所以說有了這種境界才有至文，才有
至人。
　　綜合洪業一生治學，下功夫最深的兩位古人，可能非劉知幾

和杜甫莫屬。這兩位唐朝士人所處的時代，一前一後剛好正是唐朝由盛轉衰之際；而洪業一生所處的時代，他的國家正逢衰世。古今以來，有不少人撰寫自己所處的國家和大時代如何由盛轉衰，因而留名於世。例如，修昔提底斯（ca. 471-400BC.）的《伯羅奔尼撒戰爭史》記述雅典民主黃金時期的消失、塔西陀（55-117 AD.）的《編年史》描寫羅馬共和體制爲何蕩然無存，馬基維利（1469-1527）的《佛羅倫斯史》刻畫這城邦的繁華已經一去不復返，而伏爾泰（1694-1778）的《路易十四的時代》說明一個偉大時代的沒落。在他們筆端下，都是攸關國家存亡、令人痛心疾首的歷史大事，所以也都稱得上是"sublime"。然而，他們都能夠昇華自己，超越小我，關懷大眾，處處洋溢著「至情至義」，因而他們的史著能歷久彌新感人肺腑，成爲公認的經典作品。我想，洪業治學應該不只是爲了撰寫幾篇考證的文章，或者朗誦杜詩消愁解悶而已。他和修昔提底斯等人一樣，都昇華了個人的感性和理性，以「至情至義」描寫一個大時代。我們討論歷史意識時，是否也可以不分古今中外，效法洪業他們呢？

結語：歷史意識是種思維的方法

爲了回答：「什麼是歷史意識？」本文在經過了長篇的討論以後，還是化繁爲簡，再回到一開始所下的那個定義：

歷史意識就是人們自我察覺到過去、現在和未來之間總是不斷流動的，而且在這種過程中每件事物都一直在變遷之中。

歷史意識就是變遷的意識。

或者，總結歸納來說，

歷史意識是種自覺，從生命的主體出發，形成一種思維的方

法。

運用歷史意識，最起碼人們能在思考問題時，能以時間的面向加深縱度，從現在到過去，同時也從現在到未來。一個人如何觀看過去，必然會影響他如何看待現在和不久的未來；反過來說，一個人如何觀看現在和未來，也必然會影響他如何觀看過去。所以，歷史意識與現實意義之間一直是辯證互動的。如果人們善用這種思維的方法，緊扣現實意識，應該可以懂得事物都在變動，只不過時而快速，時而緩慢。於是他們也了解處變之道，如何活潑個人的思想和去除僵化的念頭，進而促成真相大白，破解由權威所掌控的「知識」和「真理」。

本文細說五種類型的歷史意識，呼籲公平對待它們的意義和價值，目的是為了提供各種弱勢者都有發聲的機會，即使類似幼童能以一語道破「國王的新衣」也值得。同此道理，一本由民間書寫的「村史」，有時更能實踐章學誠所倡導的「志者，志也」，以及湯姆森所主張的「由下而上研究歷史」。然而，站在學術和教育的立場，本文由衷希望人人的歷史意識、社會意識和生命意識得以不斷地錘鍊和昇揚。一百多年前，教皇頒布「教皇至上論」，他以一己之見當做天主的旨意。艾克頓為了戳破教皇的教條，不惜被開除教籍，以「歷史方法」為利器，並計畫撰寫一部有關人類的《自由史》（*History of Liberty*）。一般人只記得他曾經說過一句名言：

> 權力導致腐敗，絕對權力導致絕對腐敗。

然而，他還有一段更中肯、更懇切的話：
> 歷史不僅是一門特殊的知識，同時也是其它各門知

識的一種特殊模式和方法……它包含其它學問，並且
記載它們的進步以及確定各種真相的試驗。在效用上，
歷史思維（historical thinking）駕於歷史知識（historical
knowledge）之上。

其中最後一句，不外乎強調，歷史思維的層次高過於一大堆
的史實知識，或者說，歷史思維比歷史知識更重要。

周樑楷：現任逢甲大學歷史與文物管理研究所教授兼所長，主要
研究史學思想、西洋史學史，近期擴展到影音史學、大眾史學與
歷史教育，並曾擔任教育部95暫綱高中歷史科召集人。主要著作
包括《近代歐洲史家及史學思想》、《史學思想與現實意識
的辯證：近代英國左派史家的研究》等書。

台灣公共領域的內外觀察

評李丁讚編《公共領域在台灣》

也論市民社會和公共領域：

兼評李丁讚等所著《公共領域在台灣：困境與契機》[1]

郝志東

　　無論在中國研究還是台灣研究中，市民社會和公共領域都是一個比較熱門的話題。這多少是由於人們通常認為，在像大陸、台灣、香港和澳門這樣的華人社會中，政治和社會發展相對滯後於美國或歐洲的一些民主國家，儘管台灣的在這些問題上的總體發展已經超過了其他幾個華人社會。所以，市民社會和公共領域的發展就顯得非常重要，這方面的研究也就變得必不可少。

　　關於中國的市民社會和公共領域的討論，有魏斐德（Frederic Wakeman, Jr.）、羅威廉（William T. Rowe）、蘭欽（Mary Backus Rankin）、趙文詞（Richard Madsen）、Heath B. Chamberlain 與黃宗智（Philip Huang）所撰寫的幾篇文章，收在《現代中國》（1993）特刊中[2]。他們在探討，中國是否有或曾經有過市民社會／公共

1　見李丁讚、陳弱水、錢永祥、顧忠華、吳乃德、夏春祥和吳介民，
　　《公共領域在台灣：困境與契機》（台北縣：桂冠圖書股分有限公
　　司，2004）。

2　其中三篇，即魏斐德，羅威廉，和黃宗智文章的譯文，可見於鄧正
　　來和傑佛瑞・亞歷山大主編的《國家與市民社會：一種社會理論的
　　研究路徑》（增訂版）（北京、上海：世紀集團出版集團，上海人民
　　出版社，2006）。

領域的問題。卜正民在對晚明士紳社會的研究中也指出，晚明的士紳已經在進入一個正在建立的公共領域[3]。到了20世紀初，公共領域在中國再次得到發展。以浙江為例，由政府認可或贊助，但由地方頭面人物建立和控制的專業組織，已經成為當地具有監督和調解作用的利益集團。不過這個公共領域的萌芽，在能夠成長壯大之前，已經在毛澤東時代被基本扼殺（關於晚明中國市民社會的發端，《公共領域在台灣：困境與契機》的幾位作者也有提及）。

在鄧小平時代，尤其是20世紀1990年代，中國的私有經濟得到長足的發展，各種社會組織（反對黨除外），各種媒體，包括報紙、雜誌、電台、電視台，特別是互聯網，包括部落格在內，也已經發展的讓人目不暇接，多少讓新聞檢察官們防不勝防。儘管官方話語仍然占主導地位，但是人們討論的問題，除了法輪功、台獨等有數的幾個特別敏感的話題之外，還是比較廣泛。對共產黨的批評、對社會制度的批評，尤其是在互聯網上，還是可以經常看到的。林奇[4] 在研究了中國後毛時期的媒體和政治之後便發現，中國的直播談話類節目「正在變成空中自由公共領域，市民們在這裏可以激烈地辯論一些敏感的政治和社會問題。這就形成了一種公眾輿論，一種政府官員們在決策時必須考慮的、合法

3　見Timothy Brook（卜正民）, *Praying for Power: Buddhism and the Formation of Gentry Society in Late-Ming China,* Cambridge: Harvard University Press, 1993, p. 26-9.（中譯本見《為權力祈禱：佛教與晚明中國士紳社會的形成》，張華譯，江蘇人民出版社，2005）。

4　見Daniel Lynch, *After the Propaganda State: Media, Politics, and "Thought Work" in Reformed China,*（Stanford CA: Stanford Univ. Press, 1999）, p. 193.

的、重要的反饋。」或者說，中國的市民社會和公共領域也正在
形成之中，儘管其發展與台灣相比，還有一段距離。香港和澳門
發展比大陸稍微快一些，不過也還是差了台灣不少。

　　但是像本書這樣，由在地學者結合本地的實踐、詳細分析市
民社會和公共領域在本地的情況的書還不多見。至少我還沒有看
到由當地學者撰寫的，研究大陸、香港和澳門的市民社會和公共
領域的學術專著。鄧正來的一些文章研究「中國市民社會的研
究」，但還不是中國市民社會的研究[5]。正如吳勵生指出的，鄧
的研究「過於強調從學理出發，多少忽視了本土現實的眞切研
究，……缺乏許多必要而具體的社會調查，以至他在理論研究上
顯得無比正確，而在現實操作層面幾乎寸步難行，或者說邏輯地
看是非常正確的，而歷史地看卻又不太切合本土實際……。」[6]他
認爲鄧的研究在理論與經驗上存在著「某種程度」的脫節。其實
這裏的「某種程度」可以換成「嚴重的」，也即「嚴重的」脫節。
於是這些台灣學者的研究就變得更加難能可貴，更值得我們研究
與借鑒。

　　下面我想就順著本書的脈絡，就以下理論結合實際的幾個問
題做一些評論：第一，市民社會和公共領域的定義問題；第二，
台灣的市民社會和公共領域的情況；第三，阻礙市民社會和公共

5　也見鄧正來《市民社會理論的研究》（北京：中國政法大學出版社，
　　2002）。

6　見吳勵生，〈關於當下三個知識分子文本的綜合批評〉，《中國政
　　法大學人文論壇》第二輯，北京：中國社會科學出版社；《律師文
　　摘》2005年第4期節選轉載。也見 http://www.ccforum.org.cn/
　　【12/25/2005】。

領域成長的因素及二者在台灣發展的前景；第四，台灣的市民社會／公共領域的建立和研究對大陸、香港和澳門的市民社會／公共領域的建立和研究的啓發。

第一，首先談對市民社會和公共領域的定義。先說市民社會，因爲沒有市民社會便沒有公共領域。《公共領域在台灣》的多數作者在這個問題上著墨並不太多。錢永祥在第112頁的注1中指出，英文的civil society譯法隨譯者的問題意識和論述策略的不同而相異。的確，在本書中有「民間社會」、「市民社會」，還有「公民社會」。錢本人傾向於使用「公民社會」。那麼這幾個名詞到底有哪些區別呢？

當然，這幾個名詞都可以用來代表civil society，但是由於civil society可以有多層內涵，於是或許這幾個名詞可以代表civil society的不同層次。不過，我們先來看一下德國思想家齊美爾心目中「社會」的含義。

齊美爾認爲，「社會」是通過互動而被聯繫在一起的一些人。一些最基本的、常見的社會結構，包括國家、家庭、行會、教會、社會階級，以及建立在各種共同利益之上的政治、經濟等組織[7]。在這些結構裏面或之間的人與人的互動，他們的相互影響、相互制約，使得社會成爲可能。不過齊美爾也講，互動的內涵會有不同。人和人之間的相互嫉妒，相互喜歡或不喜歡，他們交換信件，在一起吃飯，或者爲了別人爲自己做的好事而表達感謝之意，或者爲了愉悅對方而打扮自己，如此等等都是社會互動的內涵，都

7　見Georg Simmel, *The Sociology of Georg Simmel*, translated, edited, and with an introduction by Kurt H. wolff(New York: The Free Press, 1950), pp. 9-11, 44.

有自己的規律可循。我們或許可以把在這個層次上互動的社會，
稱做「民間社會」。

但是真正的社會是一個sociable society, 也就是Gesellschaft,
是society 和party的結合。齊美爾把它稱之為sociability。在這個
理想的社會中，一個人的歡樂和其他人的歡樂緊緊地結合在一
起。從原則上講，如果一個人的滿意是建立在其他人的痛苦之上
的話，那麼這個人也就不會有歡樂[8]。這也就是我們理想中的市
民社會或公民社會，因為它涉及到更高層次的互動。

這和李丁讚所描述的黑格爾的市民社會相同，也即「一個相
互依賴的體系，在這個體系中個人的生存，快樂，和權利完全與
他人的生存，快樂和權利相互糾結，也在這種糾結調整的過程
中，個人的『私』成就了集體的『公』。」（頁367）於是我們就
有了「公民社會」。這一點，對社團(市民社會最主要的制度設
計)的互動來講，也同樣適用。因為「透過社團的運作，一種有
意識且具反思性的倫理才真正被建立起來。不同行業之間，也因
為社團的存在而得以互助連結，一種層次更高的普同性才有可能
形成。」（頁367-8）

李丁讚(頁21)也同時認為，市民社會的形成過程，也是伊里
亞斯所講的文明化過程。「在這種形態的社會裏，人際間的交往
由過去的粗暴直接變得禮貌而文雅。」這是由於商業社會的發
展，需要人們學會包容，學會尊重對方(頁22)。人們需要把別人
當做一個個體，尊重個人權利和個人的殊異性，承認別人、凝視

8　見Roslyn Bologh, *Love or Greatness: Max Weber and Masculine
Thinking—A Feminist Inquiry* (London: Unwin Hyman, 1990), pp.
215-6.

別人、傾聽別人（頁54-5, 364）。

這一點，其他學者也表贊同。比如，顧忠華（頁170）便引述泰勒（C. Taylor）的觀點，認為公民社會或公共領域必須有強大的自治社團加以支撐。錢永祥（頁126）也指出，公民身分要求不同的個體之間要有共同目標、共同利益、共同規範。公民之間的衝突，只能循公共理性去解決。吳乃德（頁187）也引述其他論者的話說民主公民需要「容忍異見和異族、樂意和他人合作謀共善、對政府保持高度關心以監督政治人物德行為和施政表現等。」不過在文章的結尾，吳乃德（頁209）將公民的德行（性）「定義為具有充分的政治知識、政治興趣和政治意識……」，從而降低了公民德行的標準。這固然更現實主義一些，但卻失去了公民德行的核心內涵，失去了公民社會的理想。因為如果光有知識、興趣和意識而沒有包容、合作和共善，是不可能達到齊美爾和黑格爾所講的理想的公民社會的境界的。

有了理想的市民社會，有了理想的公民德行，然後才會有理想的公共領域。我在這些名詞前面加了一個限定語，是想凸顯理想和現實的差距。這個問題我在下面還會講到。那麼理想的公共領域是什麼呢？

或許理想的公共領域，應該結合哈伯瑪斯和泰勒所闡明的公共領域的定義[9]，也即它是一個由市民社會的私人或社團所組成的、不受權力干涉的公共論壇。它被用來討論涉及全體公眾的事務，謀求共同的解決方案，並以此來迫使公共權威（也即國家或政府）在這樣的條件下形成的公眾輿論認可的基礎之上運作。請注意，這裏的公共輿論，是指在上述理想的市民社會裡由有公民

9　見李丁讚，頁1-16；夏春祥，頁218-27；吳介民，頁306-7。

德行的公民經過討論之後而產生的。它不同於我們通常所看到的民意調查、公民投票，因為這些調查或投票的結果，通常並非是經過理想的市民社會中有公民德行的公民經過討論之後達到的共識。

這樣一個理想的公共領域，有沒有可能被創造出來呢？它在一個以中國文化為主的社會裡有沒有可能生根、開花、結果？下面我們來看一下台灣的情況。

第二，台灣的市民社會和公共領域的情況。本書的作者，對台灣公共領域的建立傾向於比較悲觀。這也許可以理解，因為他們眼中的市民社會、公共領域都是理想型的。這也就是韋伯的「理想類型」（ideal types）。但是「理想類型」的含義之一就是：它是現實生活中找不到的一個完整、完美的東西，但是我們卻可以看到任何一個理想類型的片斷，以至於我們可以把「理想類型」作為一種衡量事物的尺度，讓我們知道現實和理想的距離有多遠。隨著這個距離的縮短，人們離像市民社會、公共領域這樣的理想類型便越來越近，於是人們也就在創造著這樣的一個市民社會和公共領域。

那麼台灣市民社會和公共領域的具體情況如何呢？台灣有沒有市民社會？如果有，是什麼時候才有了實質性的成長？顧忠華（頁154）認為，中國人傳統上的所謂「行會、同鄉會、文人雅集、同好性社團、乃至地下幫派」都不能算是公共領域所要求的、為了公共參與或為了影響公共政策而成立的民間組織。那麼橫跨1950年代的《自由中國》半月刊算不算市民社會／公共領域的一部分呢？如果說威權體制控制下的「各種學校體系、各種民間機

構，以及各類新聞媒體」都是國家機器的一部分[10]，那麼早在
1930-31年間便有過生動的討論，後來1965年由被葉石濤重新提
起，並在1970年代進行得如火如荼的鄉土文學大論戰呢[11]？在這
場論戰中，像葉石濤、王拓、陳映真這樣的知識分子，已經在辯
論台灣社會的性質及其未來，也即國家認同問題。他們也已經在
和官方論述進行著對話。從1970年代初期的《大學雜誌》，到1980
年代中期的五十多家黨外雜誌以及大學生的各種社會運動，如上
山下鄉，收集資料，服務社會等，也可以說是這些社會、政治討
論的組成部分。還有1980年代初、中期頗有影響力的民營報紙，
如《中國時報》、《聯合報》、《自立晚報》等[12]。

　　但是如果說市民社會／公共領域通過上面這些發展而正在
逐漸形成，並且有了實質性的成長，那麼，李丁讚則認為，在上
個世紀1980年代末成長起來的台灣民族主義和1990年代初復甦
的中國民族主義的對決，撕裂了台灣社會，導致剛剛誕生的市民
社會急急告退。再加上市民社會的另外一些本來有些自主性的民
間社團，如環保運動團體，也被另外一種政治性、另外一種意識
型態捆綁，而變成與對手誓不兩立的利益團體（頁43, 50）。於是
由於統獨和藍綠等意識形態的影響，當今台灣的公共領域仍然是
欠缺的、不足的，所以「台灣並沒有真正屬於公共的輿論」（頁
1）。夏春祥在研究了以二二八事件為例的新聞論述之後，也得出
了類似的結論。

　　他說二二八事件從1991年從歷史禁忌變為公共議題之後，逐

10　見夏春祥，頁255-6。
11　見吳介民，頁317-37。
12　見李丁讚，頁32-43；錢永祥，頁113-4；夏春祥，頁246，262。

漸演變爲像2004年那樣總統選舉時「愛台」還是「賣台」的重要
符號，台灣新聞媒介也被分爲「統派媒體」和「獨派媒體」，而
不是一個公共領域所要求的、在國家權威和市民社會之間的一個
有效的仲介機制（頁271-8）。錢永祥（頁135-9）也認爲投票式的民
主制度，並沒有爲公共領域設置出一個可以讓它扮演的積極角
色，使得這種制度缺少了它應該有的公平性和公共性。 於是，
就像夏春祥（頁227）說的，公共輿論被一些人的主觀願望所操
控，從而也決定了社會的發展方向。他說這種公眾輿論所呈現的
是一種「僞公共性」。這些就是台灣公共領域的不足與缺陷。

　　不過，這些作者們在批評台灣公共領域的欠缺的同時，也指
出公共領域在某些方面的成功。除了我們剛才提到的從1950年代
到1980年代公共領域的發展之外，還有李丁讚（頁383-7）提到的
一個1990年代地方公共領域的成功案例。桃園縣大溪鎮公所基於
「文化展寶」理念，在充分尊重和平老街居民意願的前提下，和
他們協商如何保護他們的歷史建築。結果雙方達成協定，使原來
有牴觸情緒的居民一方面看到文物保護的好處，自願參加這項活
動，另一方面又有幾年之後可以退出來的選擇。公所和居民都進
退有據，皆大歡喜。一個市民社會得以形成，公共領域起到了自
己應該起到的作用。

　　上面這些例子或許說明，我們不應該問一個地方有沒有市民
社會或公共領域，而應該問這個地方在多大程度上有這些理想型
的制度。換句話說，我們應該把市民社會和公共領域看成一個連
續體（continuum）。在極權體制之下，市民社會和公共領域是最
少的，但不是沒有：在毛時代也有「右派」向共產黨提意見，而
且向來中國就不缺異見分子，所以不能說國家和社會在那些時候
就沒有互動。在威權體制下的市民社會和公共領域也是時隱時

現，但較極權時期為多。在民主體制下，市民社會或許可以在這個連續體的中間地段徘徊，但卻很難有任何一個民主社會能夠有理想的市民社會和公共領域。比如在美國，如果有理想的市民社會和公共領域，就不會有2003年的伊拉克戰爭。不過如果沒有相當的市民社會和公共領域，美國紐約大都會運輸局工人的工會，就不可能和政府當局在2005年耶誕節前達成結束罷工的協定。所以說，市民社會和公共領域不是有或沒有的問題，而是多還是少的問題。這個多或少的問題是隨著時間、地點、當事人的情形，以及所涉及到的事情來變化的。

這樣一個對市民社會和公共領域的認識，迫使我們去考慮怎樣才可以增加市民社會和公共領域的成分，以促成一個更加理想的社會的產生。這就需要我們先來看一下，到底有哪些因素在妨礙市民社會和公共領域的成長，以便我們瞭解其將來的發展方向。

第三，阻礙市民社會和公共領域成長的因素，以及二者在台灣發展的前景。陳弱水和吳乃德在他們的文章中，都提到了在中國社會中社會信任感的缺乏問題。饒有意味的是，在2005年公布的一分澳門居民生活素質調查中期報告，也指出澳門居民最不滿意的事情也是社會互信的缺乏[13]。在這個問題上，香港居民好一點，但好得並不太多。大陸中國人與人之間的互信問題，就更加嚴重一些。

正如我們在前面指出的，在一個理想的市民社會裏，人們需要互相包容，尊重他人，需要學會傾聽別人的聲音，理解別人的不同，這樣人們才可以相互依賴。唯有如此，才會有社會互信，

13　見《澳門日報》，〈受訪者最不滿社會信任〉【12/15/2005】，B12。

才會有市民社會和公共領域。但是在現實的社會裏面，這些事情是很難做到的。陳弱水（頁105）在他文章裏描述了中國童蒙書、家訓、善書所表達的近世中國主流的社會感：「大社會就像尚未開墾的山林原野，充滿不可知的危險與虎視眈眈的貪婪生靈。」傳統中國文化中雖然也講慈善、公益，但這些遠不如上述「疏離社會觀」來的普遍、強烈。所以人們不敢相信別人。他們關注的是自己如何在這個叢林中生存下去，於是社會互信度就顯得非常薄弱。這就爲公共領域的成長帶來了很多困難。

在文化因素之外，吳乃德（頁192）指出在現代社會中社團的性質，也會爲公共領域的建立帶來困難。他引用歐菲（Claus Offe）的話說：「社團組織所開發的經常不是公民德性，而是集體的自私、特殊利益、或『不計道德的家族主義』。它們妨礙適當的民主過程：它們是剝削聯盟，有時也容易導致排他、仇外、及政治權利的威權使用。」如果說社團是剝削聯盟，可能不總是確切，但是其他的可能卻是通常存在的。這樣的社團組織，顯然不具備我們前面所講的理解、包容、共善等公民德行。如果「政治活動帶來的不一定是公共人格的成長，更多時候反而是人性陰暗面的發揮；而許多直接政治行動的目標也不在追求社會公益，而是私人利益」（頁201-2），那麼它們怎麼可能創建一個市民社會、公共領域呢？李丁讚（頁11）也指出各種利益集團透過對公共關係的操弄，來攫取更多的私人利益。「公共論述被權力或金錢主宰，而失掉原來的論壇屬性」，產生了哈伯瑪斯所說的「公共領域的再封建化」。這個社會於是離理想的市民社會和公共領域越來越遠。

以上三位教授爲我們描述了一幅現實主義的圖畫，讓我們看到建立市民社會和公共領域的艱難。但是艱難歸艱難，正如我們

在上面對台灣社會的探討中所看到的，在某種程度上，像桃園縣大溪鎮那樣的市民社會與公共領域的建立，也並非不可能。所以，在現實社會中也有理想主義的成分。這一點我們也應該看到。那麼，從理想主義的角度看，有哪些事情是可以做到的，而且是有助於市民社會和公共領域的建立的呢？

就目前的台灣社會來講，如果國家認同是一個影響台灣社會發展的重要問題，那麼應該有可能在某些程度上克服傳統文化中的一些障礙以及社團慣有的私性。當然我們並不是說它們不應該有私性。正好相反，它們必須有私性，但是它們也要懂得別人也有私性，需要照顧，所以要像紐約大都會運輸局的工會那樣，該妥協時就妥協。只有在最大程度上克服文化障礙、妥善處理社團自己的私性，才可能加強或建立理解、包容、共善等公民德行，從而達成一個多數人可以大致上贊成的國家認同，但同時也能夠尊重其他人的選擇。

1995年12月，民進黨和新黨曾經試圖「大和解」[14]。儘管功虧一簣，但理念尚存。台灣社會需要的正是這樣一種「大和解」精神。李丁讚（頁55-9）在第一章裏引用了陳光興、蕭阿勤以及張茂桂和吳忻怡對族群認同的分析，指出本省人和外省人需要認真地瞭解對方的悲情歷史，瞭解對方的情緒，承認和尊重對方的想法，通過各種方法，建立族群間的親密關係[15]。唯有如此，才能創造與發展公民德行，才會有真正的市民社會、公共領域，來協調社會上各種不同的聲音，對台灣面臨的各種政治、經濟、社會

14　見李丁讚，頁45。
15　也見該書第八章，頁392-3。

等問題，才會有眞正的理性討論與理性的解決辦法[16]。從一個更大的視野來看，台灣人和大陸中國人也需要相互理解對方的民族主義情緒，並在理解的基礎上建立共識，相互妥協，找到一個多數人可以接受，少數人的要求也相對得到滿足的整合方式。

　　但是，誰來擔當發展公民德行、創造公共領域這樣的重任呢？幾位作者都提到了知識分子。李丁讚（頁47-8）說公共論述沒有人來帶動或呼應，原因之一是台灣的公共型知識分子少之又少。陳弱水（頁108-9）說傳統的士大夫以天下爲己任的清議理想，或許可以成爲台灣發展公共領域的文化資源。夏春祥（頁277）則認爲台灣需要發展獨立的媒體與資深記者，嚴謹、負責的學術機構，以及「能深入淺出、引領民眾參與討論且視野遼闊深邃的知識分子。」

　　我本人在2005年發表過一篇文章，討論台灣的知識分子與民族運動，談到了三種理想型知識分子：有機知識分子服務於台灣的民族主義運動，是有黨派觀念的；專業知識分子則力求中立，致力於比較客觀的研究；批判型知識分子注重並呼籲平等、公正和人權[17]。夏春祥提到的知識分子，正與我概念中的專業知識分

16　也見夏春祥在二二八問題上的類似看法，頁267。

17　見郝志東，"Between War and Peace: Ethical Dilemmas of Intellectuals and Nationalist Movements in Taiwan," *Pacific Affairs* 78（2），（2005）：237-56.（譯文〈在戰爭與和平之間：論台灣民族主義運動中知識分子的角色及其道德困境〉，見魯曙明、田憲生編，《旅美學者看台灣：二十一世紀台灣社會考察與分析》。台北：秀威資訊科技股分有限公司，2004）；關於中國知識分子的更全面、深入的討論，也見郝志東，*Intellectuals at a Crossroads: The Changing Politics of China's Knowledge Workers,*（Albany, New York: State University of New York Press, 2003）.

子類似，而李丁讚和陳弱水提到的知識分子，則與批判型知識分子類似。的確，在民族主義、市民社會這樣的問題上，這兩類知識分子數量很小，但是發展市民社會和公共領域，沒有這兩類知識分子卻是不可能的。不過，認識到問題的所在，是解決問題的第一步。如果更多的知識分子能夠認識到這個問題，公共領域便比較容易建立、健全起來。

第四，台灣的市民社會／公共領域的健全和研究對大陸、香港和澳門市民社會／公共領域的建立、健全和研究的啓發。大陸、香港和澳門同台灣一樣，均屬中華文化的範疇，在發展市民社會和公共領域方面，也面臨與台灣相同的問題。首先，這些地區的市民社會和公共領域並不是沒有，但是由於受到政治制度的制約，其發展還遠不如台灣，儘管香港比澳門發展快一些，而澳門又比大陸發展的好一些。其次，除了政治因素之外，這些地區市民社會和公共領域的發展，也受到同一個中國傳統文化因素的制約。於是克服文化上的障礙與政治上的制約就變得同樣重要。再次，這些地區的知識分子也需要自覺地認識到自己在市民社會和公共領域的建設上所扮演的角色，並有意識地去扮演積極的角色。

最後，人們也應該考慮發展兩岸四地共同的大市民社會與大公共領域的問題。比如，兩岸四地的學者、學術交流也進行了不少，但正如同台灣的情況一樣，不同思想的真正交鋒還比較少見，一個大的市民社會和公共領域還非常欠缺。而這樣一個市民社會和公共領域，又是維繫兩岸和平與發展的關鍵性因素。在2005年12月台灣的一次兩岸關係研討會上，不少學者提到了兩岸

如何協商、尋找共同利益、共同價值、整合共識的問題[18]。這就
涉及到建立一個大範圍的市民社會和公共領域的問題，是更多的
學者和政治家應該考慮的問題。

總之，李丁讚等人所著的《公共領域在台灣：困境與契機》
一書，為市民社會與公共領域的研究和建立提供了非常有價值的
思考。這不僅對台灣是如此，對大陸、香港和澳門也是一樣。

如果說本書還有些不足的話，第一，是對台灣的市民社會和
公共領域估計不足，有些悲觀。其實，拿我們經常批評的媒體來
說，記者們的專業水準儘管還需要大幅度的提升，但他們現在也
不是無所作為。大陸的媒體情況也類似，儘管它們的禁忌比台灣
媒體的禁忌多了許多。第二，市民社會和公共領域的定義討論得
比較詳細，但是國家或公共權威的定義卻幾乎沒有。這一點和上
面一點是有聯繫的。如果我們能夠認識到國家，包括行政、立法
和司法機構，也是協調各種集團利益的場所，國家和市民社會／
公共領域是沒有辦法截然分開的，那麼我們對後者的信心就會多
一些。這一點，我認為無論在極權、威權還是民主體制的國家都
是相同的。第三，本書提出了一些問題，但如何解決，誰來解決，
則討論較少。知識分子問題還有待學者們進一步的探討。尤其是
知識分子扮演的不同角色，專業性和批判性角色的弱化，是需要
深刻檢討的。第四，第一章第一部分的（五）和（六）調換了
位置：根據作者在第3頁給出的順序，「公共權威」應該是
（五），而「合法性」應該是（六）。而且「公共權威」還漏
掉了標號。

---

18 見江慧真、曾薏蘋，〈正視共同價值，兩岸和平協商〉，《中國時
報》【12/19/2005】。

不過，這些問題並沒有掩蓋本書在市民社會和公共領域這個重要問題上的貢獻。我們期待著兩岸四地，在這些方面進行更多理論上的研究和實踐上的發展。我們期待不光是台灣和歐美的市民社會／公共領域的對比分析，還有兩岸四地的對比分析。

郝志東：澳門大學社會學副教授。專著有 *Intellectuals at a Crossroads: The Changing Politics of China's Knowledge Workers* （Albany: State University of New York Press, 2003）；與沈益洪合譯林語堂《中國人》（浙江人民出版社，1988；上海學林出版社，2002）。另外還有關於知識分子在大陸與台灣的民族主義中的作用，與兩岸問題、澳門社會問題、社會運動，以及社會科學的責任等文章，見於中英文期刊學誌。

期待內在批判的璀璨未來：

評《公共領域在台灣：困境與契機》

湯志傑

一、探討公共領域的里程碑

自公共領域的概念引進台灣以來，十幾年過去了，才有《公共領域在台灣：困境與契機》（以下簡稱《公共領域》）[1]這樣一本專論此一議題的精彩合輯面世，一方面雖不免讓人有幾許憾慨，但另方面更讓人燃起希望，期盼能在此基礎上深化相關的討論，落實並發揮公共領域促進社會民主的正面作用。

儘管《公共領域》一書不像是出自縝密的規劃，即所有作者先共同討論出一個大家都可接受的架構後，再據此分工，使得各篇既從不同的角度來剖析，皆能自成獨立的篇章，另方面其論旨又能環環相扣，彼此互補和對話，構成一個統一而連貫的整體。此稍嫌美中不足。但這群涵蓋不同學科背景的作者，皆係學有專精的一時之選。在這群傑出學者的合作下，無疑已為引介及討論源起於西方的理論和重要概念，立下一個值得追隨的典範。

1　李丁讚主編，《公共領域在台灣》（台北：桂冠出版公司，2004）。這本書係由殷海光基金會資助的一個工作坊逐漸演變而成。

　　首先，全書探討了許多跟公共領域概念有關的重要面向，涵蓋的廣度是一般單一作者較難企及的。這種合眾人之力，相互拮長補短的做法，十分值得稱許、鼓勵。其次，該書不只有廣度、更有深度，並非流於一般性的理論引介，而是在掌握西方理論與概念的基礎上，展開具有理論深度的實際經驗研究，不但有對西方理論的深入討論，更有根據在地經驗而來的反省，乃至進一步與既有理論對話的企圖。這種努力結合西方理論探討、本土傳統的歷史研究、以及當代在地經驗研究於一爐的做法，相較於台灣以往對西方理論的引介和討論來說，仍屬迄今少見的認真嘗試，特別值得肯定。

　　最後，全書並未糾纏於台灣有沒有、何時開始有（市民社會及）公共領域這個一直難有定論的爭辯。每位作者直接從自己關心的面向切入，探討實質的議題，以具體、翔實且深入的研究做出實際的貢獻，跳脫了爭論不休，但在理論上以及經驗上都無法進一步釐清的泥沼。從某個角度來看這雖然是繞遠路，卻是有意義且值得的迂迴戰術，也是極為務實的做法，令我們對「公共領域在台灣」的了解推進了一步，委實功不可沒。

　　在簡短地表彰此書的成就，並嘗試對它做個定位後，不需我在此片面而失真地轉述該書諸位作者的精闢之見，或費辭堆砌他們應得的讚美之辭。有興趣的讀者當可直接閱讀《公共領域》一書，獲得完整的洞見和有益的啟發。以下，本文將秉持公共領域批判論理的精神，對該書中的一些觀點詰難、論辯，希望促進對話與思考。相信這也較為符合《思想》邀稿，從不同角度針對《公共領域》一書展開討論的原意。換句話說，本文的目的不在詳盡地評論，而主要是藉題發揮，貢獻自己對於公共領域問題的一些思索。相應於此，我將不逐篇評論，而只選擇自己較關心或有不

同看法的一些議題來討論。

在下面的問學論難中[2]，我主要將先循著跟該書多數作者依據的理論典範相近的理路，進行批判性的意見交換。在此，我挑選了規範性的進路、族群政治、具體脈絡、制度設計、歷史重構等議題，希望藉由呈現哈伯瑪斯的意見轉變，加上自己的一些評論和看法，以資豐富既有的討論。同時，從這種比較是「內部」的觀點出發，我想比較有可能促成有意義、並且是有效的討論和對話。接著，我才根據個人認為是貼近哈伯瑪斯「內在批判」[3]的精神，但對《公共領域》一書來說毋寧是有所不同的外部觀點，提出個人目前的一些研究所得。尤其，我嘗試鼓吹開展我們自己的「內在批判」傳統，認為從長遠的觀點來看，這是更值得努力與嘗試的康莊大道。在有限的篇幅裡[4]，我試圖彰顯這個不同的問題意識可能帶來的洞見，呈現出它與《公共領域》書中的看法不見得矛盾，反而有互補的作用與對話的空間，以說明個人的期

2　後述的立論多係根據個人先前研究的結果，唯限於篇幅及避免重複，無法在此詳細推論，並一一對概念做釐清，較完整的討論請參見湯志傑，〈藉公共領域建立自主性(上)、(下)〉，《政治與社會哲學評論》第10、11期。

3　「內在批判」指的是，哈伯瑪斯並未企圖全盤推翻現行體制，而是回到傳統中找尋批判的資源，以曾存在且起作用的理想，回過頭來批判現況，活化這些理想的解放潛能。換句話說，哈氏並未「發明」假定已失落了的公共領域的理想，而是試圖顯示，布爾喬亞社會的確一直為一組理想所結構化，只是這些理想同時會受到布爾喬亞社會自己的組織所抵制，並且必須跟它自己的意識型態取得妥協。參見 Michael Warner, *Publics and Counterpublics* (New York: Zone Books, 2002), p. 46.

4　較詳盡的討論，但同樣仍屬初步的想法，請參見湯志傑，〈藉公共領域建立自主性(上)、(下)〉。

許並非空洞而不切實際的妄想。

二、從內部觀點出發的問學論難

1、規範性進路的優點與代價

在《公共領域》一書中，不論是公共領域，還是所謂的市民、公民或民間社會，多數作者相當程度上都是直接援引西方的概念與定義。在根據西方的「理想」標準來衡量的情況下，該書雖然迴避了「台灣有沒有、以及何時有西方（尤其是哈伯瑪斯）意義下的公共領域」的泥沼戰，但基本上還是隱涵著這樣的問題意識與立場，而且還各自表述。多數作者或是在公共領域不曾存在，或是雖存在但有缺陷，並且其開展極為困難的觀點下來論述的，彼此之間未必有一致的看法。如前面所提到的，在一開始對此未能有共識的情況下，先擱置這個棘手的問題，毋寧是明智的做法。但作為一本合輯，最後端出來的成果仍蘊涵著這樣相互矛盾的說法，就不能不令人感到有些遺憾。如果能在內部辯論出一個共識，讓各篇有一致且相呼應的立場，相信全書會更具有說服力[5]。尤其，清楚交待據以做此論斷的理由，既有理論的意義，也有現實的意義，更可以為接下來的研究或討論立下一個出發點或論辯對話的對象。當然，共識的達成並不容易，但如果這在這群人數尚算少的學者之間都做不到，一些作者卻還繼續鼓吹、執著於「共

---

5 除該書中明示或隱含的不同說法外，還可比較同為該書作者的吳介民，於一場關於公民投票的座談會上（〈公民投票座談會〉，《政治與社會哲學評論》第7期，頁205以下），對於1980年代以來台灣「公民社會」四個階段發展的說法。

識取向」的公共領域概念[6]，毋寧會造成自我矛盾，讓本具洞見的論證平白折損不少可信度。

之所以如此，一個重要原因在於，在哈伯瑪斯的手中，本就是秉持「內在批判」的傳統，既把公共領域當做分析與經驗描述的概念，更把它當做規範與批判的概念來用。相應地，本地學者在援引哈氏公共領域的概念時，便常也把它當做一個據以進行批判的理想，以致提問的方向多半是「有沒有公共領域」、「現實上的問題癥結何在，以致沒有公共領域或導致其困境」這種「什麼」的問題，而較少問「是怎樣的公共領域」、「它如何起作用」、「起了什麼作用」這種「如何」的問題。

這種把公共領域當規範性的概念來使用的做法，雖然有它的優點，但往往也必須付出一定的代價。由於列為優先或在意的是對現實的批判，有可能導致理論或概念先行的情況，而不是先實是求是地探求我們自己的現實究竟是怎麼一回事，以致妨礙了對現實的確切掌握。結果，對現實的批判雖然聽起來頭頭是道，卻可能並未切中實際運作上的關鍵所在，從而也無法對症下藥，以致再多的批判還是不能夠帶來什麼「社會學啓蒙」的效果[7]。尤其，如果運用上不夠小心的話，很容易落入橫向移植或自我矇蔽的陷阱。

6　其中，吳介民探討鄉土文學論戰，肯定論述衝突也可以是有意義的，且體現某種公共性的溝通，是明顯的例外。

7　何明修也指出，由於該書大部分作者接受哈伯瑪斯早期的觀點，並據此標準衡量台灣的現狀，反而陷入「公共領域不但不能解決現有的爭議，反而是受制既有的社會對立、政治分歧，而無法形塑出更具有普遍性的公共輿論」這樣的思考困境。見何明修，〈公共領域的理想與現實：評李丁讚等，《公共領域在台灣：困境與契機》〉，《臺灣社會學刊》，第34期（台北，2005），頁252。

　　像該書一些作者在進行理論討論的部分時，雖然表現出對理論和概念的深入掌握，但在把這些理論和概念運用在實際研究和對經驗的掌握、描述和詮釋上時，卻不免顯得有過於僵化的套用的問題。例如李丁讚似未考慮到脈絡及情境的不同，執著地相信咖啡廳（而不是：例如茶藝館或庄頭廟的祭祀組織與活動）在台灣同樣是考察公共領域發展的焦點，乃至以台北的情形推論全台灣，認爲1970年代末社會已風行喝咖啡的習慣（頁34-35）。另外，李丁讚（頁36）和吳介民（頁316）某個程度上顯露出歷史線性發展的態度，認爲唯有當文學公共領域有所發展後，政治公共領域才發展得起來，有落入比附西方歷史的陷阱之嫌。最後，全書皆未把日據時代的發展納入考慮，而且連不予納入的說明都沒有，不免令人感到遺憾與不解。這顯示作者群們對「公共領域」有特定的想像。但是若按相同的標準，戰後多數的發展恐怕同樣沒有被討論的資格。前述這些缺憾，固然跟既有的相關經驗研究不夠豐厚有關，不過該書作者在轉化應用時，對在地的情形與脈絡，多少也有欠考慮。

2、引進多元差異突破政治、族群一元思考

　　這些作者之所以會顯露出這樣的缺陷，或許跟他們並未顧及，在哈伯瑪斯之外及之後，跟公共領域有關的討論的發展[8]，

8　何明修（前揭文，頁255）同樣指出了這一點，但何氏亦未注意到哈伯瑪斯在隔了30年，受新一波討論刺激後，重返公共領域議題的著作（*Faktizität und Geltung: Beiträge zur Diskurstheorie des Rechts und demokratischen Rechtsstaats.* Frankfurt: Suhrkamp, 1992. 中譯本見《在事實與規範之間》，童世駿譯，北京：三聯書店，2003），以及其他學者針對此書的意見交換，Michel Rosenfeld & Andrew Arato

尤其是常忽略歷史討論的部分有關[9]。例如，哈伯瑪斯《公共領域的結構變遷》英譯本[10]面世後，美國學者卡爾宏（Craig Calhoun）曾集各方學者召開一場檢討、反省哈氏主張的研討會，進而編輯出版為文集[11]。在這本文集中，許多學者便明白指出西方的實際歷史進程，並不如哈氏所說的那般理想化，不但在每個歷史階段都有其它相互競爭的公共領域存在著，而且總是由衝突構成的，以及過度的「共識取向」可能造成誤導。此外也有人指出，民族主義或其它類型的認同政治，不必然妨礙或削弱公共領域的發展，而光是自願結社，也不足以促成公共領域：社團的真實作用，必須擺回歷史脈絡來了解。對照這樣的史實與反省，我們對《公共領域》一書不少作者深深引以為憂的族群問題，或可有比較樂觀的不同看法。

這並不是要反駁「民族主義的出現，是一種市民社會的撤退」

（續）

(eds.), *Habermas on Law and Democracy: Critical Exchanges* (Berkeley: University of California Press, 1998).《公共領域》一書的作者中，只有夏春祥提及哈氏此書，但只著重在權力循環的說法，並未深入討論全書的論旨。對此，顏厥安〈溝通、制度與民主文化：由哈伯瑪斯的法理論初探社會立憲主義〉一文（收入瞿海源等編，《法治、人權與公民社會》，台北：桂冠出版公司，2002）是很好的補充。該文收錄於同為殷海光基金會推動的叢書中，《公共領域》一書未能邀得同一作者就此再做發揮，未免是遺珠之憾。

9　事實上，《公共領域》一書的作者們並非不熟悉這些文獻，可惜在探討當前台灣的現象時，除了吳介民以外，其他作者似未給予足夠的重視。

10　*The Structural Transformation of the Public Sphere: An Inquiry into a Category of Bourgeois Society*, (Cambridge, Mass: MIT Press, 1989. 中譯本見《公共領域的結構轉型》，曹衛東等譯，台北：聯京出版公司，2002)。

11　*Habermas and the Public Sphere*, (Cambridge: The MIT Press, 1992).

（頁43）這樣的說法，或是認為台灣的「族群」對立現象並不嚴重，不會對公共領域的發展造成什麼負面影響。而只是要指出，根據西方的歷史來看，這兩者之間沒有必然的因果關連。更重要的是，考慮到這樣的經驗差異，將促使我們據此進一步提問與反省，那麼問題究竟是出在哪裡，才造成了這樣的差異？我以為，唯有掌握到雙方脈絡的差異，我們才能解釋台灣現象的特殊性何在，從而才有可能找到問題癥結所在，真正解決自己的問題。而這要求對西方以及自己社會的整體社會結構、歷史發展脈絡以及文化慣習等的深入了解。

畢竟，公共領域的概念之所以吸引人，正在於它同時意涵著統一與多元，一種透過論辯推動的一與多的辯證，容許本是邊緣的、弱勢的，有機會成為占有優勢的主流，而非本質性地規定統一、中心為何。以哈氏《公共領域的結構變遷》一書最初探討的，被奉為圭臬的資產階級公共領域來說，處於上升階段的資產階級，正是藉著創造出「有產者」與「人」偶連的（contingent）統一，讓本是諸多階級之一的資產階級，在特定的時空條件下得以自居為「人民」，宣稱代表普遍的「公意」，才成功搶得所謂的文化領導權或霸權的。在這個與西方現代（民族）國家形成多有重疊的過程中，自然也充斥著排除與壓迫。但與民族、市民社會、社群等蘊涵著更多同質性與內聚性要求的概念或社群想像來比較，以溝通與論辯為不二內容的公共領域，毋寧是相對壓迫性較低的創造統一的方式[12]。如果我們同意哈伯瑪斯說的，在世俗

---

12 以今天的情況來說，就是在被認為共享相同文化的同一民族國家內，在對像墮胎這樣的公共議題上的敵對與分裂，未必便較族群或文化的分歧來得小。見 Luigi Pellizzoni, "The Myth of the Best Argument: Power, Deliberation and Reason," *British Journal of*

化了的現代社會中，以溝通的方式克服衝突，是在陌生人間建立
起團結的唯一來源[13]，那麼公共領域將是生產稀少的團結資源最
重要的場域，是推動正式權力循環的活水源頭，不容我們輕言放
棄。

　　至於要讓公共領域發揮促進民主政治良性發展的正面功
能，而非重複既有的藍綠政治對立和族群分歧，在我看來，關鍵
之一在於提升及活化功能性社團的論述作用，藉此引進多元的差
異，以突破政治壓倒一切的一元模式，鬆動族群想像在不同社會
面向間的對應連結。從社會建構論的角度來說，民族或族群不但
是言說行動（speech act）建構的結果，更是一種企圖對整個人進
行全面涵括，認為不同社會面向間有本質上的對應的社群想像。
因此，公共領域中如何詮釋政治現實，如何討論族群現象，本身
將是一件很重要的、有其自身建構效果的事。而要對抗因族群的
過度涵括要求及同質想像所造成的問題，解決之道恐怕不在於訴
諸道德，而毋寧在於重新引進差異、引進其它不同的功能觀點，
視當下討論的問題之性質，適時調整、改變價值取向和階序，扭
轉政治中心的單一觀點，鬆脫不同面向間本就不必然的對應想
像，減低本質論的族群思維的作用。如果暫時或終究不可能找到
更高層次的、能令雙方和解的統一的話，那麼引進更多不同面向
的區分與差異，讓原有的對立開展和複雜化，拉出不同的合作／
對立（或是敵我）關係軸線，創造出價值階序顛倒的可能性，恐
怕才是舒緩對立的良方。

　　以最近的縣市長選舉為例，在激烈的選舉競爭下，某位具醫

（續）───────────────

　　　Sociology 52:1（2001）, pp. 78ff.

　13 *Faktizität und Geltung*, p. 374.

師身分的民進黨立委竟然採取公布對方候選人病歷的方式攻擊，而且還獲得其他多位醫師的陪同背書。幸而這種只問輸贏的政治思維，終不敵社會對於醫療專業倫理的要求，很快便遭到抵制與懲罰。這個例子不但反映出我們的社會還是有一定的成熟度，毋須過於悲觀，同時也明白地呈現出，健全並強化專業功能團體，一定程度有助於發展公共領域以及化解政治和族群爭議。這麼說，並不是天眞地認爲，政治立場的歧異與族群身分的差異可以或應該消除，而是認爲在實踐上，不妨優先促進一定程度上能擺脫既有政治分歧的專業自主力量的成長與發聲，多促成先論事實與專業、再來論價值與立場的場合與機會，開拓可以論理的空間；相對應地，那種總是先問立場與所屬陣營，然後才輪得到專業與事實爲何，以政治爲尊，其它的觀點和價值皆須屈從於它的情況，也可望逐漸減少[14]。

　　這同時暗示了，在今天的情況下，不可能靠一次性的改革，一舉便解決諸多盤根錯節的問題。唯有透過在實際的運作中逐步累積社會的自主性與實踐能量，多多開展差異的軸線，才有可能逐步鬆解族群全面涵括的模式，和以政治爲尊的價值階序。當我們抱怨現況過於政治中心，毋寧更要將自己的心力轉移及投注到政治之外的其它社會領域上，從建全根本做起。如果我們自己在理論上都先放棄，認爲公共領域必定屈從於現有社會分歧和政治對立，又如何說服別人採取具體行動，花力氣參與公共事務、經

14　由於在族群和多數政治爭議中，事實和價值其實是無法截然區分的，是Pellizzoni（前揭文，頁69以後）所謂無法單純藉由訴諸「事實」來解決的「難解的爭議」，也不是那麼容易從實用層次的妥協，轉換到在較高的倫理或道德的層次上取得共識或至少相互諒解，因此自不宜天眞地認爲這是能一舉解決問題的良方。

營社團？其結果只會是自我實現的預言，更難期待改變的可能。

3、從超越的普遍意象到具體身分差異的脈絡思考

前面的討論多少也指出了，要避免公共領域變成一個雖有批判力，卻易流於空洞，永遠無法確認其實現的概念，我們多少得修正共識取向的看法。事實上，就是哈伯瑪斯自己，後來關於公共領域論證的重點，也已從達成共識，轉移到推動正向權力循環[15]，健全民主政治發展，連結私人自主性與公共自主性的作用上。繼公共領域以私密領域為基礎的想法，哈伯瑪斯進一步看到公共自主性與私人自主性的關連，並強調同步實現兩者的必要性，主張民主程序「必須同時確保法律主體的私人自主性和公共自主性。因為，如果那些涉及到的人不先投入公共討論之中，在把典型的案例當做是相同的還是不同的來處理時，先釐清哪些特徵是相關的，並接著動員溝通的權力來考慮他們那些剛才才重新詮釋過了的需求的話，個體的私人權利甚至是無法獲得適當表述的，遑論透過政治手段獲得完成。」[16]

同時，在來自女性主義的批評的啟發下，哈伯瑪斯相當程度上也揚棄了舊有的意見，不再堅持公共領域參與者必須暫時將各種社會差異放入括弧中，採取「超然中立的」立場與「普遍的」

---

15 哈伯瑪斯，《公共領域的結構轉型》，第七、八章。而且，在我看來，哈伯瑪斯表面上是採取Bernard Peters的「核心／邊陲(制度)」的說法，實際上卻是近乎全面接受他自己往往仍語多批評的魯曼系統論的觀點。

16 見哈伯瑪斯，《公共領域的結構轉型》，頁515，及*Between Facts and Norms: Contributions to a Discourse Theory of Law and Democracy* (Cambridge, Massachusetts: The MIT Press, 1992)，p. 450.

觀點來立論，而是開始將事實上無法從個體身上分離開來的身分
與特性，以及脈絡的因素納入考慮[17]。他一方面繼續堅持普遍主
義的理想，主張存在一個社會空間和歷史時間上沒有界限的道德
宇宙，道德的自我決定只能是個一元的概念，另方面也做出修正
與讓步，承認所謂的法律社群有一定的時空定位，並且公民的自
我決定是以私人自主性和公共自主性的雙重形式出現的[18]。

　　這種考慮歷史性和具體脈絡的觀點，毋寧較符合現實，也較
有可能促成爭議的舒緩乃至解決。對擔心族群爭議撕裂台灣社會
的人來說，尤其值得參考。畢竟，實際的參與者總是具有雖非不
可改變，但一時之間卻是相對穩定的、而且是不可能完全齊一的
身分。哈氏原本追隨的自由主義「超越」觀點，其實只是遮掩了
資產階級公共領域以之為基礎的排除機制[19]。公共領域的功能之
一，毋寧正在於將這些差異變成公共討論的議題，因為不論是所
謂的現實、問題還是差異，都是「有待詮釋的」。所謂的公共意

17　Teubner便認為，哈伯瑪斯於1992年的*Faktizität und Geltung*一書才
　　跨出決定性的一步，揚棄以前只有一種溝通的合理性的立場，往多
　　元論述的方向移動。見Michel Rosenfeld & Andrew Arato（eds.），
　　Habermas on Law and Democracy: Critical Exchanges（Berkeley:
　　University of California Press, 1998），p. 174.同時，哈伯瑪斯於該書中
　　（頁456）也修正了以往的立場，承認閱聽人有主動解讀的能力，不
　　再悲觀地認為只有大眾媒體的單向宰制。

18　*Between Facts and Norms*, pp.450ff.

19　就這點來說，Nick Crossley引用Bourdieu的觀點來探討被系統地扭
　　曲的溝通的問題，指出自主性是建立在一定的排除機制的基礎上，
　　批評哈伯瑪斯原來的模型其實是建立在去歷史化、去脈絡化的虛假
　　抽象的基礎上，值得參考。見Nick Crossley & John Michael Roberts
　　（eds.），*After Habermas: New Perspectives on the Public Sphere*
　　（Oxford: Blackwell, 2004），pp. 88-112.

見，乃是建構的結果，而民主無非就是一套經由公共討論改變偏好的機制。就這點來說，具備集體行動和論述能力的功能性社團，有其不可忽視的重要性。哈伯瑪斯便認為，在自主的公共領域交織而成的溝通網絡中，自願性社團構成了節點。它們的專門作用，在於製造及傳播實際的說服，也就是揭露具有社會相關性的議題，貢獻可能的解決問題的建議，詮釋價值，生產好的理由，貶抑壞的理由。

4、促進以公共討論為基礎的決策形成的制度設計

雖然同樣看重社團的作用，但此處採取的出發點，並不同於隨著帕特南而流行起來的關於社會資本的討論[20]。如哈伯瑪斯也指出的，當我們採取公共領域的進路或視角時，重點毋寧在於追求一種以「無主體的溝通形式」來體現人民主權的制度設制，使得對參與者的德性、能力要求變得是次要的[21]。雖然如Pellizzoni（前揭文）分析的，「最好的論證」只是迷思，但就如錢永祥在《公共領域》書中堅持的，這不表示在「正當化」之外，追求「合

---

20 Robert D. Putnam, *Making Democracy Work: Civic Traditions in Modern Italy*（Princeton: Princeton University Press, 1993．中譯本見《使民主運轉起來：現代義大利的公民傳統》，王列、賴海榕譯，江西：江西人民出版社，2001）。

21 在《公共領域》書中探討公民德性問題的吳乃德其實是非常謹慎的，而且從他徵引Bob Edwards and Michael W. Foley, "Civil Society and Social Capital Beyond Putnam." *American Behavioral Scientist*, 42:1（1998）, pp. 124-139, 批評剝除社會資本「關係」性質是錯誤應用的文獻來看，他對這個問題當有高度的自覺。可惜的是，因為欠缺相關歷史研究的資源，且因聚焦於公民德性養成的問題，所以如吳氏自己所說，只能做有限的推論。

理化」是無意義的努力。如果我們不執著於共識和最好論證的迷思，那麼隨著差異與分歧的引入，公共領域至少還是有豐富可想像的選項，課以藉論理「證成」的責任，以及透過相互觀察揭露彼此的盲點的好處[22]。

哈伯瑪斯[23]援引Elster關於議價（bargaining）和論辯（arguing）的區分時指出，現實生活中，在利益妥協之外，還是有個說理的面向。我們雖不必過於推崇論辯和說理的價值與功能，貶低利益取向與策略行為，但同樣也不該忽視透過論辯建構正當性與合理性的可能作用。雖然程序的合理性不見得就能保障實質的合理性，但至少是個重要的校正、除錯機制，並且有可能在關鍵時刻，扭轉政治系統中習以為常的非正式權力循環的方向，並因此改變整個系統解決問題的模式。

哈伯瑪斯1992年的鉅著《事實性與效力》，整本書（尤其是第九章）的目的，便在提出一套關於法律的程序論替代典範。他批評古典自由主義形式化的法律無法確保事實上的平等，至於社會福利國體制希望校正此一缺失而將法律實質化的做法，卻會導致犧牲尊嚴與自主性。他認為，要確保公民法律上及事實上的平

---

22 對此，可參見Ferree等人對四種公共領域模型的討論（Myra Marx Ferree et al., "Four Models of the Public Sphere in Modern Democracies," *Theory and Society,* 31〔2002〕, pp. 289-324）。即便是他們所謂持較悲觀立場，認為一切都免不了操弄和權力的「建構論」（請注意，本文對此一名詞的用法有別）的模型，一樣肯定公共領域的作用，強調真正的承認在於「去中心化」。不過，採取「建構論」的立場，不必然便要否定有普遍性事物的存在，例如見Peter M. Hejl（ed.）, *Universalien und Konstruktivismus*（Frankfurt: Suhrkamp, 2001）一書中Ernst von Glaserfeld及Kwasi Wiredu的文章。

23 見*Faktizität und Geltung*, pp. 408ff., p. 460.

等，必須促進一套制度，讓生活世界的公、私領域能跟政治系統有更好的溝通形式，讓私人與國家行動主體就議題與行動的倡議、發起上來說，不再是個零和的遊戲空間。比起最初較著重公共領域形塑公共意見的作用來說，哈伯瑪斯後來多同時強調意見與意志的形成[24]，不再滿足於Fraser所謂「弱公眾」的模型，而是開始往「強公眾」的方向移動[25]，肯定公共領域在形成決策上的價值與重要性[26]。他接受晚近關於civil society的理論討論的回饋，不再把目光局限於他原先討論的市民社會（bürgerliche Gesellschaft），開始強調公民社會（Zivilgesellschaft）的概念，認為關鍵正在於在沒有決策壓力、非正式的意見形成過程，與具形式結構的、建制化了的政治意志形成過程之間，建立起適當的關聯，因為根據民主程序而成為溝通權力的公共輿論，是無法親自「統治」的，而只能將行政權力的運用引向特定的方向。相應於此，他鼓吹間接駕馭的模式，也就是對行政系統自我駕馭的機制施加影響的模式，認為公共輿論必須爭取將合理化行政決策的

---

24 參見Habermas，"Towards a Communication Concept of Rational Collective Will-Formation: A Thought Experiment." *Ratio Juris*, 2:2（1989），pp.144-154，特別針對合理性的集體意志形成的討論，以及McCarthy收於Rosenfeld & Arato, *Habermas on Law and Democracy: Critical Exchanges*，對哈伯瑪斯不同理論發展階段概觀的文章。

25 Nancy Fraser, "Rethinking the Public Sphere: A Contribution to the Critique of Actually Existing Democracy," in Craig Calhoun（ed.）, *Habermas and the Public Sphere*, pp. 132ff.

26 雖然Arato似對「強公眾」的概念不以為然，但在我看來，他的主張和具體建議，尤其是註20中提到「有助於」(for)公民社會的制度設計，在我看來是同一方向。見Rosenfeld & Arato, *Habermas on Law and Democracy: Critical Exchanges*, pp. 32ff.

正當理由庫存，掌握在自己的手裡。

　　這種改變，無疑是個值得肯定的改變。只是，哈伯瑪斯並未提出具體的制度設計[27]，不但浪漫且樂觀地認爲，在議題設定和決策形成上，「從邊陲到中心」不是問題，而且在論理上也只是將既有的自由主義代議體制進一步合理化而已[28]（Fraser的討論亦甚簡略，並同樣把焦點放在所謂的議會主權上），對如何落實他所強調的同時保障私人的及公共的（尤其是政治的）自主性，完全沒有說明，不免令人感到不足與遺憾[29]。但反過來說，這也正是我們可以並應該再進一步思考、發揮的地方。可惜的是，《公

27　在更根本的層次上，魯曼批評哈伯瑪斯雖小心地以德文的虛擬式können（可能可以）來表述他的核心論題，但並未眞地說明「所有潛在的涉及者都可以作爲參與者，透過理性的論述獲得一致同意」的潛能如何變成現實。見Rosenfeld & Arato, *Habermas on Law and Democracy: Critical Exchanges*, pp. 164.

28　借用Seyla Benhabib, "Toward a Deliberative Model of Democratic Legitimacy,"（收於氏編，*Democracy and Difference: Contesting the Boundaries of the Political*, Princeton, New Jersey: Princeton University Press, 1996），頁84的話來說，審議式民主並非追求付諸實踐的理論，而不過是比其它理論能更好地闡明現存民主實踐的邏輯的某些面向的理論罷了。哈伯瑪斯在回應批評時也承認，他倡議的是法律哲學，而不是社會理論，目的在對法律提出一套新的理解典範，並未意圖動員法律人的主動性，進行社會改革，見Rosenfeld & Arato, *Habermas on Law and Democracy: Critical Exchanges*, pp. 445.

29　一個關鍵理由可能在於，哈伯瑪斯（*Faktizität und Geltung*, p. 499）堅持公共領域中的行動者只能獲得影響力，不應獲得政治權力。我同意公共輿論或公共領域本身不可能統治，但不認爲公共領域中的行動者必然不宜獲得政治的授權。這背後涉及到的是社會圖像及相應地如何定位公共領域的問題，從我的角度來看，哈伯瑪斯的觀點過於僵化，採取的是一種「實體切割」的分化觀，不太適合現代複雜社會的實情。

共領域》一書的多數作者雖秉持規範理想的立場，對於制度設計問題和公共領域在決策形成上的作用，卻未賦予足夠的注意。就有助於現實問題的解決來說，這點在以後毋寧值得花更多的心力來探討。

5、超越對話、互動模式的觀點

此外，本書伴隨著哈伯瑪斯的模型而來的一個重要限制是，儘管討論的焦點往往是全社會層次的公共領域，但想像和立論的基礎卻是一個互動層次的對話模型[30]。雖然哈伯瑪斯後來也注意到咖啡館或街頭插曲式的、互動層次的公共領域，和組織層次的，如政黨舉辦的集會，到藉由大眾傳媒創造出來的、全社會層次的抽象的公共領域等等之間的層次區分，並正確地強調儘管有這樣的分化，不同層次的公共領域，彼此間是可相互滲透的，但基本上還是把組織和社會層次的公共領域，想成互動的擴大與抽象化，強調公共領域的溝通管道，是跟私人的生活領域相連結的，而且這種連結靠的是簡單互動的空間結構擴大、抽象化，而不是扭曲它們。

相應於此，像李丁讚在《公共領域》書中（頁15以下）雖然也談到了多層次的公共領域以及其間的包含關係，並援引了泰勒（Charles Taylor）「後設議題空間」的概念來進一步釐清，但似不

---

30 關於這一點，另外可參考Michael E. Gardiner援引M. Bakhtin的觀點，批評哈伯瑪斯將自己的主張美其名為互為主體性、溝通倫理，強調對話，實際上仍不脫主體中心，並未真正掌握日常生活中透過身體展現的（embodied）、情境的與對話的元素。見Crossley & Roberts, *After Habermas: New Perspectives on the Public Sphere*, pp. 28-48.

認為不同層次間有不同的運作邏輯和結構原則，而還是追隨哈伯瑪斯的腳步，傾向一種面對面的對話模型。不過，在援引哈伯瑪斯的觀點之餘，李丁讚也有極具創意的發揮，不但詳細地討論了公共領域與親密領域的關係，還進一步申論了親密關係對公共性的構成作用，在哈伯瑪斯原本著墨較多的普遍主義之外，更多地考慮到具體且獨特的個人，認為建立公共領域中的親密關係，是解決台灣目前紛擾不已的族群問題的可能出路。

這種對具體個人的重視，呼應了前述哈伯瑪斯後來的轉變。因此，在我看來，親密關係是有可能提供些有助益的解決。但是，必須指出，現代個體主義的發展已表明了，親密關係雖提供了庇護與自由，同時也會造成新的壓力與逃避，不能過於理想化[31]。而且公共領域跟所謂親密領域畢竟不同，有著迥異的場域邏輯與遊戲規則，在肯定親密領域作為公共領域的基礎，攸關健全公民的養成與生活世界的合理化之餘，是否要提高到鼓吹在公共領域中建立起「親密關係」的程度，恐怕還需斟酌。[32]考慮到隨著族群政治自1990年代以來日益的公開化和激烈化，政治公共領域的爭議反而回過頭來侵入到親密領域中，導致一些原本在私生活中沒問題的「族群」通婚變得有問題的實例，我們顯然不能忽視層次與領域區分的問題[33]。

31 另見何明修（前揭文，頁256以後）對於以親密關係為出路的質疑。

32 須指出的是，我的較多保留有可能是來自我和李丁讚對「親密關係」有不同的理解，但此處無法細究。

33 跟這相關的是，《公共領域》一書的作者們究竟抱持怎樣的「社會」圖像，又如何擺放公共領域在其中的位置。在我看來，其中往往有許多的混淆。事實上，作為理論源頭的哈伯瑪斯自己便很混淆，忽而說公共領域介於國家與市民社會間，忽而又說它是市民社會的一個範疇，忽而說它是政治系統和生活世界私領域及其它功能系統間

從系統論的觀點來看，公共領域的順暢運作，是由功能系統原則上對所有的人進行涵括，搭配上組織層次的實際排除，以及互動層次的大量實驗插曲，才創造出來的[34]。不同的系統層次遵循的是不同的運作邏輯和結構原則，不能過於樂觀地認為互動層次的和解，便一定可以導引出全社會層次的和解。同樣地，解決全社會層次的爭議，需要的是不同於互動層次的問題解決方式。在我看來，組織毋寧才是最關鍵的層次，不但可媒介社會與互動，往往也是制度的實際承載者，是「計劃」與「行動」最可能著力之處。

6、歷史重構的艱難工作

族群關係從「沒問題」到「有問題」，正顯示這是個社會建構的問題，有其建構與論題化的歷史過程，既不能天真地認為族群是個本質性的身分歸屬，始終都存在著，也不宜認為之前未公開論題化便不存在，全是政客後來的操弄。畢竟，要操弄、建構，也要有相應的可能性條件與社會基礎，否則建構不會輕易成功。如吳介民在《公共領域》書中已指出的，身分認同不只是源自親密領域和私人領域，而也是公共領域中社會溝通與社會建構的結果。如何透過公共溝通擴大我們的民主包容性，毋寧是當前的重要課題。

(續)————

的媒介結構，忽而又說當政治系統受公共領域影響時，並非遇到來自社會環境的外部限制，而是內部可能性條件的限制。這無疑會影響到我們如何構想公共領域的作用以及對它的精確掌握。但這是個過於學術性的問題，在此便不深究。

34 哈伯瑪斯 (*Faktizität und Geltung*, p. 452) 也注意到，部分的公共領域 (partielle Öffentlichkeit) 是藉排除機制之助構成的，而且公共領域無法固化為組織或系統，但對涵括與排除的共同作用仍想得過於簡單。

　　就這點來說，李丁讚提到從情感結構鬆綁開始，彼此傾聽對方的故事，正視彼此生命的歷史，透過敘事重塑認同，進行社會和個人的自我治療，應是個值得正視的方向。只是，在處於對立或紛爭的情況下，如何不讓傾聽、凝視、承認對方變成實際上不可及的高調，恐怕才是實踐上最困難的門檻。因為，李氏自己也明白提及，感情結構決定我們詮釋的角度，決定我們能看到什麼。我想與其訴諸道德，期待彼此傾聽，或是一再譴責族群動員和過度政治化，卻無法有實際的效果，還不如真誠地把這些問題擺回歷史脈絡來理解，鼓勵已經對此較有反省的文化工作者投入極為艱鉅、卻也極為迫切的歷史重構工作，立下範例，進而透過公共溝通來擴散相互認識與承認的效果。

　　畢竟，如果這些問題是在社會發展的過程中建構出來的，那麼從新的反省角度來重構這段彼此皆涉身其中的歷史，無疑是重新理解的重要起點。而且，要能讓對立雙方彼此有意願與耐心傾聽，那麼打一開始就必須把對方也包含進自己的故事中，賦予其一個就算不認同，至少也要是可接受的位置與詮釋，如此才有進一步謀求「視域融合」的可能。這樣的工作說起來容易，實踐上卻極為困難，必須十分小心。舉例來說，李丁讚在書中提到，在1950年代台灣的威權體制下，個人權利如財產權、自由權等，完全沒有受到法律保障，又例如1972年蔣經國接任行政院長，其職位的合理性受到各方質疑。這些說法跟一般的認知有所不同，認同國民黨者恐怕很難接受。我不是故意在雞蛋裡挑骨頭，而是因為對歷史細節的描述，往往透露了背後隱涵的史觀。這種無意間流露的態度和歷史理解，往往正是最易挑動雙方敏感的神經，以致善意的出發點同樣可能造成誤解的非意圖效果，不但無助於糾葛的化解，反而愈來愈難解。

　　類似的情形還可以錢永祥的文章爲例。錢氏區分「社會意義之下的民間」與「族群意義之下的民間」的用心雖值得肯定，但隱然否定或迴避了台灣獨立的主張具有重新界定、確認政治共同體的意涵，認定這只會造成族群間的壓迫與反抗，恐怕很難讓他筆下那些本土派人士能靜下心來傾聽。他認爲1980年代後期的民間社會論和人民民主論關切如何在統獨軸線之外開拓實踐的空間，自覺地另闢蹊徑，與從台獨觀點出發的民主建國運動的詮釋有別，隱然將「功勞」（如果有的話）全歸給「非台獨人士」，恐怕也失之片面與簡化，只會讓「台獨人士」跳腳[35]。

　　不過，就廣義的歷史重構工作來說，大敘述固然重要，且常是一般理解的依據，但通俗文化的影響力更大，卻往往是一般學院或文化圈人沒時間或不屑關心的，尤其需要我們在未來多付出些關心。或許是歷史特別要考驗我們，當台灣好不容易步入民主化的歷程時，卻已錯過了文字反思的階段，在向未建立起理性論辯的習慣與傳統時，就直接進入了立即的影像消費與表演政治的時代（對較年輕的世代來說尤其如此），使得理性批判的公共領

---

35 在此僅舉一個簡單的例子來說明實情遠較錢氏的詮釋爲複雜。雖然「民間社會論」明言要超越統獨的僵硬軸線，主要用意卻在統一「民間社會」的力量對抗威權的國民黨，而且至少其中的一支是明顯偏向民進黨，甚至可說是藉此進行聯合陣線，背後仍隱含了台獨的取向，只是就如水到渠成，不必明白標舉台獨反致分散力量。經歷過這段歷史的何東洪也說，「『人民民主』的聯盟意圖取代『階級運動』，成爲壯大社會運動與連接社運團體的旗幟，而與親民進黨的『民間社會』理論的反國民黨運動相抗衡。」參見何東洪，〈流行音樂研究的反思〉，發表於2005年台灣社會學年會（台北：國立台北大學，2005年11月19, 20日），頁2。錢氏並非不知兩種取向間的緊張關係，但爲了他有意突顯的論旨，其間的差異便被遮掩掉了。

域，像個可望不可及的夢想。在這樣的情況下，如何透過具體的實踐，豐厚我們的通俗文化傳統，毋寧是促進公共領域健全發展的重要關鍵，值得大家一起來思索。

三、來自外部觀點的對話與期許

最後，我想從一個對《公共領域》來說比較是外部的觀點，來談個人的一些看法與期許。我認為，與其奉哈伯瑪斯學說的內容為標準來批判本地的現實，還不如學習哈伯瑪斯「內在批判」的精神，回頭探究自己的傳統與現實，從自己的歷史中建構出可據以比較、批判現實的理想與理念，或許更有意義，成果也可能更豐碩，更能挖掘出現實弊病的關鍵所在。

就這點來說，《公共領域》書中陳弱水的文章是個值得注意的例外。這位作者群中唯一的歷史學家，檢討了漢人傳統的社會觀，指出一般人對親友鄰里以外的世界多抱持防禦的態度，妨礙了人們對公共事務產生參與感或理解的興趣。此外，陳弱水亦曾對傳統「公」的觀念類型做過系統性的整理[36]，對了解我們社會的文化慣習與運作邏輯多有幫助。只是，從社會學的觀點來看，把這些不同的「公」的觀念擺回到它們所鑲嵌的社會結構或形態來理解[37]，無疑能有更為深入而完整的掌握。個人先前的研究，

---

36 見氏著，〈中國歷史上「公」的觀念及其現代變形——一個類型的與整體的考察〉，《政治與社會哲學評》第7期。該文現亦收入氏著，《公共意識與中國文化》（台北：聯經，2005）一書中。

37 值得附帶一提的是，夏春祥在《公共領域》書中對「表徵的公共性」的概念有所發揮，用它來分析「以『我們』的方式愛台灣」作為識別的表徵的現象，是個具創意的嘗試。只是，當我們抽離這些概念

便是嘗試做此努力。

　　當我們從這樣的觀點出發時，便會發現史學界近些年來關於中國近、現代歷史上公共領域的討論，雖然甚有啓發性和貢獻，但還是常落入套用的盲點，往往是按布爾喬亞公共領域的意象與標準來描繪、討論基本上是表徵的公共領域，並未探討本土的「公共領域」是嵌入怎樣的社會結構，從而無法眞正說清楚在我們的傳統裡，所謂的公共領域究竟起了什麼作用，又是如何起作用的。

　　從這個觀點來看，在《公共領域》之後，吳介民、李丁讚一方面落實到地方草根的層次來看現實的樣貌，另方面也跳脫了「理性」與「共識」的模式，一併關照到感性與修辭的面向，繼續往前邁進，特別值得肯定[38]。只是，我雖然理解，也同意他們根據特定的理想，對以「搏感情」的模式經營社團做出「私政治」、「去政治化的政治治理技藝」之類的批評，但認爲，如果我們換個角度來想，對比原有的派系經營方式來說，這種相對「新」的「治理技藝」，畢竟也有強化社會自我組織，以及引進既有政治軸線之外的差異的可能作用。若有一些適當機會的催化，未必沒有鬆解既有派系和地方政治結構的可能，似不必全然以負面的眼光看待。

(續)───────────────

　　　原先所鑲嵌的社會脈絡，加以一般化與理論化時，必須非常小心，否則很容易掉入似是而非的陷阱。例如「表徵的公共性」原本是跟階層的社會結構緊密相關的，我們固然不妨根據認同政治中隱含的象徵上的身分階序，主張這裡涉及的是「表徵的公共性」而不是交換的公共溝通場域，但必須注意其中的身分階序跟這個概念原先所嵌入的階層結構畢竟有所不同，兩者的結構原則和運作邏輯仍有相當大的差異。

38 吳介民、李丁讚，〈傳遞共通感受：林合社區公共領域修辭模式的分析〉，《台灣社會學》，第9期(台北，2005)，頁119-163。

　　此外，秉持著前述的問題意識，一反習見的傳統中國根本就缺乏「社會」觀念的說法、或是陳弱水前述的說法，我認爲透過詮釋，還是不妨主張漢人傳統有一種我稱之爲「群的社會觀」的文化慣習，也就是以自我爲中心的差序格局，認爲「擴大的己」即是公，把「包容進大我」設想爲涵括的唯一模式，並未真正正視、承認異己與群己界線[39]。在這種偏好在「（我）群」的架構下要求對整個人進行涵括的慣習影響下，很容易產生「非友即敵」的情形。當前台灣之所以充斥著錢永祥所謂「敵我型的衝突」，實有其深遠的文化根源和穩定的期望結構在。

　　如果這個看法可以成立的話，那麼在擔心政治對立與社會撕裂之餘，我們也必須看到對立的兩個陣營深層的相似性，乃至把這樣一種對立與分裂看成是雙方的「共謀」。爲了說明這樣的判斷並非無的放矢，且容我在此稍做申論。我認爲，這個現象除了源自雙方皆堅持前述（我）群的涵括邏輯外，也跟泛政治邏輯下一體兩面的政治狂熱和政治冷漠有緊密的關連。泛政治化的邏輯不但深受華人以政治爲尊的傳統所影響，在台灣更先後爲日本殖民統治及國民黨的威權統治所強化，迄今仍根深柢固地支配著許多人的思考及行爲模式。依儒家內聖外王的傳統，政治是治國平天下的偉大事業，理念上不但是建立與保障秩序的樞紐，實際上也占據了社會中心的地位，享盡各方面的優越性。尤其，由於政治事涉資源的分配，而身爲政治代理人的士大夫往往能藉政治攫取各式利益並將之傳之子孫，以致眾人趨之若鶩，更加鞏固了政治在價值上及實際社會結構上的優先地位。結果，泛政治化邏輯

39　湯志傑，〈與其大公無私，不如私而有公〉，《台灣社會學會通訊》，第52期，頁28-30。

盛行，政治不但被看成是生活的重心，更享有優先於其它不同觀點的發言權。出於這樣一種文化心態，我們才不時會看到現代版的「攔轎喊冤」：當民眾遭遇到私人的爭議或困難時，往往不是訴諸既有解決相應爭議或困難的制度管道，而是直接向政治人物下跪陳情或抗議施壓，要求介入及代為解決，希望藉此獲得更明快而有效的解決和補救。

相應泛政治化一元邏輯而來的，是對政治的高估（以及它的反面：低估）。由於人們認為政治可以而且必須承擔起解決一切問題的責任，同時也就把許多政治其實沒有能力解決、本來也不該歸它管的問題也丟給了它。接著，因為政治實際上沒有能力解決其它各式各樣的複雜問題，所以只能藉泛政治化的簡單邏輯來塑造敵我區別，進行政治乃至族群動員，重新將問題外部化，以遮掩自己的無能。其結果則是使得民眾在狂熱之餘，又很容易產生冷漠的心態，不認為自己的一票或政治參與可以帶來什麼改變，以致繼續任令自己常常也看不起的、在上位的「骯髒」政客來決定我們的未來。尤其，假如對既有體制信心不足，那麼激情的回應只會帶來異化的感覺，促使人們對世界採取全體化的敵視態度，退回到能彼此互相取暖的親密關係的小天地中，從而強化了既有的分歧，讓分裂不斷蔓延開來，使得雙方完全沒有彼此學習信任、協商及妥協的機會。

針對這樣的病灶，我認為藉公共領域強化社會的自主性，開展公共性，是一個可能的出路，但是也不宜寄予過高的期望。如果我們繼續維持政治中心的單一觀點，自不免悲觀，但如果我們能掙脫這樣的觀點，把眼光轉向草根與其它社會領域，轉向更為根本的「社會」（或者用哈伯瑪斯的話來說：生活世界），或許將可看到不少值得樂觀期待的希望。政權輪替後紛擾的政局發展

雖令人失望，卻也有助於人們理解到統治者不可期待，應該是監督的對象，並從而打破對政治的不當期望，認清「民主化」不可能一舉促成社會各方面的進步與變革。現在的問題，可能反而出在如何才能不灰心喪志，不喪失改革的熱情與動力。

　　就這點來說，哈伯瑪斯是個值得學習的楷模。就像包爾所說的，儘管哈伯瑪斯在不同階段的理論主張有明顯的歧異，始終不變的卻是一種「反於事實的想像」[40]。這無疑是很重要的一點，唯有如此，我們才不會放棄希望，冷漠地順應現況。只是，在從事反於事實的想像時，我們可能必須更現實些。魯曼便指出，現實的雙重化（真實的現實加上同樣是真實的想像）本就是社會實際運作的邏輯，它讓人們注意到現實的冷酷，同時卻也使得現實變得較易忍受。現代社會再無法將問題外部化，只能在自身之中尋找問題解決的方案，只能依賴自己反身性的運作[41]。

　　在這樣的情況下，作為社會內環境的公共領域，是社會自己觀察自己的重要機制，因此也是感知問題及提出問題解決的重要場域。公共領域雖然不見得真能找到最好的論證，促成共識，解決爭議與對立，但至少總是可以發揮溝通達成「理解」的作用，[42]有助於「再進入」，在各個獨立自主的論述之間創造出相容性及可比較性來[43]。因為，就像系統理論所指出的，雖然黑箱本身無

40　Rosenfeld & Arato, *Habermas on Law and Democracy: Critical Exchanges*, pp.207ff.
41　Ibid., pp. 162, 168。
42　必須強調的是，在此，誤解跟理解是可互相替代的功能對等項。參見 Niklas Luhmann, *Soziale Systeme: Grundriß einer allgemeinen Theoris* (Frankfurt: Suhrkamp, 1984), p. 196.
43　關於系統理論的這種進路，可參見 Teubner（收錄於 Rosenfeld & Arato, *Habermas on Law and Democracy: Critical Exchanges*）在探討

法變白，但兩個黑箱卻可構成一個白箱。如果我們不再期待不可得的同一性，放棄對整個人進行全面的涵括，誠實地面對現實雙重化的統一的弔詭，那麼，就今天的情形來說，透過公共領域中差異的不斷開展，尋求暫時的、消極的統一，或是個雖不滿意，但至少可以接受的解決。

最後，忍不住要補充的是，就像哈伯瑪斯自己也承認的，團結是非常重要，卻是有限乃至稀有的資源[44]。如何將這稀有的資源用到重大議題或問題的刀口上，是門不容易的學問，還需要我們在實踐中不斷摸索、學習[45]。但是，設法在政治人物與媒體之外，增加具有設定議題能力的行動者的數量，讓公共領域真正的多元化，至少應是目前可以具體努力的方向吧！

湯志傑：現任中央研究院社會學研究所助研究員。研究興趣為系統理論、歷史社會學。近著有 *Vom traditionellen China zum modernen Taiwan*、〈封建帝國的形成及其分化〉、〈藉公共領域建立自主性〉。

(續)————————

　　多元論述情況下，論述關於相容性的問題、並以國內法與國際法碰撞的實例來闡示的文章。

44 *Habermas on Law and Democracy: Critical Exchanges*, pp. 58ff., 327, 363, 434ff.

45 包括「少數族群」在內的大多數台灣人民一度對以民主程序(尤其是公民投票)作為解決爭議的手段有高度的共識(見林佳龍，〈臺灣民主化與國族形成〉，收於林佳龍、鄭永年編，《民族主義與兩岸關係》，[台北：新自然主義，2001]，頁217-266)，如今卻因當做選舉手段的不當使用，搞到近乎喪失公信力的地步，便是個很糟糕的反面示範。

百年前的台灣旅客：
梁啓超與林獻堂

謝金蓉

　　乙未割台，台灣由日本統治50年，晚清中國自此喪失了治台的實權。但在福爾摩沙島上，現實中國雖然退位，文化中國仍保有影響力。在這50年當中，兩岸往來並未完全斷絕。台灣人向日本政府申請渡華旅券，前往中國掃墓、經商、求學……等，在中日戰爭爆發之前，約略維持每年2、3千人的規模。中國人取道日本前來台灣，數目雖然極少，卻並非完全闕如。其中一例，即是因發表排滿言論，在日治前期逃亡到台灣的章太炎。

　　1898年10月，章太炎經日本詩人山根虎雄介紹，到《台灣日日新報》漢文部擔任記者。他僅停留了短短7個月的時間，翌年5月就渡向日本。他對在台日本官吏印象不差，不習慣的是資訊封閉。他曾寫信給汪康年，希望以台灣的報紙和他交換閱讀《昌言報》。甫在橫濱創刊的《清議報》，也有章太炎從台灣寄出的投稿。他署名「台灣旅客」，投稿〈答學究〉和〈客帝論〉兩篇文章，也寫過詩致贈康有為。很顯然，章太炎的文字著述未因寓居台灣而中斷，短暫駐足台北的他，仍然藉通信投稿讓自己處在晚清知識圈的核心位置。

　　那麼，7個月的台灣經驗，究竟讓章太炎留下什麼樣的評語？在他自訂的年譜裡，章太炎簡短寫下他的台灣感想：「臺灣氣候

丞濕，少士大夫，處之半歲，意興都
盡。」士大夫太少了，這是章太炎對
台灣失去意興的主要原因。除了結識
少數兩三位日本官吏之外，章太炎沒
有台灣朋友，沒有一點點在地化的台
灣生活點滴。

林獻堂氏

　　章太炎來台灣的時間早了一
點。1899年的台灣，日人治台第4年，
台灣的士紳剛剛面臨說日文的新來
政權，大多倉皇以對，大家族紛紛內
渡中國以求自保。早就和盛宣懷、陳寶琛結為親家的板橋林家，
選擇落腳漳州、鼓浪嶼，在1910年代以後紛紛將子弟送往倫敦、
東京留學。以《台灣通史》而留名的連橫，乙未割台時他18歲，
湊了一點旅費之後內渡中國，短暫讀過上海的共學社，1897年就
回到台灣。章太炎離開台灣的1899年，日人在台南創刊《台澎日
報》，連橫進入報社當漢文部主筆，這是他一生新聞事業的起點。
章太炎雖然沒有在台灣認識初出社會的連橫，日後連橫卻在《台
灣通史》付印之前，邀請章太炎寫序。這恐怕是對台灣「意
興都盡」的章太炎，始料未及的一次連帶。兩人甚且在同
一年去世了。

　　在日人殖民統治台灣的前期，不少台灣青年為了尋求文化中
國的傳承，實地前往北京、上海留學。也有人摸索流離，難以定
位。霧峰林家詩人林癡仙、林幼春在泉州一帶盤桓幾年後，終究
回到台灣。逐漸成長的家族領導人林獻堂，則比較接近章太炎筆
下的「士大夫」。出生於1881年的林獻堂，幼年正逢霧峰林家鼎
盛時期，父親林文欽和下厝林朝棟俱為首任台灣巡撫劉銘傳推動

台灣近代化過程中最得力的在地推
手。身爲長子的林獻堂，自呱呱墜地
後就被族人寄予厚望。他曾在詩裡記
下了欣欣向榮的童年環境：

> 憶自墜地初，家門多淑德，
> 頭角頗崢嶸，豐姿亦歧疑，親
> 友般屬望，鵬程謂無極……

春幼林　强南

　　鵬程萬里奠基於基礎的教育。秀
才出身的林文欽，對長子林獻堂的教誨格外用心，獻堂也不負父
望。他自7歲開始，在霧峰林家開辦的家塾「蓉鏡齋」接受正規
的儒家教育，老師是一位傳統學者何趨庭。日人治台之後廢掉了
清代的科舉，對台灣子弟來說，讀書不再是爲了求取功名。當台
灣子弟的求學方向，從科舉功名轉向學計帳、寫日文信等較實用
的學科時，林獻堂仍舊浸淫在漢學領域裡。他17歲開始跟隨白煥
圃學經史，藉經史學習而形塑的民族文化歸屬感，始終未因日人
統治而稍減。

　　在日治前期，未受日文教育的台灣士紳，主要的新知來源仍
靠閱讀中文。以林獻堂爲例，從海外訂購而來的報紙，是他吸取
新知的管道，包括上海的《萬國公報》、戊戌政變後在橫濱誕生
的《清議報》、《新民叢報》，他甚至還讀過《民報》創刊號而
初晤三民主義的理論。這方面的新知來源，主要得歸功於他的堂
侄林幼春，乙未割台時，林幼春滯留在中國的時間比較久，比林
獻堂更早接觸到來自中國的改革思潮。當梁啓超在推動戊戌變法
時，林幼春非常推崇。待梁啓超著述愈來愈多之後，林幼春經常

將任公的新書介紹給林獻堂。對梁啓超提倡民權的種種言說，林獻堂一心嚮往。但真正受到任公的衝擊，卻要等到1907年，在日本奈良的一家旅社裡。

　　1907年，林獻堂27歲，兒子陸續出生，他第一次前往日本，目的之一是準備將小孩送去日本讀小學。他心裡惦記著寓居日本的梁啓超，嚮往能親自拜訪見上一面。林獻堂直接去位在橫濱的新民叢報館，結果梁啓超不在。巧的是，林獻堂和隨行的秘書甘得中順道旅遊奈良，在住宿的旅館裡翻閱旅社登記簿時，赫然發現《新民叢報》發行人陳筼笙的名字。甘得中揣想，陳筼笙一定知道梁啓超人在哪裡。於是，甘得中請旅館的女侍帶領他上三樓，正在走廊上交涉，準備請女侍先拿名片去敲門時，突然：

> 正在談話間，室內突走出一位問何事，答以我台灣
> 人，欲知梁任公先生行蹤於潘陳二君。那位又問你找他
> 何事。余說素讀他文章，久懷仰慕，冀一識荊耳。那位
> 乃相揖入座，即曰：我即梁啓超也……

　　平日以台語生活的林獻堂，突然遇著出身廣東，以北京話活躍於中國的梁啓超，雙方口頭溝通不良，於是摻雜著筆談。梁啓超一落筆：

> 本是同根，今成異國，滄桑之感，諒有同情……

　　一個是流亡日本的中國新銳政論家，一個是前往殖民母國尋求出路的年輕領袖，那次的晤談給予林獻堂深遠的影響。梁啓超當面告訴林獻堂，30年內，中國絕對沒有能力可以救台灣人。他

建議林獻堂效法愛爾蘭，放棄流血武力，改以柔性的抗爭，與日人的朝野結托，以便取得參政權。梁啓超此番話，深深影響了政治意識初初啓蒙的林獻堂。從1920年代起，林獻堂以溫和態度在台灣本土領導抗日的議會設置請願運動，可說來自梁啓超的影響。

　　繼1907年在奈良的初次會面之後，1910年，林獻堂帶領兩個兒子前往東京留學時，專程到神戶須磨浦的雙濤園拜訪梁啓超。這次的拜訪，促成了隔年的梁啓超台灣行。梁啓超曾說過，遊台之行「蓄志五年」，從奈良到台灣，念念不忘到台灣考察的梁啓超，終於在1911年成行。

　　梁氏來台之前，台灣的士紳、讀書人對他並不陌生。他流亡日本時的一舉一動、他和友人的書信，台灣的報紙皆有報導。例如，他抵台之前的12月23日，《台灣日日新報》上刊載一段《申報》記者的觀察：

> 梁公近居日本，憂愁抑鬱，居恆著國風報以自遣。日前有得其與友人書者，悲壯蒼涼，讀其詞，幾不減屈子天問也。節錄於左，以告海內外心乎任公者……

　　這則報導裡提到的「海內外心乎任公者」，除了旅日的中國留學生之外，台灣的士紳、讀書人當中，也有爲數不少的梁啓超「粉絲」。《台灣日日新報》上經常讀得到任公的近況，就是最好的驗證。隨意翻閱那個時期的報紙，1907年7月20日，一則短短不到百字的報導，提到北京政府禁讀梁啓超寫的書。而在同一年，林獻堂和梁啓超在奈良「巧遇」之後，梁啓超當面答應林的邀請來台，自此引起島上知識分子的期待，紛紛寫信給梁啓超。

引介梁啓超的思想給予林獻堂的林幼春，曾在信中白描披露台灣
人在日本統治之下的痛苦，期待能藉梁公來訪，啓迪民心：

> ……南海先生與先生同時去國，斯時心灰望絕，每閱
> 報紙，淚不覺其承睫也。臺灣蠻鄙之鄉，聲化素隔，略
> 識文字，已成鳳毛……學校程度甚低，開化無期……
> 先生救國之誠，薄海同欽，再造玄黃，必有成算。如
> 或憫此一方，游轍南指，引繩批竅，爲之導迷，則螳斧
> 之微，雖碾骨爲塵，尚能爲屬也……

　　林幼春以「蠻鄙之鄉」形容百年前的台灣，這在今日台灣至
上論者看來相當自貶的說法，卻是彼時的實情。林幼春屬於西渡
中國向學的第一代台灣知識分子，且出身富有家族。他會發出這
種感歎，當可想像。日治初期報紙上，也出現過來自其他階層的
類似聲音。曾有一位署名「希望者」，在梁啓超來台的1911年5
月投書給《台灣日日新報》：「本島絕少藏書家，所有青年好學
者，欲潛心考究，恒苦無取資，即大稻埕及艋舺各書肆，所發售
者亦僅手札、詩、小說等，然多缺而不備，無從購取，安得有志
者爲發起，倡立圖書館，集腋成裘，俾得擴充眼界也。」
　　1910年代以前的日治初期，台灣子弟還沒有具規模的留學風
潮。受日本公學校教育長成的一代，約略從大正年代（大正元年
也是辛亥元年）以後，才漸漸長成具有日語能力的知識分子。在
梁啓超來台之前的台灣社會，讀書人自力救濟，各自想辦法溫習
舊學、接觸新學。林獻堂的秘書甘得中，也是最早去中國留學的
其中一位。1910年前後他離開上海時，便寄存了200元在上海譯
書局，希望譯書局能在他離開之後，每有新書推出便郵寄到台

灣，他的目標是替故鄉台中掙得200本新書。

　　林幼春寄信去日本，喋喋向梁啓超訴苦，反映了島上知識分子的鬱悶。流亡日本的梁啓超，也有他的憂愁抑鬱。在中國境外的日本「避革命之名，行革命之實」，他有他的革命任務。而林獻堂、林幼春一輩的知識分子，在殖民政府的監控之下，也是「避革命之名，行革命之實」。日治時期台灣知識分子的新文化運動受到梁啓超的啓蒙最爲顯著，殆無疑義。這樣的啓蒙影響，詩，成爲最直接的見證。嗜寫的梁啓超，左手寫詩，右手以新式白話文，記錄了遊台觀感。

　　笠戶丸從橫濱出發後，梁啓超開始以詩記錄，總題曰「海桑吟」，全爲了遊台而寫。首先，他在初春離開日本，在須磨的佳處「雙濤園」「繁櫻正作」。辜負了花事，已經有點遺憾了。他寫道：

> 我生去住本悠悠，偏是逢春愛遠遊；
> 歷劫有心還惜別，櫻花深處是并州。

　　隨著船浪前進，還有更遺憾的事呢，梁啓超出發後寫的第二首詩，流傳最廣：

> 明知此是傷心地，亦到維舟首重回；
> 十七年中多少事，春帆樓下晚濤哀。

　　大船出發的第二天，在馬關條約的簽訂地稍作停泊。中、日代表李鴻章、伊藤博文簽約的「春帆樓」，是台灣人的傷心地，也是梁啓超的傷心地。「十七年中多少事，春帆樓下晚濤哀」，

梁啓超以看似簡單的講法，發生了多少年、在哪裡發生，卻架構了觸景生情的時空劇場：已經17年了，即使浪濤經過，也會同感哀傷。

　　這艘開往台灣的輪船，船上自然會有返鄉的旅客。梁啓超在船上聽到「台灣遺民」講述亡台事蹟，寫下了他的感想：「漢家故是負珠崖，覆水東流豈復西。」江水東流，歷史不可能改變方向、重來一遍。不過，因為歷史發生而認識的友朋，不也是悲哀歷史的意外之穫！出發後的第三天，梁啓超在船上接到發自台灣的電報，他寫道：

> 迢遞西南有好風，故人相望意何窮；
> 勞生不被天公妒，默默靈犀一點通。

　　這封來自台灣，祝他「海行安善」的電報，發信人是和他「靈犀一點通」的林獻堂。梁、林雖然先前僅曾短暫會面兩次，彼此已有靈犀互通的感應，這是兩岸交流史上很特殊的一次吉光片羽，當笠戶丸即將抵達基隆時，梁啓超寫道：

> 番番魚鳥似相親，滿眼雲山綠向人；
> 前路欲尋瀧吏問，惜非吾土忽傷神。

　　台灣，以滿眼的綠意迎向貴客，家鄉在廣東省新會縣的梁啓超，對大陸南方的翠綠山水必不陌生；台灣的讀書人也熟悉他的家鄉背景，不時聽到用「廣東產也」來形容梁氏。在廣東「出產」的梁啓超，遠望台灣的景色而認為與家鄉類似，是相當容易理解的事。

2月28日,林獻堂親自前往基隆碼頭迎接,秘書甘得中也隨行。一起去迎賓的,還有連戰的祖父連橫,以及數十位台灣士紳。他們接待梁啓超搭火車,從基隆乘往台北。這段由首任巡撫劉銘傳興建的鐵路,讓梁啓超感受到台灣已進入近代化的建設進程。在台北停留的5天時間裡,梁啓超參觀了總督府、電報局、郵政局、台北兵工廠等,也觀察大稻埕市街建設,並到「中法戰爭」的淡水戰場參觀。他寫下〈台北故城〉詩,記述初抵台北的印象:

梁啓超和兒女1906年攝於東京。

清角吹寒日又昏,井榦烽櫓了無痕;
客心冷似秦時月,遙夜還臨景福門。

初抵景福門,伴遊的林獻堂、連橫向這位遠道而來的客人述說台北建城的歷史。劉銘傳治台6年,奠下了近代化的基礎,梁啓超才知道,「台北省城亦壯肅(劉銘傳的別號)所營,今毀矣,猶留四門以為飾,景福門即其一也。」梁啓超再寫一詩以為見證:

桓桓劉壯肅,六載駐戎軒,千里通馳道,三關鞏舊屯,
即今非我有,持此欲誰論,多事當時月,還臨景福門。

　　昔日映照劉銘傳建城的月亮，如今仍俯臨景福門上空，可是，台灣易主，離景福門最近的景點，就是總督府了。昔日是劉銘傳的巡撫衙門，如今已是殖民者的最高權力機構，梁啓超也寫下他的感觸：

> 幾處榱題敞舊椽，斷碑蝕剝草成烟；
> 傷心最有韓南澗，凝碧池頭聽管絃。

　　台灣的文人雅士喜愛酒聚北投，梁啓超也在這趟台北遊程裡，慕名前往。他在詩裡寫道：

> 幽尋殊未已，言訪北投泉，曲路陰廻縈，清流碧噴烟，
> 上膏溫弱荇，溪色澹霏烟，苦憶湯山淥，明陵在眼前。

　　被梁啓超形容為「境殊幽邃」的北投，是台北的必遊之地。他說，「沿溪數里，噴烟若霏霧」，增加了在台北尋幽訪勝的情調。不過，這樣的幽秘氣氛，畢竟是緊湊行程裡的一小段插曲。真正的主戲在3月3日上場。林獻堂在「薈芳樓」擺設歡迎會，參加者達一百多人，在殖民政府派出的警察、特務監控之下，能有一百多人齊在一堂的聚會，相當難得。梁啓超當場寫下的奉謝詩，一夕之間傳誦全島：

> 側身天地遠無歸，王粲生涯似落暉，
> 花鳥向人成脈脈，海雲終古自飛飛。
> 尊前相見難啼笑，葦表歸來有是非。
> 萬死一詢諸父老，豈緣漢節始沾衣。

憶附公車昔上書，罪言猶及徒薪初，
珠厓一擲誰當惜，精衛千年願總虛。
曹社鬼謀成永歎，楚人天授欲何如，
最憐有限哀時淚，更灑昆明劫火餘。
間氣神奇表大瀛，伏波橫海舊知名，
南來蛇鳥延平壘，北向雲山壯肅城。
萬里好風回舶趠，百年麗日照春耕，
誰言鶯老花飛後，贏得胥濤日夜聲。
劫灰經眼塵塵改，華髮侵顛日日新，
破碎山河誰料得，艱難兄弟自相親。
餘生欲淚當杯醉，對面長歌哭古人，
留取他年搜野史，高樓風雨紀殘春。

　　今朝對坐的朋友，一樣都是「艱難兄弟」，彼此各有破碎的山河，誰又能料得？梁啟超當然是一名艱難兄弟。他變法失敗，自中國流亡日本，一心想回中國發展，於政治、經濟、文化各個面向，任公從來沒有停止擘畫他的歷史舞台。而群聚在薈芳樓的台灣士紳文人，擔心隔牆有耳，日後受到日警算帳，不也是一個個艱難兄弟？藉遠道而來的中國名人歡迎會上，彼此為台灣的未來相濡以沫，最好能當杯就醉！

　　結束短暫的台北5日遊之後，梁啟超在林獻堂的盛情邀請之下，前往霧峰林家度過了此次台灣之旅裡最愉快的一段時光。梁啟超在4月2日抵達台中和霧峰，和櫟社詩友吟詩酬唱之餘，最重要的「訓示」，是期勉台灣的朋友「不可以文人終身」──不能一輩子當個消極的文人，對國家社稷，務必要有付出。這句話重擊了以「櫟」字命名詩社的中部文人們。櫟，廢木也，創社的霧

峰林家詩人林癡仙之所以取此字命名，一方面反映了廢除科舉制度之後，習詩文不再有前途；更深一層來看，乙未割台，台灣人淪為異國治下的二等公民，不也是一株株廢木？

梁啓超適時在1911年訪台，給予在政治、社會舞台上初試啼聲的林獻堂，一次成功的「轉大人」體驗；而對於茁壯於大正年代以降的日治時期台灣新文化運動青年來說，在不算遙遠的未來，充滿了「行革命之實」的許多挑戰。將梁啓超的思想、著作介紹給林獻堂的林幼春，在〈陪任公先生分得面字韻〉一詩裡，記錄了任公來台的衝擊：

> 十年讀公書，一旦識公面，初疑古之人，並世無由見，
> 及此慰平生，春風座中扇，但恨少未學，徒作臨淵羨，
> 高深邈難測，窺管目已眩，誠願棄素業，從公更研鍊……

林幼春具有詩人的狂放豪氣，他根本就想拋棄舊業，追隨任公而去。梁啓超返回日本後，一舉一動仍牽動台灣讀書人的關心。那一年的11月18日，《台灣日日新報》報導，梁氏本年春來台時，與台灣人談清國大局，「聞其語氣，似有不忘其故國者。」台灣人從北京的電報得知，梁氏已被新內閣任命為法部副大臣，「不知其能揮其大手腕，以維持危局乎。」即使過了1、20年，梁啓超在日治中期台灣新文化運動裡，仍有「導師」的地位。士紳與意見領袖在公開或私下聚會場合，這位「缺席的大師」的論說，仍舊是「新文化」的源頭。

因戊戌政變而流亡日本的梁啓超，雖然僅在1911年春天抵台訪問兩個星期，卻因為邀請者——霧峰林家林獻堂、林幼春叔侄兩人的孺慕之情，使得梁啓超其人其言與台灣日治中期興起的民

林獻堂於1911年6月寫信給梁啓超，允諾將捐款贊助梁啓超辦報。
（國家圖書館出版，《梁啓超知交手札》，1996）

族覺醒與文化運動，產生了被放人的連帶關係。台灣文學與文化研究者不時提出警語：梁氏來台一遊，無非是爲了向林獻堂募款，目的是壯大其個人的辦報事業，他不可能會對台灣事務付出多大的關心。

眞的是這樣嗎？梁啓超又是如何總結他的台灣之旅呢？他在遊臺書牘第六信裡說道：「此行乃得詩八十九首，得詞十二首，眞可謂玩物喪志，抑亦勞者思歌，人之情歟？擬輯之，題曰海桑吟，有暇或更自寫一通也。匆匆作茲遊，廢文課者浹月，所爲責任內閣論，尚未賡續，其他銀行政策私議、政黨論，皆亟欲成之者，遄返後當併日從事耳。」案牘繁重的梁啓超，短暫來台遊玩兩周，他自認玩物喪志，喪志於詩歌，政經芻議因此荒廢了一段

時日。不過，遊台期間所寫下超過百首的詩詞，梁啓超確實有意出版成一專輯，他連書名都想好了，就叫做「海桑吟」。可惜，這部輯子終究沒有付印。

1996年國家圖書館曾在出版的《梁啓超知交手札》裡，收錄了許多未被《梁任公先生年譜長編》引用或參考的信件。其中，任職於商務印書館的張元濟，在梁啓超從台灣返回日本後，一連寫了4封信給他，頻頻問他「《台灣游記》何日脫稿？」張元濟會如此發問，乃是因為他在4月初接到梁啓超的信，梁向他表明，準備將台灣見聞著書行世，以醒國民。張元濟站在出版者的立場，當然樂觀其成，不僅事先擬好稿費，且四度發信詢問任公，到底脫稿了嗎？

也許是因為梁啓超太忙了，這些讓他「玩物喪志」的遊台詩詞，始終沒有正式出版。

再者，梁啓超此行是否果真為辦報而募到了款？《梁任公先生年譜長編》裡以「一無所獲」，肯定說明於籌款一事毫無收穫。可是，根據《梁啓超知交手札》的披露，林獻堂寫給梁啓超的信共有4封，第一封信於1911年6月發出，也就是任公遊台的3個月後。林獻堂寫道，任公來台的佳詠，待諸詩鈔訖之後將郵寄過去。其次，「所言之款，當由舍弟帶去較妥，行期定在八月間也」，林獻堂確曾允諾捐款贊助梁氏辦報。這筆捐款是否如期到了梁啓超的手裡？雖然還沒有進一步的佐證資料，這封信足以說明，林獻堂並未辜負梁啓超的請託。

遺憾台灣缺少士大夫的章太炎，是一個沒有企圖認識台灣的台灣旅客。他偶一結識的台灣青年，是經常前往中國摸索的連橫。梁啓超的台灣經驗比較特殊。他因為結識林獻堂、林幼春這兩位「台灣逸民」（梁任公語）而想到台灣瞧瞧，他是一個企圖認

識台灣、卻始終停留在浮面訪問的中國旅客。

從晚清到二次戰前，類似這般中、台知識分子之間的邂逅與失之交臂，尚有多起。張我軍帶著《台灣民報》去拜訪魯迅；1921年，北大教授高一涵訪日，在東京的中華青年會館演講，在場的聽眾包括了正在為台灣青年謀求思想與實踐出路的林獻堂、蔡惠如；郁達夫曾應《台灣日日新報》邀請來台，錢鍾書、巴金也曾在戰後初期短暫來台訪問。我們以今天的流行語來看，這些邂逅與訪問，絕大多數有見面而無交流，有發言而無對話。唯一一場稱得上有「對話」的思想交流，發生在和梁啓超筆談的林獻堂身上。但對於惦念革命大業的梁啓超來說，與「台灣逸民」唱詩應和，不過是一生當中偶而逸出的兩個星期，出書一事，也就不怎麼積極了。

百年來，台灣從被大儒章太炎形容為「少士大夫」的局面，提升到今日人才濟濟的水平，撇開客觀政治因素不論，台灣的知識分子已經具備足夠的自信，再也不需要像百年前的林幼春，汲汲求取來自彼岸的啓蒙。可是，失去對於「彼岸」的興趣，失去對於思想流動的關心，居島嶼而以全球化自滿，這恐怕才是真正的大失落！

謝金蓉：1992年起在《新新聞周報》報導文化新聞，曾以《台北三部曲》獲得第七屆台北文學獎寫作年金。近年來興趣在日治時期台灣知識分子的形成、戰前台灣人赴中國與日本的經驗與活動。編著《蔡惠如和他的時代》（台大出版中心，2005），每周在《新新聞》的傳記文學專欄，也以華人圈裡富有特殊的兩岸經驗者為寫作主題。

水龍頭的普世象徵：
國民黨是如何失去「現代」光環的？

鄭鴻生

「野火」的歷史任務

1982年夏天，岳父母遠從台北飛到美國舊金山灣區，來參加他們女兒的畢業典禮。他們愉快地踏上旅途，除了欣喜於女兒取得學位外，這也是他們初次美國之旅。

岳父母都是上海人，岳父早在1949年之前，就已被服務的中信局調到台灣來工作，一生奉公守法，是個典型的公務員小康人家。這可從他們女兒大學畢業後出國留學時，只能提供單程機票與一點零用錢來送行看出。而這麼一個典型的基本擁護國民政府的外省公務員家庭，對他們女兒找了一個本省女婿卻是絕無二話，只有祝福。

1980年代初，台灣在經濟上越發興旺，工業化帶來的城鄉重組基本完成，電子與資訊產業開始起飛，但是政治上卻還是個十分陰鬱的時期。相較於經濟上的「現代化」，統治術則仍極為「落後」，那幾年接二連三發生了多重政治事件：1979年底爆發美麗島高雄事件，接著的大逮捕中又有我們熟識的友人；1980年初發生林家血案，過一年又發生訪台留美學者陳文成命案。當時我們

遠隔重洋，家鄉發生的事卻是令人極為牽掛，這些政治事件接二連三，在我們心中投下極深的陰影。

當他們於1982年夏天來到美國探望我們時，岳父已是七五高齡，但遊興一點不減。我們除了帶他們到處遊覽外，閒時也不免談起美國及家鄉的種種。雖有世代之隔，但出身上海的岳父有著現代化的開明觀念，對他女兒大學時代介入的校園異議活動並不介意，甚至還感到驕傲，因此我們對很多話題與意見頗為投契而不見齟齬。然而有一次與岳父談著，竟就轉入了台灣的政治，而觸及林家血案。然後對誰是背後主謀的不同看法，很快地讓我們互相提高了聲調，岳父顯然不願面對威權體制的特務主導此事的可能性，最後他起身離座，走了幾步又回頭悵然說道：「你看，我像是個特務嗎？」

岳父這句話讓我一時啞口無言。我一點也沒有要把共謀的責任放到他身上的意思，而他雖然從來不是國民黨員，從未參加政治活動，甚至平常對政府的作為也會多所批評，卻似乎自覺要承擔起這個責任，以致於說出這樣無奈而悲切的話來。岳父的如此回應，讓我頓覺個人處於不同處境的諸多困境與無奈，此後對於岳父的立場我也就釋然於心，不曾在這方面存有疙瘩。

我雖釋然於心，但也體認到像岳父母這一輩，播遷來台的外省人的心境。這一輩外省人中像他們這樣具有開明現代觀念的為數不少，也因此才有台灣在1950年代由《自由中國》雜誌領頭的自由主義在台灣的傳布，以及1960年代重現五四風華的文藝復興盛況。而這麼一批開明現代派的外省人，由於有著這麼一個大陸背景，或多或少都有著1950年代白色恐怖犧牲者的關係，或者是家人親戚，或者是同事師友。這是因為那時白色恐怖主要正是針對與左翼思想有任何聯繫的人士，而從大陸來台的這一批開明現

代派，對威權體制而言正是最有嫌疑的一群。他們這些人一方面要長期活在這樣的陰影之下，另一方面來到1980年代在台獨勢力乍起之際，又被迫要與這個威權體制的命運綁在一起。這樣的困境，我從岳父那句話中是深深感觸到了。

兩年之後的1984年，龍應台開始在台灣報刊撰寫一系列的批判文章，一年後並集結成《野火集》出版。在「野火」燃燒全台的這個時候，岳父母這樣的人也很自然成了龍迷，顯然龍應台講出了他們的心聲，抒發了他們多年來的無奈與悶氣。

單從《野火集》的文本來看，它所要燃燒掉的是被追求「現代化」的國民所深深引以為恥的、社會上的諸種「落後」現象。就像龍應台後來自己說的，她並不要像當時黨外民主運動那樣，去直接對抗當時的威權體制，而是以她特有的迂迴方式去挑戰其統治基礎。雖然讀者並不一定會有這般深刻而曲折的體會，但是《野火集》確實在政治上發揮了摧枯拉朽的作用。而它所召喚的讀者群，正是有如岳父母這樣有著現代化信念的標準公民／市民，召喚出來的正是他們長年以來對自身所處社會的落後現象的羞恥感，與對現代化的渴望，這些情緒當然也包含了對威權體制特務手段的不堪。這種袪除落後、「向上提升」的急切渴望，就在1980年代的這個時刻轉為憤怒了，「你為什麼不生氣」這個質問正是個有力的召喚。

國民黨如何丟了「現代」光環

戰後台灣社會對現代化與落後問題即有敏銳反應，1963年一位留台美國學生狄仁華寫了一篇批評國人沒有公德心的文章，而在大學校園引發了一場影響深遠的青年自覺運動。與此同時的

《文星》「全盤西化論」之爭，以及接著在1970年代之交《大學雜誌》的現代化論述，不用說是更深刻的思想運動了。

這些以歐美爲師的「現代化」方案，到了1980年代基本上已經內化爲台灣標準公民／市民的話語，當局面對這種新興的社會期望，它殘存的諸種威權作爲就顯得極爲扞格不入，極爲跟不上時代，尤其是繼續以恐怖手段作爲統治技術的那一面。從歐美現代化的觀點來看，特務手段確是極其落後的統治術，若還淪落到藉助黑道之力，那就更是不堪了。然而到了1980年代，它竟然還是像我岳父母那樣的標準公民／市民，所支持的政權的統治手段。這就讓他們抬不起頭來，成了他們悶在心裡的極大痛楚與無奈，而會在1982年訪美時對我說出那樣的話來。其實他們從來就是這種統治手段的極大受害者。於是在後來的熊熊「野火」中，終於有一位與他們同樣處境、同樣立場的龍應台，出來爲他們抒解了這股悶氣，讓他們感到暢快。

龍應台《野火集》所召喚的這些社會標準公民，在更早的時候也曾被另外一種稱爲「小市民」的身分召喚過，而召喚者卻是威權體制本身。那是發生在1972年的事，當時台大學生在保釣運動後的民主抗爭正鬧得風風火火，而哲學系教授陳鼓應正在鼓吹設立民主牆、開放學生運動。那年4月，《中央日報》副刊連載了一篇4萬多字的長文〈小市民的心聲〉，作者站在奉公守法的「小市民」立場，以「企圖製造社會動亂」的罪名來攻擊台大異議師生。當局旋將此文印製成數十萬份小冊子，廣爲散發。在這篇文章的語境裡，「小市民」是守法、追求公共秩序、注重環境衛生、講究生活品味的所謂沈默大多數的中產階級「現代公民」。這批現代公民被召喚出來對抗「台大亂黨」，在1972年十分有效，台大的異議師生雖然在校園裡獲得了支持，但在社會上卻是處於

劣勢。

　　同樣處境的這批「小市民」如我岳父母者，在1972年曾是黨國〈小市民的心聲〉企圖召喚的對象——當然這種藉著黨國威權而來的「召喚」並不見得處處有效，我岳父當時就不甚以為然。但他們在十多年後的1984年卻成了龍應台的熱烈支持者，成了動搖威權統治基礎的野火的一分子。其實這裡並無矛盾，因為時過境遷，到了這時黨國已經在小市民／現代公民的心目中開始崩盤了。而其中一個很重要的因素是，1980年前後的政治事件讓黨國極為「落後」的統治術充分曝光，讓這些原本的支持者也引以為恥，連自己的子弟都要起來反對它，而忠心支持者也對它失去了信心。何況就在「野火」之文開始登出的1984年，又發生了動用黑道之力、在現代化標竿的美國當場丟人現眼、那麼不堪的江南案。

　　換句話說，到了這時，威權體制不僅已經失去「現代化」的光環，甚至反倒成了一個「落後」的樣板。而引發這一連串政治事件的，竟是這威權體制的原本靠山、「現代化」標竿的美國本身。它在稍早的1978年底，就公然拋棄了國府而與對岸建交。被美國拋棄這件事，對台灣社會的各種勢力有著不同但一樣強烈的衝擊，而對心懷美式現代化觀念、原本支持國府的「小市民」而言，那卻是更大的打擊了。

　　《野火集》在關鍵時刻迂迴地扯下了國民黨「現代化」的殘餘光環，但國民黨在一般人心目中與「現代化」完全脫勾，卻還有著一個漫長的過程，那是與民進黨奪得「現代化」大旗互為消長的。野火過後沒幾年，民進黨就以「進步」為名建黨，從反面將國民黨的「落後」定了性，直到如今民進黨當權，而社會上任何「落後的」東西都儘可歸諸舊黨國餘孽了。譬如近年來，就有

學者的研究將一些台灣醫生索取病人紅包的敗德行為，也歸罪國民黨的統治，而這正是民進黨在1990年代攻城掠地之時，逐步形成的一個「社會共識」，就是「國民黨是落後的守舊政黨，而民進黨則是進步的現代政黨」。

1990年代中期陳水扁在台北市長任上發生的一件事，很可呈現民進黨在這個意識型態爭戰中已經基本獲勝。1997年，台北市宣布轄區內的戶政事務所全面啟用戶政資訊系統，也就是將原來幾十年來用筆書寫在戶籍大簿上的戶口資料給電腦化。報紙上一時忙著介紹戶政電腦化帶來的諸種好處，不僅作業快、資料準確，戶籍謄本用印表機印出漂亮字體，更是一種進步表徵，而且還因為有網路連線可以遠距跨所作業，讓離鄉國民在申請戶籍作業上無需兩地奔波。除此之外，台北市政府還特別強調說，戶政所人員將以全新的便民態度來服務市民，譬如作業櫃台全面下降，因此市民可以坐下來與戶政人員面對面交談，又譬如會有服務人員來親切奉茶。台北市政府宣傳說，這些都是陳水扁市長的德政，是民進黨的進步便民理念的展現，而當時報紙也都如此讚譽有加。

就是說，在2000年民進黨贏得總統大選之前，其實已經奪得「現代與進步」的大旗了，它的一切施政與作為都會帶著這麼一圈耀眼的光環。

一場現代化的政治零和遊戲

當時在台北市的戶政事務所承諾的這一切，確實都真的發生了——戶政資料電腦化了，網路也連線了，戶口謄本是有著漂亮字體的印刷文件，申請作業櫃台確實降低了，市民還有椅子可

坐，而且還眞有服務人員來奉茶，一個現代公民在公家機構應該
享受的待遇莫過於此了。這一切都是眞的，除了其中唯一的誤導
信息，就是這榮耀全被歸於陳水扁市長與民進黨。

因爲眞相是，台北市戶政資訊系統是全國戶政資訊系統的一
環，在那時已經籌建10年之久，那一年正是系統開發測試基本完
成後，在台北市全面實施之時，而恰巧就在陳水扁的市長任期上。

這套系統既是「全國戶政資訊系統」，當然就是由全國性的
內政部戶政司來督導其事了，而實際主導這項大計劃的則是內政
部的資訊中心。從1988年開始，資訊工業策進會接受內政部委
託，進行這套大系統的規劃設計與開發建置，而我本人當時剛從
美國回台，進入資策會工作，恰巧就是負責這套大系統的網路方
面的規劃設計，直到1996年離開，因此熟知建立這套系統的來龍
去脈。

這個當年台灣最大的網路連線大型資訊系統，會交給資策會
來建置，有著諸多原因。其中除了資策會是當時台灣最大的電腦
軟體開發單位外，內政部也信任沒有廠商包袱的資策會工程師，
會以最先進的技術來爲國人建置這套史無前例的大系統。當時國
外的大電腦廠商如IBM、迪吉多、NEC等等，都透過各種管道遊
說採用他們各自的專屬系統。採用廠商專屬系統有其好處，就是
交由廠商以其成熟的專屬技術來解決問題較不會出錯，資策會可
以樂得輕鬆。然而資策會的工程師卻是高瞻遠矚、不爲所動，決
定全面採用當時雖然技術尚未完全成熟，卻是最先進、最公開的
開放式電腦與網路架構，以免公眾的系統被任一專屬廠商的技術
綁死，而代價則是資策會的工程師必須辛苦地邊學習邊開發這整
套系統。

在系統主機與工作站上，我們訂出來的系統規格就是以

UNIX為基礎，而且必得有能力處理3萬個以上中文字的開放系統，在網路方面我們訂出以TCP/IP為基礎架構的開放型網路，也就是今天全世界通用的Internet架構。這裡所謂開放的意思，就是它不是專屬於某個特定廠牌的技術，而是一套公共而公開的技術標準，每個廠商的系統只要符合這個公共標準，就可以加入。這是一套將公眾的大系統立於不敗之地的基本要求。

那是解嚴不久的1988年，UNIX與TCP/IP這些開放系統技術尚未完全成熟與商業化，W3網頁製作格式還沒發明，Internet商用網路也沒影兒，但資策會的工程師已經看出它們的前景。當資策會在為戶政資訊系統規劃可說是台灣第一套Internet大型網路時，全國只有另一個地方在籌建這樣的先進網路，那就是教育部資訊中心。他們正在計畫將原來是以IBM網路技術建置、連接各大專院校的學術網路，提升為開放的Internet網路。

熟悉電腦網路技術的人，在那時應該都能看出前景所在，在資策會工作的我們，可說只是順勢而上。但是不同於學術網路的實驗性質，資策會是在建置一個屬於全民的大系統，我們採用先進卻未成熟的技術是冒著風險的。然而資策會的長官接受了我們的規劃，委託單位內政部的資訊中心以及戶政司也都接受了。由於採用了開放系統架構，如今它可伸可縮，沒有被特定廠牌綁死，不至於牽一髮動全身。

一個大型資訊系統的建置不只是電腦軟硬體的安裝，還牽涉到具體使用上的作業安排。每個戶籍員桌上將會有一個電腦螢幕，也要讓來申辦的民眾能夠看到螢幕上顯示的戶籍資訊，因此以前高櫃台的作業模式就不管用了，於是就有了像平常書桌那樣可以面對面坐著談事、觀看同一電腦戶籍資訊的作業方式的構想。而且又因為資料電腦化本身會產生節省人力的效果，以致於

能有充裕的人力來對民眾提供多方面的服務，包括奉茶。這一切都在當年內政部資訊中心的構想之中，也付諸實現了，是配合戶政電腦化的必要與衍生措施。

以上所以不憚其煩地細說全國戶政資訊系統的建置過程，主要用來指出一件事，即是解嚴前後相關部會這些技術官員，其實已經是深具「現代化」與「進步」意識的一群人。這些單位，譬如經濟部下屬的工研院、資策會，以及內政部與教育部的資訊中心等的主事者，基本上沒有財團包袱，卻有著追求世界最新技術的願景與認識。這些人基本上是國府3、40年來栽培出來的技術官僚，具有追求「現代化」與「進步」的熱忱，也就自然會在1988年將全國有史以來最大的資訊系統，交給也具有同樣懷抱與見識的資策會工程師來規劃建置了。

當1997年民進黨的台北市長陳水扁坐收這項成果時，我曾與一位泛綠老友爭辯。我費心向他說明這段十年苦心建置的過程，卻未能說服他國民黨也是有它「現代化」與「進步性」一面的事實。他對於陳市長這項德政極為驕傲，極不甘願把這項「現代化」的功勞歸諸國民黨。可以看出，國民黨到了這時真是已經完全失去「現代」與「進步」的光環，而被綁上「落後」的罪牌，等著選民來發落了。於是由代表「進步」與「現代」的民進黨政治人物來坐享這項榮譽，對選民而言是再自然不過的事了。這時，面對台北市這位氣勢如虹的政治明星，所有的報紙都莫敢攖其鋒芒，去質問這件事功勞誰屬，更遑論不敢多言的內政部技術官員了。

從上面這件事來看，我們可以說，到了1990年代，由於國民黨在「現代化」意識型態領域的鬥爭已經失敗，以致於它幾十年來在台灣苦心經營的任何現代化成果，包括已成典範的經濟成

長，不是掩蓋不彰，就是被已經奪得「現代光環」的民進黨輕易地接收而去。

落後初體驗的建構

　　國民黨在台灣努力了幾十年的現代化經營，竟然還得背負著這個「落後」的沈重罪牌，除了因其特務統治而造成的離心離德之外，其實還有一個無可逃避的歷史性的外在因素，而那是打從1945年台灣光復，國軍部隊一上岸開始，就如影隨形地跟上了的。多年來，台灣社會曾流傳著多種對當年國府軍隊十分貶抑的說法，說當年來台的國軍軍紀是如何地不良、軍容是如何地破落、現代知識又是如何地貧乏。傳言中，下船的國軍衣衫不整、背著做飯的大鍋，還拿著雨傘，令台民大失所望。

　　這些說法的貶抑性，最終凝結成一則關於水龍頭的故事，數十年來在台灣廣泛而不斷地傳述著：「當1945年日本戰敗，中國兵仔來到台灣時，他們看到牆壁上的水龍頭這東西竟然還會冒出水來，覺得很神奇，也去搞來一個往牆上一塞，卻奇怪為什麼沒有水流出來。」這是我年少起就聽過的笑話，彭明敏在他的回憶錄裡也提到，說小時候他父親彭清靠（光復後高雄市議會議長）就曾在家裡轉述這故事。而一、二十年來的每次大小選戰中，這故事就被民進黨一再用來羞辱對手。多年前有個試圖調和「省籍矛盾」的電視喜劇，甚至也曾用過這樣的題材；它顯然已經成了全民共識。

　　這些故事原來是以耳語的形式傳遞著，解嚴之後就名正言順地在各種選戰與意識型態爭戰中公然引述傳布了。這樣的故事不管是否屬實、是否有普遍性，幾十年來在台民心目中已經成了一

種精鍊出來的對國軍的「記憶」。而且這種「記憶」是帶著價值判斷的，拿來作參照標準的卻不是台灣人自己的軍隊，而是日本軍隊。在這標準下，國軍是一點不如曾「威攝台灣、軍容壯盛」的日本軍隊，而國民政府也一點不如曾賜予台民「水龍頭」的日本政府了。

1945年8月15日，日本帝國戰敗投降，隨後退出台灣，至今已60年了。對只願認定這件大事情是「終戰」的人，尤其是台獨人士而言，日本殖民台灣50年所留下來的就不只是「軍容壯盛」與「水龍頭」的表徵了。對他們而言，日本殖民政權還是台灣「現代化」的奠基者，是台灣的西方文明引介者。

在日本戰敗投降60週年的前一個月，即2005年7月出版的《台灣西方文明初體驗》[1]一書裡，作者蒐集豐富的資料，將日據時期台灣人在一般生活層面接受日本式「西方現代文明」的情景十分生動地呈現出來，譬如第一次使用牙刷牙膏、第一次打高爾夫球等。書裡也再次提到彭清靠傳述的那個水龍頭故事（第47頁）。對於當年接受日本教育的我父母那輩人，這種「現代文明」的初體驗，的確形成了他們的意識型態感覺核心，在他們有生之年一再地拿來作爲比較的標準。水龍頭於是成了「文明」的台灣人嘲笑「落後」的外省人／中國人的故事，也是「進步的」民進黨嘲笑「落後的」國民黨的故事。

這個被拿來與國民政府進行對比的日本殖民政權，此後就一直是很多台民心中的衡量尺規，而成爲台獨運動在「現代與落後之爭」的心理操作素材。這不啻是說，表面上日本殖民政權在1945

1　陳柔縉，《台灣西方文明初體驗》（台北：麥田出版社），2005年7月。

年退出了台灣，但實質上在台民的心理層次並未完全退出。因而
當台灣回歸中國，或者說中國重回台灣之時，就不可避免地要碰
上這個陰魂不散地纏繞在我父母那輩人內心底層的、日本殖民的
幽靈。甚至到了60年後的21世紀之初，他們的子孫們也還得重溫
他們的舊夢。這就十分清楚地顯示，這個日本殖民政府賜予的「初
體驗」的影響至今仍在發揮影響力，並且最後成功地扳倒了國民
黨。而國民黨則顯然從來不曾認識到，它在台灣的主要競爭對手
既非共產黨，也非台獨，而竟是日本殖民政權的「現代化」幽靈。
比起這個無所不在的「日本幽靈」，那些令其支持者離心離德的
特務手段，只是再一次證實其落後性，成了拖垮它的最後一根稻
草。

水龍頭的普世論述

　　民進黨運用這種對文明與落後有著強烈對比的「水龍頭故
事」，極為有力地將對手塑造成落後的刻板印象。可是我們卻發
現，這個故事不僅在台灣流傳，甚至還有全球各地的各種版本：
　　譬如，老牌英國演員尤斯提諾夫在《小心！偏見》這本書
裡，就提到二次戰後歐洲的相同傳述[2]：「誰不記得家中老一輩
敘述的故事呢？1945年俄羅斯紅軍在行進中拆下水龍頭，將它往
牆上隨處用力一插，以為這樣就有水汩汩流出。」這是「文明」
的英國人嘲笑「落後」的俄國人的版本。
　　又譬如，在一個以色列的傳道網頁上，則是如此敘述類似的

2　尤斯提諾夫，《小心！偏見》，薛文瑜譯（左岸文化出版，2004年
　　11月，頁76-77）。

故事：「一個以色列的公益組織接待了一群來自西奈半島的阿拉伯貝都因游牧人，在送他們回家前向他們說，他們可以把在這裡所看到的最喜愛的東西拿回家當紀念品。沒料到這群貝都因牧民每個人都要了一個水龍頭，以爲回到他們缺水的沙漠牧區後，將水龍頭往哪裡一插，就可以有水流出。」這個故事講得義正辭嚴，用來說明教義的源遠流長，讀來毫無訕笑之意，但卻也用了中東版的水龍頭故事，來說明「現代化」的以色列與「落後」的貝都因之間的強烈對比。

龍應台當年在散播野火之時，當也是滿懷「現代化」意識，極爲敏感於她父兄之黨的落後性的。20年後的2005年春天，她在一篇〈請問雅典在哪裡？〉（中國時報2005年3月16/17日）的文章裡也提到這類水龍頭故事：「一個來自沒水沒電的山溝溝裡的人第一次進城，很驚訝看見水龍頭一扭，就有水流了出來。很驚訝看見牆上的燈泡，一按就有光。於是他設法取得了一節水龍頭和一個電燈泡。回到家裡，將燈泡黏到牆上，將龍頭綁在棍上。結果燈不亮，水也不來。」龍應台在這篇文章裡，用了水龍頭再加上燈泡這兩種極具現代象徵的產品，是很嚴肅地在談論全球化下英語的適當位置，應無訕笑之意。卻也顯示她的這個視角與民進黨「水龍頭笑話」裡的現代化意識，雖然對象不同，卻有著全球化下的共同系譜。而這也應該就是她在1984年撰寫《野火集》時與當年黨外的共同心境及動力所在。

我相信在世界其他各地，只要有著這麼一種「文明與落後」糾結的地方，譬如拉丁美洲、非洲、東南亞等，就會有各種版本的水龍頭故事在流傳。這些多元的水龍頭故事在當地到底是否眞有其事，已經不重要了。重點在於，它已成爲建構出來的普世性故事，既可用來說明教義的深奧，更可用來訕笑對手的落後。我

們可以想像，若無光復後的種種政治事件，台灣流傳的水龍頭故事可能只是城市人嘲笑鄉下人的故事，然而多年來，它卻成了一則攻擊性的政治笑話，被民進黨用來嘲笑國民黨的落後，並進一步嘲笑中國的落後了。這個水龍頭笑話的內容，並不需要有人真正目睹，就像傳述上岸國軍軍容不整故事的人，也不需要親眼見過一樣。

歷史充滿著反諷，國民黨敗在水龍頭的現代性下，但它竟然也曾經用過這套水龍頭的故事，來攻擊對手中共。一個老友曾回憶起他兒時讀過的一份反共文學作品，那應是1950年代初的事情了。它是這麼說的：當1949年中共解放軍進入上海時，這些「土八路」看到上海人將水龍頭一開就有清水汩汩流出，也去找來水龍頭往牆上一插，以為就會有水流出。這是個一模一樣的水龍頭故事，只是敘述者（嘲笑者）與故事主角（被嘲笑者）換成不同的人群。在這裡國民黨成了「文明人」，而共產黨則是「落後者」。我的老友還記得，故事裡這些「土八路」還用抽水馬桶來洗菜淘米呢！

台獨人士用水龍頭的故事將國民黨綁上落後的罪牌，就如同國民黨也曾經用同樣水龍頭的故事將中共綁上落後的罪牌一樣。這個落後的罪牌使得國民黨，在以現代化美國為「文明」唯一內容的意識型態霸權下，至今仍難翻身。而持續被綁上落後罪牌的中共，又如何躲得過這套「文明」霸權的全球化攻勢呢？

日本殖民的現代魔咒

這個文明與落後對比的水龍頭笑話，在台灣會成為有效的政治工具，其來有自。這並非是台灣人民在1945年國軍來台登陸那

一刻的一時過敏，而是源自更早50年的日本統治。就如《台灣西方文明初體驗》一書所呈現的，我父母那輩人，做為台灣初次學到西方現代文明的第一代人，面對前清遺老的他們父母輩，是充滿著文明現代人的幸福感與優越感的。然而這套西方文明卻是透過日本才學到的，是一種日本形式的西方，而且又是被強加的，並非基於自己的需求去學來的。更何況，這一代人又被強迫與他們的父母即我祖父母輩自在自得的傳承斷絕，於是又有著不踏實的空虛感，成了台灣無根世代的起源。他們處於一種心靈扭曲的情境，一方面對殖民者日本的「文明」充滿著自卑感，另一方面對自己長輩先人的「落後」則充滿著優越感，但他們的心靈深處卻是空虛而無根的，因為他們的自信心，已經被強勢的日本殖民政權帶來的這個「現代文明初體驗」所徹底擊垮，而他們竟無能反抗。可以說這個壓抑著的、無能「做自己」的屈辱，應該才是綿延至今的「悲情意識」的根源所在。

這個上一輩人因為自慚形穢，無能面對先人的「落後」而導致的空虛無根的悲情意識，竟也毫無障礙地傳遞給戰後他們的新生代。雖然這兩代之間有著從日語到中文的轉換，而且彼此也因為都講不好母語，而未能有順暢的語言溝通，但這傳遞卻經由身教而暢通無阻。於是兩代下來，這個日本殖民所種下的「現代魔咒」，遂成為以「進步」為名的民進黨能夠所向披靡的一個重大因素。

對於作為國民政府主要支柱的大半外省人，本來是較不受台獨運動的這種「文明/落後」心理操作影響的。然而他們的心理基礎，卻也在1978年國府被「現代標竿」的美國拋棄，接著又是一連串政治事件之後，開始動搖了。到了這時，國民黨不只已經被台灣本土勢力及其後的民進黨定罪為「落後」，甚至淪落到它

自己的支持者與子弟都引以為恥的地步。於是在1972年那時還可能會支持社會穩定的「小市民」，到了1984年就變成生氣甚至憤怒的「野火」了。《野火集》的風行草偃，讓人深刻感受到這個動搖。回頭想來，引發這個大轉折的，竟是當年威權體制以「國家安全」為名所使用的各色恐怖手段，是國民黨真正落後、完全脫離時代精神的統治術。然而國民黨幾十年來在其他方面的現代化與進步面，卻因此也就「全部不算」，與它的恐怖手段一起陪葬了。

重回1945的原初場景

　　然而1945年發生的「落後中國與文明日本的交鋒」會是那麼別無選擇嗎？

　　日本戰敗投降的60週年，即2005年8月15日這一天，台灣又有另外一本書《1945破曉時刻的台灣》[3]的出版。作者以豐富的歷史材料，將台灣在1945年8月15日日本天皇宣布無條件投降之後的100天，包括其間10月25日國民政府首任台灣行政長官陳儀接受在台日軍的投降，這段重大轉折的歷史時刻重新呈現。

　　對台灣人而言，這是歷史大轉變的時刻。不僅戰爭結束，不用再躲空襲，不必再吃配給糧，更重大的是，台灣人從日本殖民地二等國民的身分回復到中國國民的身分。因此國民政府接受在台日軍投降的10月25日這一天，就訂為「光復節」，這是以一個中國人身分的立場來說的，因為是到了這一天，日本的台灣總督

3　曾健民，《1945破曉時刻的台灣》（台北：聯經出版公司），2005年8月15日。

府及駐台日軍才正式被解除政權與武裝，開始進行退出台灣的作業。

雖然台獨運動者並不接受這個光復的立場，只願承認8月15日的「終戰」，但這本書卻提供了很多歷史材料，來說明當時台灣人民是如何歡欣鼓舞地慶祝台灣的光復，迎接陳儀長官與國軍的到來。書裡提到一次歡迎國軍的場面，在度過第一次國慶日之後，街坊風聞國軍將於10月15日來台的消息，已是台籍人士主導的《台灣新報》在當天刊出頭條新聞〈全省民待望之國軍 今天將登陸於基隆〉：「……全省如大旱之望雲霓的國軍，已於今日將印其第一步於基隆。這是歷史上所應當特書而大書的。自八一五那天，我們是如何的悵惘！如何地期待！國軍將要來到！國軍將登陸於基隆埠頭！誰聽誰莫不歡喜，誰聽誰莫不雀躍。……」

然而10月15日那天國軍並沒有來，開到基隆港的卻是美國的數艘軍艦，但這並未減低在基隆碼頭歡迎國軍的熱忱。隔天的《台灣新報》接著報導：「是我們的國軍！數千名站在岸邊滿山滿谷的歡迎市民忽然喊出來。大家喜上眉梢，一齊高舉手上的歡迎旗，但是當看到艦上高掛的不是青天白日旗，竟是星條旗時，原本響亮的群眾的拍手開始稍稍凌亂起來，然而大家忽然又想起，不管怎樣這是我們的盟國美國！手上的小旗又再度亂舞起來，用英文高喊著Welcome！」

從《台灣新報》的報導用「如大旱之望雲霓」的形容，可以深刻感受到當時台灣民眾企盼的心情。10月15日雖然歡迎不著，國軍其實已經分批於前後的日子在台灣登陸了。而我們也在這本書中看到不少老照片，顯示出當年民眾興高采烈的歡迎場面。

從這個1945的原初場景，我們可以看出歷史是有可能走上不同道路的，是不必然要被「文明日本與落後中國」的二分模式所

制約的。然而歷史畢竟難以回頭，如今只能引爲前車之鑑。

岳父逝世於1996年，有幸沒看到國民黨於2000年失去政權，只是1982那年他在美國對我說的那句話所隱含的胸中之痛，卻仍舊等待如今淪爲在野的國民黨後生晚輩來抒解。但是對於台灣人民而言，更深更大的則是如何破解日本殖民統治幽靈的問題。接受日本教育的李登輝及我父母那一代人，除了當年少數眞正受到第三世界社會主義思潮所啓蒙的左派分子外，大半都沒能從日本殖民噩夢中醒來。他們被嚴重打擊的自信心，在6、70年之後都還未能恢復。這個自信心的淪喪而陷入的悲情困境，甚至還傳遞到他們的子子孫孫而超生不得。由此看來，這「現代與落後」的糾結，就不只是曾經爲中國提出一條現代化之路的國民黨如何重生的問題，更是台灣人民自己如何從這個日本殖民的噩夢中甦醒的問題了！

（起稿於台灣光復六十週年）

鄭鴻生：讀過哲學與電腦，曾任職資策會，現從事自由寫作。作品有：《揚帆吧！雪梨》（聯經，1999）、《踏著李奧帕德的足跡》（允晨，2001）、《青春之歌——追憶1970年代台灣左翼青年的一段如火年華》（聯經，2001年）、《荒島遺事》（印刻，2005）等。

台灣人文寓言：
國家哲學院

陳正國

　　在1970年代，台灣曾經出現重建人文精神的呼籲。今天看來，那應該是個過早踏揚的空谷跫音。人文精神的催命符，一道來自對金錢經濟盲目的索求，另一道來自戰爭。的確，從1949年以來，台灣就緊緊地與這兩位死神比鄰而居。令人窒息的人文環境，表現在國家對一切個人意見與人性尊嚴的壓制、恐嚇與戕害；人的存在價值僅僅只爲了國家的榮譽與強大。相較之下，今日臺灣已遷出死神們的公寓。但是，我們搬離得不遠，而且回遷的聲音也時有所聞。今昔對照，3、40年前的台灣人文風貌，是英雄與狂飆的時代。政治強人的政權固然一方面恫嚇人民的思想，另一方面在內部綏靖的環境下，它的正統性宣告則時時搭襯著藝術性與侍從文學的布景。所以我們見到精雕的中原建築，矗立在嫵媚的殖民建築的美麗都心外圍；而陽明學則與泗水之學奇妙地合作，鞏固以道統之名存在的主權。強人挪用前人的人文成就爲一己之私用，在歷史上司空見慣。這固然是對人文學的限制與扭曲，但另一方面不能說沒有意想不到的正面(即使片面)的效果。今天台灣如果在人文學上有點足堪慰藉的精采成果，不能不歸因於著這弔詭的時代發展。

　　強權總會面對或多或少的抵抗。抵抗者以有限的思想資源相

濡以沫，常常在不可能的地方，散發出思想的吉光片羽。這些反抗者的意志與對思想的信心，和強權的壓制力道成正比例。常常，一個梟雄存在的社會，就會有幾個默默的英雄存在。固然有許多與強權一起被關在這個島上的年輕人虛無地過完一生，或者像生物界的浮游群落，轉散無蹤；但也有一些人，能夠在樸素的經濟生產的基礎上向人文領域搜索枯腸。我們很難想像，以今天台灣的經濟規模，如果這個島上的人依舊存在當年少數人對人文的飢渴與信心，可以創造出多少志文新潮文庫、《純文學》、《劇場》、雲門舞集等等令人驚心動魄的手勢。當年是個耳聾眼矇的時代，是個缺乏世界觀的時代，卻也是個勒緊褲帶讀詩的年代；只要你幫她打開一點窗，她就會飛翔。

那是個梟雄與英雄沉默對抗的時代。所幸，強人走了。今日台灣的世界之窗，已經360度全開；需要兩本護照的人，也大多如願以償。儘管經濟衰退的哀淒騷擾著正常人的人文神經，我們的金錢經濟，卻也足以讓出國遊學成為成年禮，讓家家戶戶可以擁有80個電視頻道。強人終究得走，民主終究會得勝，經濟終究會成長；但是英雄時代終究要結束，平凡的年代終究要來。那麼，沒有志文、純文學、劇場、雲門的平凡的人文風景會是如何？或許在台灣，人文精神的真正寒冬才剛剛降臨？

人文精神的內涵固然豐富，但任何相關定義與界說都不一定會得到多數人的同意。最簡單的討論起點，似可從人文學講起。從晚清以降，中國的人文學就受制於客觀退位與主觀讓位兩重詛咒，以極快的速度消失在公眾注意力之外。中國知識界在「帝國主義欺壓」的兵荒馬亂年間，以累進加乘的速度與幅度，將西方的科學與技術塞進中國社會的視聽與教育學程裡。加上科學救國的想法從旁合理化，使得科技在公共論壇的聲音日益嘹喨，終於

當披者靡。1920年代「科學與玄學論戰」，只是這現象發展過程中的戲劇高潮之一。任何擋在科技之前的事物，都需要退位，需要移開，也都可能成為「玄學鬼」。科技至上意識逐漸佔領中國人的腦海；終至，台灣多數人的生活，都是與科技在表層介面上極度親密的耳鬢廝磨。於是，台灣小島可能成為全世界手機擁有率最高的社會；也可能是科技發明獎得獎率最高的國家；也可能是全世界最在乎西屋科學獎、世界中小學生數學競賽的國家。許多後殖民國家或多或少都有科學至上的想法。這是形勢使然。19世紀的殖民者以野蠻的槍砲迫使某些社會屈服，這些被殖民社會當然不得不學習如何野蠻。於是乎，後殖民社會常常就將西方科學定義為「基礎科學」，認為是軍事技術富國強兵的上游工業。在「枕戈待旦」時期的台灣，剛性與野蠻被灌輸成為人存在的價值。在比較文明的生活領域裡，當兵、當憲兵、唸電機系、打籃球成為價值的核心；失去一個「國族想像」的後日本殖民社群，因為無法以國家前途為對等思考，拷貝殖民國家的剛性與野蠻，則以當醫生、打野球表現出次一級的剛性文化。當時台灣人文思想的極致表現，常常座落在民族主義與謀略春秋這種剛性思維空間裡。斯時台灣卻出現一些令人讚嘆的小說與藝術；它們多半可以視為對剛性與野蠻的抵抗。在人文學退位的島上，竟然還有這樣的成果，我們真該慶幸曾經見過那幾個英雄。

現代中國與台灣的人文衰微，主因不只是客觀形勢造成的退位，也同時伴生於人文學者的主觀讓位。從退位到讓位，需要原本統治精英的自我殖民來配合。從晚清以來，科學救國的想法如此深入人心，使得傳統教育的受惠者自覺成為傳統孽學的受害者。這種例子俯撿即是，最有名的例子或許以胡適及傅斯年為代表。傳統秀才與臺東知州的兒子胡適跑去美國唸農業不成，於是

改唸當時美國最接近科學的實證哲學。胡適的學生傅斯年，北大
中文系畢業後，跑去英國唸心理學不成，跑去德國唸物理亦不
成。他們後來一生的寫作事業，幾乎都與自然科學無關，卻分別
先後成為北大校長（胡）、台大校長（傅）、中研院院長（胡）、中研
院史語所所長（傅）。他們過世之後，再也沒有任何與人文學帶點
深刻淵源的人，出任台大校長或中研院院長。胡、傅的傳奇，預
示了中國人文學會被「玄學化」，而玄學會被「鬼化」。更重要
的，他們的心路歷程預示了，中國人文學者都將（會）背負或輕或
重的愧疚與自責。1860年代自強運動的舵手張之洞，猶講中（文
學思想）體西（科技）用。從社會學的角度來看，這句話代表了中
國文人統治階層的意識依然清晰，自我依然碩大。當科舉廢除之
後，當形式上的民主制度建立之後，失去原先政經基礎的人文學
者，等於失去了創造社會價值的後盾。後殖民國家很多只是形式
上的民主共和國家，卻大多為貨眞價實的科學至上的國家。除了
救國孔急的因素，主要還在於傳統智識分子起於自責與自卑的心
情，主動地與人文學進行矛盾而曖昧的自我疏離，同時向一知半
解的自然科學投誠讓位。因此我們不難想見，進一步談所謂人民
民主的北京政權，會在推崇飛彈之父的同時，卻視（人文）學者為
臭老九；而當時的中國領導人還是個圖書館員出身、喜歡吟詩弄
墨的人。我們也不難想像，蔣介石政權揭櫫的治國綱目「倫
理、民主、科學」中的前兩項成就，都遠遠不如後者。眞
的，這海峽兩岸百年來的學術史，就是一部人文學萎靡的
歷史。

　　但是，在今日台灣的時空談人文學現象或復甦，卻面臨了它
最難相處的對象──民主政體。大衛・休謨（1711-1776）說，君
主制度最有利於人文藝術的發展，而共和制度則有利於科學。這

句斷語有足夠的歷史證據支持，因為開明專制的宮廷文化，需要視覺與聽覺藝術作為骨幹。如果衍申一下休謨的說法，似乎民主制度比起共和更不利於人文。證諸台灣的情況，似乎也是如此。首先，民主制度要求讓所有的實質性的公共議題，最後都以可以討價還價的議會議程解決。基於人類的迷信天性，數字或數據的魔力，遠遠大過人文學的說服方式。例如與讖緯相關的數字，在中國政治史上就曾經發揮極大的動員效力。今日台灣社會正熱中於世界前百大大學。暫且撇開大學排名本身的商業性與荒謬性不談，為什麼我們不說要進入世界前107名？台大說，台大已經掉到147名，是個警訊。那為什麼不說我們要進步15名或前進至49名，卻執意說要進前至第100名？當然是因為100是個完美數字，是個容易進入民主制度公共議程的數字。可是，偏偏人文學的自我呈現不用數字。說某某國家的人文學世界第一，某某大學的哲學系世界排名第一，如果不是在講笑話，就是在講企業管理。人文學一定有優劣真偽之分，一定有流派高下之別，也或許有「九品中正」等月旦之評、「二十八星宿」等滑稽之論，但絕對無法以精確數字表現。

此外，民主制度常常表示，最重要的決策議程，就是將每個個人的當前利益加總。既然民主社會的哲學預設已經宣示，公平的原則已經實現，人生意義的問題已經被功利主義解銷，那麼，世俗化的政治與社會裡就再也沒什麼能比富裕、健康、長壽更令人鵲喜了。事實上，許多當代社會都覺得，只要達到這三項目標，就是人間天堂的實現。對此三者，人文學所能參贊的貢獻卻實在微乎其微。所以人文學只好以消遣或虛榮的姿態進入生活（注意，不是生命）領域；例如我3歲的兒子會背白居易的〈長恨歌〉等等。當科學家說她的研究可以讓人類壽命延長至少365天，或

者1天又3個小時41分鐘22秒的時候，公眾必然要動容，國會當然要補助。反觀，人文學能怎麼好好介紹自己，以便進入公共議程？可以說，「我寫了一首詩，有些人讀了之後很喜歡」？不錯，政府也會關心人文藝術，因為這可以提升國家能見度（例如在坎城拿一個獎），可以創造價值，提升觀光利基。只可惜，雖然也是數字，但都還不夠精確。難以說服身旁的人關於人文的重要，乃是民主制度裡人文學者的最大挫折。不得已之下，有時候提倡人文的作家們需要依附著商品性的「柏克萊」、「哈佛」、「海德堡」、「劍橋」、「牛津」等牌號來促銷人文。拜物教是廣義的數字魔力，它與數字一樣，自不可知的時代之前，就已存在於人類的深層意識。在最新穎的民主政治中談人文，有時不得不藉由撩撥人類的化石意識來鋪道。

民主政治的社會，也常常是分工極為細緻的社會。拜民主或所謂多元文化之賜，常常會聽到當妓男與當教授一樣有尊嚴、甚至一樣有意義的政治正確論調。生活意義與工作的分離，是現代民主社會的常態。人文也往往也變成只是一項工作。而且相較於其他行業，它是很沒有經濟生產性的工作。這種結構性的專業化，反過來加強了人文學者的自我異化。人文的精湛表現方向，越來越傾向在綿密的註腳、考證、版本的比對上；簡單說，就是現代的經院學風上。

更重要、更重要的，在後殖民的民主社會裡，人文學者多半是一群已經自我讓位的學術工作者。在台灣，國家主導了知識生活的政治經濟學（或簡單說，會計帳）。面對國家、面對納稅人，提不出數據的人文學者只好靜默。人文學者自我讓位的意識，起於富國強兵的時代意識。因此，習慣自我讓位思考的人，也就不自主的接受了富強的利潤會計的學術思考。結果，我們聽到學有

專精的人文學者會說，「捫心自問，自己領一年薪水寫了多少東西？」。至於有人文學者暗地裡自愧自道爲社會寄生蟲，也就不足爲奇。很少有人文學者會「開玩笑的」問，爲什麼某科技單位的教授或研究人員一年只發表9篇，而不是39篇論文？很少有人文學者相信，自己的研究與台大醫生的事業一樣重要。的確，今天很少有人敢像胡適一樣，認爲「發現一個字的古義與發現一顆恆星一樣重要」。100年的退位與讓位，讓人文學者接受了科學從業人員的思維與世界觀。最後，像卡夫卡一樣，發現自己是一條蟲。接著，科學家上場。他們說，科技與人文應該可以對話。可是科技人才的人文素養的呈現，究竟只是表示了台灣這個社會變得比較富裕，比較文明而已。台灣不會用「臭老九」這種鄙俗的說法描述人文學，可是包括人文學者自己都會說，人文學「沒有經濟生產力」。難道這不正是臭老九的文明說法？

首先失去了貴族社會，繼而失去了官僚文人社會，人文學者於是像失去了知識的背脊。不過如果人文學始終只能依賴優越的社經條件來維持豐盈的脊背，遲早還是要成爲佝僂之身。在民主社會中談人文精神，等於在呼喚一種新智識分子的出現。有一種說法認爲，既然談民主，台灣的人文學科系的師生人數與自然科學系師生相當，因此要擁有相匹敵的代表性。這種說法是一廂情願的提議。台灣的政經教育決策體的思維，早已經自然科學化。目前人文學師生人數之多，正是不負責任的當代會計學所造成的。從它的觀點來看，50個學生與100個學生都是同一個老師同一隻麥克風；也就是說，花費幾乎一模一樣。事實上，台灣的人文學就是被這種會計思維一點一點腐蝕。除非革命，否則即使臭老九們佔了全國總人口的80%，也還是統治不了這個國家。

　　既然民主社會是反英雄式的社會，民主社會的人文精神就只能召喚所有人當平實而不虛偽的智識分子。爲了履行公民權，民主社會預設所有選舉人都是智識分子。因此，民主社會的人文景觀，最容易反映出該社會的一般智識水平與價值取向。如果台灣的父母們讓小孩們學鋼琴、繪畫、背詩……那就應該相信，這些事物與活動本身有其內在價值；同時也就應該相信，讓這個社會所有的人都能享受這些價值，乃是一件美好的事情。如果將人文藝術的修養當成是身分或地位的裝飾，卻無法相信、體會這些活動是幸福人生的當下展現；那我們只是在消費某物，並且透過消費來鞏固既有的社經地位。

　　虛偽的智識分子必然會喜歡人文藝術，但他不可能爲了人文藝術而犧牲自己或自己子女的社經地位。因爲他們普遍相信，除了權、錢、健康，其它事物都只是生活的配件，與幸福毫不相干。20世紀哲學家維根斯坦的父親是奧地利鉅富銀行家。畫家克林姆、音樂家布拉姆斯、馬勒都是家中常客。維根斯坦的大哥、二哥都醉心於音樂與繪畫。在父親逼迫接手家中企業的過程裡，大哥、二哥都因爲捨不掉對藝術的熱愛，而在20多歲選擇自殺。維根斯坦的父親就是個虛偽的智識分子。這位年輕時離家到美國經商致富的商人享受著人文藝術的消費與其對其社經地位的再生產，但絕對沒有人文的情懷；他豪華的大廳裡洋溢著優美琴音，臥室內卻滿是金錢叮噹之聲。反觀維根斯坦本人後來將父親遺下的龐大財產幾乎全數捐出，終身不營田舍，在學院裡當一名思考者。維根斯坦的舉動其實充滿英雄氣質，很難稱得上「平實」。但他對後人的啓示是，他自由地爲自己決定、定義了一種幸福的生活；而此決定的基礎，在於相當長久的人文思考，用唯心一點的說法來表達就是，維根斯坦在做自由決定的時候，他與人文精

神交會了。我們也因此不難想像，他的創作與寫作之路始終與當代制式化的學術工業有相當程度的頡抗與對立。維根斯坦的人文精神或許和歐洲長久的人文意識有關。現代民主社會固然不必提高曲調，希望個人效法顏回或維根斯坦的幸福觀，但民主社會的公民們仍必須不虛偽地決定（當然必須是在非民主獨裁的情況下），究竟是花幾千億的軍備費「重要」，還是用其中少部分讓全國人都能像自己的小孩一樣學琴「重要」，她們必須決定，是將某一所台灣的大學送上某家調查機構的排行榜上的第100名「重要」，還是讓全國每個學生都能像她自己的小孩一樣，有一對一的人文教育「重要」。

問題是，如果一個社會把讀詩、聽音樂、欣賞舞蹈、談論某種世界觀、閱讀小說等等當成達成另一種價值的工具，而非價值的本身或構成幸福的不可或缺的元素，那麼我們怎能期待這社會向人文精神的幽邃道路前進？民主社會的決議就是決定何為「善」，何為「非善」，何為「惡」。科技無法幫助我們回答這類問題。而一個離人文生活極遠的社會，甚至不會清楚意識到，她的每一分決議都宣示了對善與幸福的看法。

「重要性」反映出價值選擇或意義的判斷。在人文學急速退位的社會，意義言說的能力，常常像土石流衝擊下的草根；或者狼狽盤雜，或者蘄斷無著。人文學的衰落最深刻的表現，就在對價值的不可、不能、不會言說；簡單說，就是深刻思考的缺席。如果某個民主社會主導價值議題的人常常不是人文學者，那這不是別人的錯，而是人文學者本身的問題。當然，正如前文所說，台灣人文學對價值言說的陌生，已經有100年的歷史。想要違抗、逆轉這100年的歷史潮流，絕非一件容易的事。在台灣的政治與學術的結構上，思想與哲學一直受到最莫名的壓抑與排斥。以致

於這社會總是以工程師而非思想家的身分，出來領導大家作價值選擇或政策制定。舉個簡單的例子。近十多年，台灣中產階級父母因為某些善意因素，一連串發起讓兒童快樂（學習、生活）的教育改革。這包括課程的簡化或一致化，書包的減輕，或者在森林裡上學。可是，「快樂」不是成年人或父母的直覺意識問題，也不只是心理學或社會學問題；快樂基本上是哲學問題。不同的世界觀與基本人生預設，就導向快樂的不同定義與殊異追尋。教育（如果有這種東西的話）的目標，顯然應該趨向於敞開各種不同的快樂原則供大家討論，讓個人自己慢慢型塑一種「快樂」型態。減輕書包只是技術性問題，人們可以依據台灣兒童體格發育量表，訂出書包重量的上限。但這與快樂無關。可是這個熱中於讓小孩快樂的中產階級民主社會，卻也是最喜歡看國家競爭力量表、最在乎外國人有沒有注意到自己、最渴望進入世界前一百大大學的社會。難道這社會不清楚，在乎別人的眼光、競爭，都是最能讓人不快樂的因素？難道她們不知道，就像兒童的護照是依附在父母的護照上，兒童的快樂只能依附在父母的快樂上？難道他們不知道，兒童的世界只能複製成人的世界，直到她們開始獨立思考，所以討論兒童的快樂的前提，應該討論成人的快樂？她們當然都知道。只是專業化了的，自我讓位習慣了的新經院哲學教授，不願意為這社會說出一些重要的常識哲學。

報上曾經刊出一篇高中生自述，說他的資優班同學約有一半人曾考慮自殺。在人文思想缺席的改革社會、在虛偽或矛盾的快樂社會中，當這些剛開始想要獨立思考的人無可思考的時候，自我毀滅可能是唯一的出路。法國思想家沙特出殯時，約有20萬人送行。一支當時的紀錄片訪問了一名大學生。他說，沙特的死是令人哀傷的一件事；因為當這個社會出現問題時，我們再也聽不

到他的意見。而在台灣，似乎什麼聲音都聽不見；除非，先有一
個微弱的聲音說：她需要一座國家哲學院。

陳正國：譯有左派史家 Victor G. Kiernan、社會學家 Zygmunt
Bauman, John Fiske 等人之著作。曾經發表有關蘇格蘭啓蒙的中
英文期刊論文數篇。目前任職中央研究院歷史語言研究所，從事
「友誼與啓蒙社會」的研究。

■ 對談

去殖民與認同政治

訪談《成為「日本人」》作者荊子馨

柯裕棻

訪問緣起：

荊子馨（Leo Ching）目前任教於美國杜克大學的亞非語言文學系，他的《成為「日本人」：殖民地台灣與認同政治》（*Becoming "Japanese": Colonial Taiwan and the Politics of Identity Formation*）中譯本於今年1月在台灣麥田出版社出版。這本書對於研究後殖民理論與認同政治的人應該不陌生，2001年在美國出版時，已經在文學批評和歷史研究領域內引起一些討論，不少做台灣殖民時期研究的人，都曾與此書所提出的論點有不同程度的對話。

本篇訪談緣起於我今年3月赴美國杜克大學開會，行前應允《思想》編輯委員會做一篇荊子馨的訪談，荊子馨亦欣然允諾。本訪談以兩種方式完成，先以面談訂出訪談方向與主題大綱，後以電子郵件進行，前後修訂約一個月，故文字狀態較緊密，不同一般口語訪談。

荊子馨個人的經歷十分特殊。他的父親來自瀋陽，母親是台南人，他出生於台北，成長於台南，十歲時隨父母遷往日本大阪。在大阪國際學校畢業後，又赴美國洛杉磯的Occidental College就讀，後於加州大學洛杉磯分校取得碩士學位，轉往加州大學聖地牙哥分校攻讀博士，主修日本文學，是知名學者三好將夫（Masao Miyoshi）的學生。畢業後即進入杜克大學任教至今。早年的離散經驗，養就他對文化流動與認同政治的敏感，種種個人和家庭的體悟，在日後均轉化為從事後殖民研究的動機以及能力。訪談中他曾笑著說，人生的途徑使他對邊陲有深切的體驗，因為他不論在哪裡落腳，都剛好是那個社會的南方。

柯裕棻：

我想先從你這本書的最後一章，關於吳濁流的《亞細亞的孤兒》談起。主要是因為，我在看這一章的時候，感到一種非常強烈的情感蘊藏在文字之中。我猜想你也許是讀了《亞細亞的孤兒》這本書之後，心有所感，才有了這本書的理論架構吧？而且，你在這一章裡提出以意識的重構來理解認同與歷史性，如果我沒有理解錯誤，你對《亞細亞的孤兒》的解讀是將它理解為國族寓言（當然不是從貶抑的面向）。你認為吳濁流書中的那種茫然的孤兒意識，正是某種特殊的台灣意識的原型，這種台灣意識並不是像後來許多學者急欲證明的台灣國族主義，也不是中國民族主義，更不是那種殖民主義所建構的虛假選擇，而是一種不具本質的殖民認同的偶然性（contingency）。這種夾處其中的（in-between）、曖昧的連結關係與意識可以是基進的（radical），那種不確定感甚至是一種反結構的宣告。這樣的看法，幾乎是將《亞細亞的孤兒》那無可挽救的悲劇解讀為另一種力量，類似於底層研究（subaltern studies）那種去中心的、反覆協商的掙扎或鬥爭。當然，在文本而言，確實有這樣的詮釋空間。然而在它的社會向度上，你也認為這作品本身是一起事件（event），可以在歷史上標示出某種意識型態功能。你可以多講講這個論點嗎？

荊子馨：

是的，我確實是將《亞細亞的孤兒》看做是詹明信（Jameson）所說的那種國族寓言。可是很明顯地，其實沒有一種「台灣的」國族可以寫成寓言。事實上，「孤兒」的概念就是無法歸屬於現代／殖民世界體系所附著的那種「國／家族」，然而這也是某種「殖民寓言」。在我看來，就是個體理解到在壓迫的差異系統中——如日本的殖民主義和中國的民族主義——自我的位置（或

是欠缺的位置）的意識成形過程。這不是黑格爾精神的那種歷史
目的論的理解，而是在殖民系統之內毫無救贖希望的那種精神創
傷式的理解。黑格爾式的精神是從殖民地非洲和亞洲朝向都城歐
洲，但是吳濁流的「孤兒意識」可以說是反方向移動，是從台灣
到日本、中國然後回到台灣。前者敘述一種線性的歷史進程，後
者則是低層的復返迴路（circuitous return of subalternity）。如果黑
格爾精神代表了現代性的辯證實現，那吳濁流的孤兒意識則是指
向殖民性的非辯證停滯。如果黑格爾精神是從上往下看這個世
界，如同殖民者的目光，那麼孤兒只能在帝國限定的空間之內徘
徊，如同被殖民者的狀況。

　　我們也許可以稱這些差異為「殖民差異」（colonial difference）。
這種殖民差異的感知也是歷史性的感知：是對日本殖民後期動員
時逐漸增高的壓迫，和對於中國民族主義的失望，而引發的反殖
民實踐。

柯裕棻：

　　在讀這本書的過程裡，我一直有一種感覺，就是雖然這個研
究的主題是台灣，但是它比較像是日本研究。我想這是因為你對
話的對象多半是日本的學者，從台灣主體發聲的論述，在你的理
論對話中不是最主要的關切，研究同一歷史時期的台灣學者，在
這個研究中的位置其實不多。也就是說，似乎你這本書的主要意
圖，是要藉由殖民地台灣的認同分析，完成兩個目標：其一是將
日本拉進後殖民的批判論述，使它不再閃躲自從二次戰後因為戰
敗以及冷戰而造成的那種自我封閉，你主張從丸山真男以降的日
本主體性討論必須要面對它自己的殖民主義，並且確實進行去殖
民化的反省。其二是，藉由日本的殖民研究，對目前這種以西歐
為中心的後殖民論述提出批評。那麼，你認為日本應該怎樣開始

它的去殖民化呢？又，許多人都同意目前的後殖民論述的確太歐洲中心（Eurocentric）了，你認為究竟日本─台灣的殖民歷史，可以對目前的後殖民理論做出怎樣的對抗呢？

荊子馨：

你說得沒錯，在這本書裡我沒有積極和台灣的學者做對話。它的主要目標是要批判日本在台灣的殖民論述。「台灣」可以是一個脈絡，也是一種批判的方法。然而，我不認為去殖民化是單單針對日本的；我認為去殖民化應該是全球的方案：是一種世界性的批判觀點，要明白點出殖民性和現代性的重疊。換言之，殖民性是現代性隱而不彰的另一面，也是成就現代性的重要條件。這是Walter Mignolo的說法。再換個說法，現代性是透過殖民性建構起來的，而且隨後拭匿了這個建構過程。這也就是為什麼對於所謂的非西方世界而言，現代化總是意指西化。如果我們將美洲和印度的殖民看做是資本主義和工業革命發展的建構條件而非結果，那麼現代性就不能在殖民的掠奪、壓榨和暴力的歷史之外被理解。

至於戰後的日本，去殖民化的開始必須建立在「去殖民尚未發生」的認知之上。同時也必須理解到日本雖然是一個非西方民族，與南半球卻沒有相同的歷史經驗，而且又是在殖民差異的彼端；去殖民必須要整理出日本在現代性／殖民性情結中的歷史位置才行。

我的意見是，目前關於日本的討論都是從戰爭和殖民主義的議題開始。我們更需要的是一個去殖民的方案，以理解東亞現代性與殖民權力的連結。也就是，對日本戰爭之罪的批判，應該延伸並且定框為殖民問題。換句話說，很多反日論述都過度強調戰爭責任，這反而很諷刺地掩蓋了東亞的殖民性問題之深切。最顯

著的例子就是反對日本首相參拜靖國神社的批評。反對小泉首相
參拜靖國神社的憤怒批評多認為，參拜行動意味著日本拒絕面對
它的「歷史問題」，小泉參拜靖國神社表示日本既不哀悼也不承
認因日本軍國主義而喪生和受難的數百萬亞洲人。更重要的是，
靖國神社崇拜的是包括A級戰犯在內的日本軍人。這些批評著眼
於A級戰犯的問題，而忽略了東京大審判的狡獪策略，其實是將
日本的戰爭之罪推委於少數幾個軍事將領身上，並且順勢免除了
其他人的戰爭責任，上至天皇和其他軍人（B級和C級戰犯），下
至一般日本人。

　　重點是，「戰爭責任」在戰後的日本被特別建構為是「敗在
美國的手裡」，而且指的是1928年之後的戰事，而東京大審判則
視1931年為發動戰爭的起點。簡單說就是，「戰爭責任」和「A
級戰犯」兩個概念代表的根本是1928年或1931年之後非常短暫的
侵略行動。單單只是著眼於「戰爭責任」和「A級戰犯」的問題
以反對靖國神社的參拜與否，完全掩蔽了靖國神社本身的歷史問
題。如此將導致忽視1928年之前由日本帝國主義所發動的所有的
戰爭。靖國神社與現代日本國家在國內外所發動的戰事，有非常
實質的關聯。單單從1931年之後的戰爭責任來批評靖國神社，等
於是解消了滿州國事件之前的所有戰事。

　　1869年靖國神社的建立，剛好與日本現代國家的成形不謀
而合。神社內供奉的，是明治維新前後到二次大戰結束之間
為了日本犧牲的人。除了主要的戰爭如中日戰爭、日俄戰爭、
第一次世界大戰和滿洲國事件之外，靖國神社也是日本殖民
擴張主義的歷史：1874年的台灣遠征、1882到1884的朝鮮事
件、1895的台灣占領、1906到1915的朝鮮半島平定、以及1896
到1915的理番政策等等。很顯然的，這種種的侵略以取得殖

民地、並鎮壓當地反抗運動的操作，都被描繪成正義之戰，
而在這些戰役中死亡的士兵，都被尊崇爲神，並祭祀在靖國
神社裡。其中，主要的祭祀對象有25萬人，大約23萬左右都
是死於太平洋戰爭的人。由此看來，靖國神社本身的歷史，
正是日本殖民主義的現代史。因此，批評靖國神社和戰爭責
任，也必須進一步質問日本的現代性／殖民性的基本問題。
殖民性在此必須理解爲是現代性的另一面，更是現代性的可
能條件。這項批判的方案，必須使我們認知現代性和殖民性
之間的複雜關係，並點出全球去殖民化過程中繼續反日的必
要。

柯裕棻：

　　你提出了「民族主義中國，帝國主義日本，殖民地台灣」的
三角關係，來解釋當時台灣的新民族主義（neonationalism）或原型
民族主義（protonationalism）的產生條件。在這個思考之下，你針
對幾個相關的立場提出問題：特別是王曉波的民族唯心主義、宋
澤萊和史明的歷史唯物主義，你也另外談及陳映眞的文化主義。
在這裡，我們看見了中國／日本／自由主義／馬克思主義幾個軸
線構成的思考範型（thematic）。我想，你非常堅持，不論是中國
意識或是台灣意識，都不能化約成爲一種或本質或唯物的主體構
成（subject formation），這些意識也不能看做既存於任何歷史經驗
之前，這個看法我個人非常同意。可以請你再多談談，堅持這樣
的偶然性與流動性，你的理論意圖是什麼呢？

荊子馨：

　　現在講到認同或是認知型構時強調它的「建構性」或是「偶
然性」，已經近乎陳腔濫調了。即使學院不斷將這些範疇理論化，
我們還是看見在世界各地不斷產生的領域認同和基本教義派式

的認同，大部分是因全球化和新自由主義之效應而起。中國的文化民族主義和日本的新民族主義，正好是最近的兩個明顯的例子。有趣的是，「文化中國」這個概念本來是國民黨執政時期因應冷戰反共而產生的措辭，如今卻被共產黨挪用來收納內部逐漸因社會主義轉資本主義而產生的不滿。但是即使是這樣一種追求固定、穩固的渴望，還是有其歷史的偶然性。我們必須問，為什麼此時此刻某些特別的範疇會被保存、發明並且被挪用？它們產生何種文化和政治作用？既然認同總是有關差異，它總是相對的並且也是政治的（relational and political）。

我們應該放棄認為「社會整體的認同是由社會行動者的結構位置所構成」這種難以承續的觀點。取而代之的，應該是假設認同是文化地建構而成的。我的意思是，認同是從相對自主的、偶然的文化過程中產生，在結構決定性之外。因此，新的後馬克思主義的批判理論，必須能提供研究文化和論述的空間。無論如何，論述是文化的媒介，社會認同於其中一再成形。論述也是利益被建構、再現的媒介；更是社會群體組成並動員的媒介。因此，我們應該要理解文化意義是如何生產、流通、並且轉化的。

這就連帶必須要理解，認同的範疇總是不斷在成形，而非定型。認同總是不連貫、流動、不均質，有時候甚至相互矛盾。要在政治中想像認同，而非認同之政治（to imagine an identity in politics, not identity politics），不論是探索它的潛能或是局限皆然。奠基在國族主義或是文化主義的認同，潛在（potentially）上可能是壓迫的，而且有可能變成法農（Fanon）所說的「國族意識的陷阱」，主要是因為這兩種認同在現代／殖民系統內的排他性位置。

柯裕棻：

這是一個比較細部的問題。你談到殖民時期台灣文學時，提到松永正義提議應歷史化台灣文學的殖民地位。你認為這樣的做法其實有可能將台灣更邊緣化，使它更固著在相對於日本也相對於中國之「正統文學」的它者位置。你在這裡再一次強調，重點不在於理解殖民文學的邊緣性與特殊性，而是去理解殖民意識——這是深植在殖民者以及被殖民者雙方的權力關係之中。而在討論皇民化的部分，你也特別提到垂水千惠的《台灣的日本語文學》的觀點。她認為台灣的日本語文學，可以破除長久以來日本學界的日本／西方這種二元對立的思考。當然，單單從語言的角度來反思殖民暴力，確實有其簡化之處。但是，從被殖民者的文學書寫來反省日本自身的殖民暴力，難道不也是一種去殖民的開始嗎？畢竟，並沒有一種全面性的去殖民的方法，總是得片面地、片段地進行。我會這樣問是因為，在我自己的理解和經驗裡，台灣的許多文化權力網絡，正是透過語言這種微觀權力進行的。在很多時候，權力控制的機制不在於巨觀的殖民政權或是上層的認同危機，反而是在日常生活中無可遁逃的語言中體現。至少在台灣的例子裡，語言一直是各種權力交鋒的節點；台灣的語言政治所蓄積的能量，應該不少於其他的政治面向。我不知道這樣的看法適不適用在你提出的去殖民問題？

荊子馨：

之所以對於松永和垂水兩位的意見有所保留，是因為他們急於對邊緣者賦予能動性，台灣文學也好，台灣的日本語文學也好。然而，儘管他們並無此意，他們在某種國際性的想像中卻將「文學」和「語言」的範疇「自然化」了。被殖民者似乎是註定要扛起雙重的責任：一方面順從已經建立的國際都城的典範

（metropolitan canonicity），一方面又要成為那個國際都城自我批評的反面。

　　我同意，在日常生活的實踐裡，語言建構出相當重要的抗爭場域。我成長於一個多語的環境，其中，國語是最主要占優勢的語言。但是這些語言（日文、廣東話、閩南話、國語等等）其實不是相互排擠的。它們彼此交織而且因社會交換的脈絡而相互「翻譯」。當然，偶爾也有無法「翻譯」的時候，或是有因為年齡、性別、族群或是階級而拒絕或無法學習的時候。台灣的語言環境相當多語（heteroglossic）而且動態，正因為殖民主義與新殖民主義的歷史使然。

　　我因此認為Ngugi的書 *Decolonizing the Mind* 有些疑問。他呼籲要在英文（殖民者的語言）和Gikuyu語（被殖民者的語言）之間畫出明顯的區隔，以維護語言的純正；對Ngugi而言，去殖民意味著完全拒斥英文，重構並恢復Gikuyu語作為母語。一方面而言，這樣的立場否認了歷史的沉澱、否認了強加於殖民社會體的累積暴力。然而，「原初」的語言必然且已然是殖民暴力的一部分了，傳統／在地性也只有在現代性／殖民性的構連之下才可想像。另一方面而言，從後結構主義看來，我們並不「擁有」語言，語言先於我們存在。

柯裕棻：

　　你研究的是20世紀初期的日本殖民主義與台灣的認同政治，然而，在台灣捲起哈日風潮十幾年之後的今天，這本書的題目「成為日本人」這句話的意涵，還有你書中的歷史提問，也可以看成是對於台灣的文化現況的某種有趣呼應。我會這樣說是因為，很多人認為哈日是一種由日本文化商品消費所引發的認同政治，也有人會認為這是一種危機。造成這種危機感的原因，可能

來自於台灣的殖民歷史經驗，也可能來自於中華民族主義。然而同樣的原因，也是造成台灣的哈日狀況有別於其他亞洲社會的原因。我個人認爲，從許多哈日研究的文獻上也看得出來，對於某些非常堅定的哈日族而言，哈日確實就是他們想要「成爲日本人」的慾望，這樣的慾望由消費彰顯出來。有的哈日研究認爲，日本商品的風行，是因爲它「沒有文化氣息」或是出自「文化接近性」，但是這樣的說法，都無法細緻解釋台灣的哈日狀況；日本文化商品在台灣風行的條件，恰好與這兩種解釋背道而馳，因爲「日本」對於台灣而言，直到今日都還有不同於其他文化的吸引力。我反而是在讀了你的書之後，對於哈日現象有了新的理解，那就是：即使哈日是20世紀末的區域化消費現象，它還是必須放在歷史的偶然性中解釋，這種偶然性不可能是一種簡單的認同選擇，是無法明確由民族主義或帝國主義強行歸類的。我甚至認爲，台灣的哈日的現象，以及這幾年中國的反日風潮，也都可以從你所提出的三角關係「中國、日本、台灣」去思考並且提問，而且哈日和反日也非常有可能是對於這個殖民問題的回應或是激化。不過，在時間的軸線上已經挪後將近百年，殖民時期的「民族主義中國、帝國主義日本、殖民地台灣」的指稱關係已經轉化了，而且「中國」的位置對台灣與日本而言，似乎有了相當大的改變，雖然這個地理文化政治的結構恐怕還是在的。我相信你對哈日以及反日現象也有所關注吧？你的看法如何呢？

荊子馨：

在《成爲『日本人』》這本書的書名上，「日本人」這個詞彙是加了括號的，是因爲我希望將「日本人」看做一種論述，這種論述在意義上有歷史的偶然性與爭辯性。就像許多哈日研究提到的，極端的哈日族所渴望成爲的，其實不只是日本人而已，而

是「日本人」這個概念。「日本人」這個概念此處指的是年輕人的風格、時尚、美學感觸和國際都會性。這也正是為什麼哈日族的「日本」，迥異於日本作家司馬遼太郎熱切稱之為「老台北」者所追尋的殖民懷舊的日本。我認為，去探索哈日族和老台北所慾望的「日本」和「日本人」，應該會很有意思。雖然這是兩種不同的台灣的後殖民現象，但是極有可能某些老台北對日本的感性會影響下一代哈日族的文化想像，即使是以非常婉轉而不直接的方式。關鍵在於了解這些文化文本／現象產生的特定的論述，究竟是構成了危機、道德恐慌或是台灣意識。

最近在中國和南韓進行的反日示威也是有趣的狀況，因為「日本的」大眾文化在那裡也非常受歡迎，而當時台灣幾乎沒有什麼反日的活動？

柯裕棻：

確實沒有。你對反日的看法是如何？

荊子馨：

我想講兩點關於近來中國反日運動以及這一切對日本的意義。

第一，可以很有創意地說，目前有兩種，甚至更多的「日本」存在於亞洲：其一是與消費主義相關的日本，另一個則是與過去的軍國主義有關。消費主義的日本等同於先進科技、電子產品、時尚、通俗文化等等。這個消費取向的日本，使得日本看起來比亞洲其他鄰國更「先進」或更「開發」。軍國主義的日本等同於它對亞洲的殖民和侵略，以及它不願面對過去的責任和罪衍。這個軍國主義的日本，則是一再啟動領土的爭議、小泉參拜靖國神社、企業家的性醜聞等等。在這個形象裡，軍國主義的日本拒絕承認自己是亞洲的一部分，並且表現它的「野蠻」和「邪惡」。

　　此處很重要的一點是，反日一直是自1980年代晚期以來中國民族主義成形的重要關鍵。相較起來，反日比反美要「安全」多了，因為反美可能代表反全球化，而全球化是中國邁向資本主義的必要條件。

　　我所說的「兩種日本」並不是對立的，而是形成後殖民的去型構化（constitute a postcolonial de-formation），正是因為，冷戰危機和美國霸權致使去殖民從來不曾發生。事實上，我們也可以說，因為軍國主義日本的壓迫，才有了消費主義的日本出現。在台灣的狀況就更複雜了，因為另一個日本——殖民懷舊的日本——在國民黨的後殖民／新殖民政權下悄悄生了根。

　　第二是，中國的反日示威活動在兩個面向上震撼了日本。第一種面向是，在日本有些人很難相信日本會如此遭到憎恨。這有點像911事件之後美國人常見的反應：「他們為什麼恨我們？」第二種面向是，以往中國給人的舊有印象是落後和未開發的，現在中國的現代都市地景和快速的發展，令日本人不知所措。簡單講，眼所能見的已經大不同於心所想像的了。這個真實的中國和日本想像的中國之間巨大的落差，點出了日本對亞洲的理解已經完全過時了，而那種理解，正是日本的現代／殖民自我定義的關鍵點。反日運動所點出的，正是現代日本對亞洲思考的局限。日本相對於西方和亞洲而自我認定的現代／殖民的架構，已經不足以明瞭或是應付這快速變遷的全球狀況了。

柯裕棻：任教於國立政治大學新聞系，主要研究興趣為電視文化，目前正進行有關早期台灣電視文化發展的研究。餘暇從事文學創作，曾出版評論集、散文及小說多種。個人寫作部落格 http://blog.chinatimes.com/yufen/

思想采風

福山論「新保守主義之後」

鍾大智

　　在美國入侵伊拉克將滿3年之際，共和黨的重要智囊福山
(Francis Fukuyama)於《紐約時報》發表了他對美伊戰爭的省思。[1]福
山指出，伊拉克目前孱弱的民主政府極易受到鄰國，特別是伊朗
的影響；更不幸的是，伊拉克已經變成新的恐怖分子訓練基地，
一個射擊美軍的靶場。即因如此，布希政府已逐步調整其國家安
全政策，大體上已放棄了2002年所提出的「預防性戰爭」及單邊
主義戰略；所謂「中東的民主化」，也不再被視做是反恐的終極
辦法。

　　美國在伊拉克的受挫，已使得孤立主義與季辛吉傳統的現實
主義再度崛起；許多政論和書籍開始批評美國現在天眞的威爾遜
主義，亦即那種想要把全世界都民主化的幻想。而最近，激進的
伊斯蘭教勢力在阿拉伯地區展開政治反撲，例如哈瑪斯在巴勒斯
坦的執政；這使得越來越多的批評者指責布希政府搞亂了中東局
勢，並認爲如果美國維持它一貫與溫和的威權政體交好的政策，
情勢將會好得多。再者，美國社會的基層漸漸也不支持伊拉克戰
爭，因爲他們之所以讓子弟到伊拉克去作戰，並不是爲了推行民
主，而是由於他們相信這樣能爲美國抵禦恐怖攻擊。最近一份民

1　*The New York Times*，2006年2月19日。

調顯示，美國民眾的孤立主義傾向已達到越戰以來的新高點。

但福山並不認為新保守主義在目標上有什麼錯誤；如果有錯，錯在於新保守主義者迷信以軍事手段來實現他們的目的。福山也不贊成美國的對外政策只因為目前的不利情勢，就退縮到一種偏狹悲觀的孤立主義。相反地，他認為美國應該採取一種現實的威爾遜主義，以更恰當的方法來實現其目標。在提出他的建言之前，福山先談到為何新保守主義會發展成現今這種與強迫性的政體改造、霸權主義、單邊主義糾纏不清的形式。

福山強調，在早期的保守主義思想與第一任布希政府所採取的那種外交政策之間，並沒有什麼必然關係。福山將美國保守主義追溯到1930與1940年代紐約市立大學的一群猶太知識分子，諸如克里斯托（Irving Kristol）、貝爾（Daniel Bell）、葛雷賽（Nathan Glazer）等。基本上，美國早期的保守主義者抱持四項原則：對民主、人權與國內政治的關注；相信美國的力量應該服務於道德目標；對國際法與國際組織能否解決嚴重的安全紛爭，持保留態度；對總體性的社會改造工程抱持懷疑，認為它總是產生出乎意料的後果而破壞了原有目標。福山問道：反對宏大的計畫性社會工程、主張以短期措施解決社會病症的保守主義思想，最後怎麼會演變成一種「認定恐怖主義的根源在於中東缺乏民主、美國有智慧也有能力解決這個問題、伊拉克很順利地就會有民主」的新保守主義呢？

其原因，福山認為在於冷戰結束的方式。雷根政府以它那種毫無現實感的、危險的烏托邦心態與強硬立場，將蘇聯稱為邪惡帝國，天真地要求雙方將中程核子武器歸零，但最後竟然贏得冷戰的勝利。在1989至1991年間，戈巴契夫接受了雷根銷毀中程核武的提議，東歐共產政權崩潰，蘇聯解體。而正是這種戲劇化的

勝利，導致主張對伊用武的威廉・克里斯托（William Kristol）、羅伯・凱根（Robert Kagan）等新一代保守主義者認為：所有的極權或威權政體都是外強中乾的，都可以輕易推翻。正是這種過度的自信，解釋了為什麼布希政府對美伊戰爭後的在地反抗行動完全沒有預期與應對方案。他們天真地以為，一旦獨裁政權被推翻，社會就會自然回到預設的民主狀態，而沒想到實現民主需要一個長期的體制建構與改革的過程。伊拉克一役後的許多情況，著實出乎布希政府的意料之外。

像克里斯托與凱根這樣的新保守主義者，在蘇聯解體後還鼓吹一種思想：美國應該變成一個慈惠的霸權（benevolent hegemony），以徹底解決流氓國家擁有洲際導彈，以及恐怖威脅等問題。這使得布希政府完全誤解了其他國家對美國的觀感和反應。克里斯托與凱根吹噓，說美國對外政策的高度道德性將使得其他國家不那麼畏懼她的巨大力量；但諷刺的是，伊拉克戰爭後的全球反美現象。福山指出，危險在於美國與世界的關係的轉變，而這個轉變早在伊拉克戰爭前就已存在。美國已強大到在各方面都遠遠超過世界其他各國，這已使得國際權力發生嚴重的結構失衡。以「慈惠的霸權」自居的美國，勢必遭遇來自國際與國內的眾多挑戰與質疑。

除了冷戰的戲劇化勝利外，福山認為一些當代思潮也滋養著新保守主義，例如猶太裔政治哲學家李奧・施特勞斯（Leo Strauss）、蘭德公司的著名分析師亞伯・沃斯泰特（Albert Wohlstetter），以及他們那些著名的學生。福山強調自己不是新保守主義者，雖然他和這些人曾有師生或同事的關係。他也針對自己的暢銷著作《歷史的終結》常遇到的誤解進行澄清。許多人以為這本書主張人類對自由的普同渴求將引領他們走向自由民主，但福山強調，人們普

遍渴求的不是自由民主，而是生活在一個現代化的、科技發達的
社會。當這種需求被滿足時，人們想參與政治的動機也會提高；
也就是說，民主只是現代化的副產品。

對於重新思考美國的對外政策，福山提出了幾點建議。首
先，他呼籲將所謂「對恐怖主義的全面戰爭」去軍事化。那種預
設一定疆界、要求一定密集性的戰爭概念，他認爲已經不適用今
天阿富汗與伊拉克的騷亂。畢竟，伊斯蘭教聖戰的核心不是軍事
鬥爭，而是必須理解爲普遍存於伊斯蘭人民心中的抗議。第二，
福山認爲必須建立起一種能夠在正當性與效率之間取得平衡的
新國際組織。雖然吾人已經相當瞭解要如何建立一個按規則運
作、承擔責任、又有效率的國家體制，但是在國際的層次上，我
們卻還沒有這樣的國際體制。第三，福山認可新保守主義的部分
批評，也就是同意聯合國在處理重大爭議時常常既無正當性，也
沒有效率。但福山強調，他提倡的是一種由多個功能或區域上互
相重疊、甚或互相競爭的國際組織所構成的「多邊世界」，而不
是一個更加強化的「單一全球體」。美國最近對伊朗與北韓核武
問題的謹愼處置，也朝著這種多邊化的取向努力。

第四，福山憂慮美國在伊拉克推行民主的挫折，會讓反保守
主義勢力把美國帶入悲觀的孤立主義，或與威權政府交好的現實
主義方針。誠然，推行民主未必會解決恐怖主義問題，恐怕還會
使之加劇。激進的伊斯蘭主義是現代化下朝向多元發展的社會過
程中，認同失落所產生的副產品；倘若民主帶來更嚴重的異化，
則更多的恐怖主義是可預期的。無怪乎最近幾次重大的恐怖攻
擊，犯案者都是在歐洲境內，在完全熟悉民主恩典的情況下成爲
激進分子。福山強調，伊斯蘭團體在政治上將有更積極的參與，
這是無可避免的；而激進的伊斯蘭主義也將透過這種方式在穆斯

林國家發揮影響力，因爲威權政體早已無法維持過去那種有效穩定的統治與壓制。哈瑪斯的勝利正反映出此一現象，而福山樂觀地認爲這會迫使哈瑪斯開始學習治理的現實面。

第五，福山認爲「好的治理」（good governance）除了關注民主的威爾遜式政策外，還應包括法治、經濟發展等廣受忽略的實際面向。如果該關注的是「好的治理」，那美國就應該改革、組織、資助那些眞正提升其他國家民主、法治、發展的政府部門或組織。美國確實協助過許多國家推行民主化，而從這些經驗中，美國應該體悟到民主不能從外部強加；民主化是一個長期的、充滿變數的過程，必須仰賴政治經濟條件的成熟。

如前所述，福山並不反對新保守主義者的目標；他重申美國人應該保留對普遍人權的信念，但必須認清美國的霸權與力量並不是實現這個目標的方法。福山主張美國必須發展出一套超越保守主義與現實主義的新觀念，以重新界定美國與世界的關係。

（鍾大智，國立清華大學人類學碩士，著有 *The Possibility of Anthropological Fideism*〔University Press of America, 2004〕）

施琅連續劇爭論與中國大陸政治文化

成慶

　　中央電視台一套黃金檔播放的電視連續劇《施琅大將軍》，目前在大陸引發了思想界的一場激烈論爭，核心爭執點在於對施琅的評價*。這部長達37集的電視連續劇，不僅是中國國家廣電總局重點扶持的「重大歷史題材」作品，而且也得到國務院台辦、國家廣電總局、中共福建省委、中央電視台、台盟中央、全國台聯的支持，可以透視出攝製該劇的基本政治意圖所在。

　　在這部電視劇中，施琅收復台灣這一歷史事件，明顯是以歷史的重新描述來確立兩岸關係論述的主調，即統一成為最高的政治價值，歷史人物的形象也在這一標準下重新歸類和排序。在這樣一個政治論述的前提下，施琅成為弘揚國家尊嚴、促進國家統一的民族英雄，撇清了他早年降清以及後來背叛台灣鄭氏政權的經歷。這樣由國家宣傳機構根據政治情勢來塑造主流人物形象的做法，並非首次，但是隨之在公眾與思想界爆發的爭論，卻將施琅的形象推到一個更為複雜的漩渦當中，論爭的各方所呈現的觀

---

*　主要的爭論文章都可登陸「世紀中國」網站查看，目前業已經作成
　專題，網址為 http://www.cc.org.cn/newcc/channel_wencui.. php?
itemquery=2006年4月B，其他的相關爭論，也可以進入http://www.
ccforum.org.cn 搜索相關內容。

點，背後展現的是中國大陸從晚清以來爭辯不休的一些關鍵議
題，比如漢族中心的種族主義，現代民族國家與傳統帝國，政治
與倫理之間的關係等等。因而，通過施琅事件的爭論，可以大致
透析出大陸目前的一些意識型態光譜，並且也可以挖掘出隨著大
陸政治的發展變遷，歷史人物是如何被重新評估和爭議的，進一
步可以瞭解大陸在現代民族國家發展論述上的一些困境所在。

這一場爭論中的核心人物，莫過於中國社會科學院宗教所的
陳明副研究員。在大陸公共輿論界，他一直被視爲「新儒家」代
表。他在此劇播出後接受媒體採訪，稱自己是該劇本的幕後推
手，並且坦承對施琅有所認同，因爲作爲現代民族國家，對領土
的要求是第一要義，並且認爲在兩岸問題必要時不惜以武力來解
決。但是這一看法，馬上引起幾方面的駁斥，比較直接的指控，
是認爲他爲施琅早年降清的經歷「漂白」，道德上並不符儒家正
統道德；更爲極端的，則是指責他是「漢奸」。

拋開具體的人身攻擊不論，比較溫和一點的，如同屬「新儒
家」代表的蔣慶就認爲，「施琅大節既虧，身名瓦裂，不管降清
後有何功績，士大夫名節已壞，餘事皆不足論。」換言之，他直
接以儒家倫理來評價施琅，並不因收復台灣有功而改變對施琅的
評價。李澤厚更爲直接的批評說，倫理價值是有絕對性的，施琅
作爲再三降清者，倫理上的闕失是肯定的，根本不能將他的平復
台灣當做辯解的條件。至於「統一」這一政治性的目標，李澤厚
則是以滿清入關後所帶來的包括文化經濟上退步，來否定所謂
「統一」的價值優先性。

追溯施琅在中國大陸史學界的形象，基本而言，由於晚清反
滿的種族主義話語的影響，更加上抗日戰爭中高漲的民族主義話
語，施琅作爲背叛明朝而降清的歷史人物，顯然不符合漢族vs.

異族政權的話語體系，因此一直無法得到正面評價。在對公眾甚有影響的金庸小說中，施琅也因爲降清而帶有強烈的負面色彩。長期以來，史學界也對施琅並無太多著墨。但是到了1990年代以後，隨著兩岸關係成爲政治的中心主題，對鄭成功包括施琅的評價開始轉移，慢慢將對施琅的評價放在以統一台灣的政治標準下來衡量。最具代表性的是大陸主流清史學家戴逸在2003年接受訪談時，大力褒揚施琅在收復台灣事件上的貢獻，並淡化明朝與清朝作爲異族政權輪替的「漢族政權論」。這一觀點，可以看做是大陸史學界現在的基本看法，即以「國家一統」爲評價歷史人物的基本前提，有意淡化朝代更替間個人身分的政治倫理困境。

施琅在公眾心目中的形象，則顯得尤爲複雜。這裏面牽涉有三層糾纏的問題，一是傳統政治的朝代更替中，關於忠誠與背叛的儒家倫理判斷，是否仍然繼續有效；二是如何解釋傳統歷史中的英雄人物形象，比如岳飛、文天祥等反抗異族入侵的行爲，如何在今天合理評價；三則是考慮到以上兩個層面，今天的中國作爲轉型中的現代民族國家形態，種族主義話語以及「大一統」等等政治話語，在這個民族國家的建構當中，到底扮演著什麼樣的角色。

今天由施琅引發的爭論，一方面可以看到「統一」這一政治現實主義的話語，不僅在官方，而且在民間，也擁有大量的擁蠆。在這個前提下，統一是最高的政治價值，歷史人物也可以依照此絕對價值來重新定位光譜。但是當遇到如何評價岳飛等歷史人物時，就如陳明一樣，基本上採用的是歷史主義的方式，以不同歷史情境的差別來消解倫理上的困境，並以現代民族國家的歷史作爲割裂清朝以後的基準，認爲現代民族國家的最高目的就是版圖完整。

　　但是這樣一種論調，有些難以自恰，因爲它割裂了傳統政治的一個基本特徵，那就是政治與倫理評價的難以分割。在今天的大陸，功利主義盛行，政治倫理標準的闕失是一部分知識分子擔憂的重心，例如蔣慶、李澤厚等人，儘管前者信奉儒家王道政治，後者相信自由民主價值，但是他們都認爲，對於政治及歷史人物的評斷，不可脫離一個絕對的道德標準。這個道德標準的內容如何，各有不同的說法，或者以儒家倫理爲資源，或則以康德式的絕對倫理爲依歸。由於今天的大陸，道德標準在公眾中尚缺乏一套共識，因此並無一套足夠有力的論述來整合公眾道德觀念。

　　在這樣一種道德性的要求下面，還有一種聲音，就是以「漢奸」這樣一種種族主義的話語來進行指控，但是這樣一套話語本身到底有多少種族主義的實質，我個人表示懷疑。因爲從抗日戰爭以後，漢奸一詞越來越和現代民族國家的建設勾連在一起。「漢」如果仍有區分的含意，也是與日本相區分，而消退了滿漢之類的種族主義區分。儘管在今天的大陸，由於新疆、西藏包括西南少數民族話語仍然強有力的存在著，但是基本上在目前的公眾話語中間，「漢奸」這一類的話語中種族主義色彩並不明顯，更多只是以此表達對「賣國」的指控。而在施琅的爭論中，如指責施琅爲「漢奸」，基本上和當下語境有所脫離。由於「漢奸」這一話語的複雜性，很難預料未來的大陸政治話語中，「漢族中心」的論述會如何藉助歷史復活。但是基本來看，公眾對岳飛、文天祥等人物作高度評價，對施琅則作負面評價，一是因爲前者政治道德上的成就，二是因爲漢族與異族這樣一個內在緊張的因素，由於晚清的種族主義話語的遺留而潛藏、發酵。

　　對於這樣一場爭論，大陸的文化批評家朱大可歸結爲「國家主義」與「民族主義」的對決：他將陳明歸到「國家主義」陣營

當中，而將指責他為「漢奸」的網民和知識分子歸到「民族主義」陣營當中。這一區分雖然簡要的概括了這一論戰的特徵所在，但是其具體的內涵、以及在大陸思想界中的意義如何，恐怕需要另一篇文章才能梳理清楚。值得提及的是，在上海的現行歷史初中教材中，將蒙古統一解釋為「人民都希望統一」，而高中教材則完全將傳統歷史教科書體例更改掉，王朝更替的歷史變成以「大河文明」、「草原文明」等空洞的概念組成的歷史，這進一步的加劇了目前中國大陸歷史教育「去歷史」、「去道德化」的傾向，未來中國大陸公眾對於歷史的理解，將會遇到更嚴重的危機。

　　整體來看，施琅事件的爭論，一方面是由於今天大陸在現代民族國家建設過程中所出現的認同危機，由於社會主義所提供的平等身分的認同開始瓦解。今天官方試圖依靠「愛國」這樣一套民族主義的論述來整合公眾認同，但是由於民族主義論述的內在複雜性，它又無法回應中國傳統歷史中各種民族英雄與敗類的道德評價。結果，要麼乾脆就無視道德倫理的層面，轉而走向極端的政治現實主義，即「統一」的目標。而這一目標也可以最直接的喚起公眾的「國家」想像，快速有效有餘，但是卻對政治倫理造成了損害。另外一些知識分子則意識到今天民族國家建設中的內在困境，儘管他們也有分歧，但是基本上認為，對於歷史人物的道德評價不應該讓位於「統一」的前提，其中問題牽涉到對中國儒家政治倫理的根本認同，不可輕言廢之。

　　如果更為深入的來看，「一統」與「正統」這一對傳統政治概念的內在緊張，在今天仍然在發揮著作用，中國傳統政治中對國家領土「統一」的空間要求，在秦朝得到高度體現，並以此成為「正統王朝」的一個標準。但是另外卻也有以道德標準來判斷政治正當性的線索，如朱子。因此「統一」的功利性目的與「正

統」所蘊涵的道德要求，在今天大陸對歷史人物判斷的語境當中，產生了非常微妙的延續與發展。這不僅涉及我們如何來描述歷史，也涉及大陸未來政治文化的發展，值得繼續關注。

　　（成慶，1977年出生，現爲上海華東師範大學歷史系碩士研究生，攻讀民國政治思想史，曾長期擔任大陸思想網站世紀中國論壇版主。）

香港《二十一世紀》施密特專輯

李國維

　　近年來，在西方、甚至海峽兩岸，德國學者卡爾·施密特（1888-1985, 大陸譯為「施米特」）的思想逐漸引起一股研究的風潮。不僅他的重要著作，包括《政治性的概念》、《憲法學說》、《憲法的守護者》……等大大小小十數篇，陸續被譯成相當高質量的中譯本出版，許多西方相當重要的關於施密特學說的詮釋性著作，也陸續譯成中文問世。不過，在這股風潮中，我們卻發現，占據核心位置的，不是對施密特思想的重要闡釋，反而是對施密特本人及其思想的巨大爭議。身為納粹德國的「王室」法學家，施密特被認為是自由主義的敵人，但對於威瑪德國的憲政缺失的針砭，卻又被認為是自由主義理論的重要諍友。這麼截然不同的角色集於一身，我們要如何看待這位20世紀重要的思想家呢？最近出刊的《二十一世紀》（香港中文大學出版社，2006年4月號）和《開放時代》（廣州，開放時代雜誌社，2006年3月號），以專題評論（「論『施米特熱』在中國」）、書評和專文的方式，提供了一個觀察的角度。

　　基本上，幾位作者對施密特都持負面態度，雖然批判的角度各有不同。首先，季衛東分析了施密特的《憲法學說》。他認為，這本書雖然有助於我們瞭解自由主義思想的盲點以及自由主義體制缺失，但仍然不能算是一本以自由主義為基底的著作。讀者

若由於這本書的部分論點，就以爲施密特是自由主義的盟友，那就是「對施密特學說的曲解、片面宣傳及不適當的讚揚。」他強調，施密特學說的核心在於「誰是我們的敵人」這一終極問題上，對《憲法學說》的理解，不能離開這一基本前提。

劉擎也是從「施密特是否爲自由主義同路人」的角度切入，說明施密特目前在西方學界的樣態。劉擎認爲，第一，要明白施密特究竟是支持威瑪共和還是顛覆其基礎，得要先闡述清楚施密特的憲法學說。其次，說到底，施密特是不是一個自由主義者，並不是那麼重要；重要的是，施密特確實看出了自由主義式議會制的根本弊端。他的學說，有相當部分是在對現代議會體制進行嚴格批判。第三，施密特的思想可能有一個隱密的根源，那就是宗教。也就是說，無論政治哲學或法學，都不是施密特學說所著落的根本樣態，反而神學才是。施密特藉著開創其政治神學，對現代性中的中立化技術理性之特質所引發的虛無性弊病，予以徹底批判。

郭建和貝十川都發現，不僅西方左翼，連中國的新左派，都援引施密特的學說作爲批判自由主義體制的依據。但問題是，施密特這位極右派的思想家，有什麼思想資源可以讓這些左派學者們利用呢？郭建認爲，這是因爲，一，雙方對自由主義有一共識，也就是：自由主義的理念是虛僞的，它之所以宣傳普世的價值，都是爲了幫助統治階級掩蓋政治醜惡與蠱惑人心；所謂的「中立」，不過是在掩飾實際存在的不平等與壓迫而已。二，雙方都希望看到自由主義體制瓦解，從而產生一個新的社會秩序。貝十川則認爲，新左派原先用以批判社會的馬克思主義資源已經失落，亟需另外的資源作爲批判自由主義體制的工具。施密特將民主與自由主義割開，並以此反對議會政治，呼籲進行議會之外的

對抗的觀點，不僅符合他們當時的鬥爭需要，更可以作爲批判之理據。

施密特學說最爲這幾位作者所詬病的，就是「主權者」概念。施密特學說中的主權者雖然是人民，但卻不是我們日常所見的一個個有血有肉的人，而是作爲政治之統一體的人民（das Volk, the people）。在他們看來，這樣的「人民」絕不是一個實體的存在，只能是一種憑空的虛造。這種虛造的人民強調同質性，如果沒有同質性，民主原則就沒有辦法發揮。但一旦強調同質性，就會帶來藉口，讓統治者對多元進行壓制，反而非常不利於人民的自由。他們還認爲，施密特的政治神學中所強調的「主權者就是有能力在例外狀態中決斷誰是敵人的人」的看法，雖然有理論上的洞見，但實際上，原本應是例外狀態的主權決斷，卻往往變成「把例外當正常」，統治者永久篡奪了主權者的地位，遂行專制政治。而這一點，也使他們認爲，中國學界目前對施密特思想的熱中，有爲專制政權張目的疑慮。

最後，對施密特批判最力的，是徐賁。他以兩篇不同的、但脈絡上卻明顯關聯的文章，一方面分析施密特思想中的政治神學根底，一方面批判，中國目前根本不需要施密特式的政治觀點。徐賁的批判根據，主要引用自兩本施密特研究名著：米勒的《危險的心靈》[1]以及邁爾的《施密特的教訓》[2]。徐賁強調，施密特

1　Jan-Werner Müller, *A Dangerous Mind: Carl Schmitt in Post-War European*（New Haven: Yale University Press）, 2003.

2　Heinrich Meier, *The Lesson of Carl Schmitt: Four Chapters on the Distinction between Political Theology and Political Philosophy*, trans. Marcus Brainard（Chicago: The University of Chicago Press, 1998. 中譯本見《古今之爭中的核心問題：施米特的學說與施特勞斯的論題》

的學說不是政治哲學，而是一種政治神學，這種政治神學所著重
的是啓示（信仰）與行動。施密特的「政治就是在區分敵友」這
一著名定義，必須放在這樣的脈絡下，才能看出其眞正的意義。
徐賁引用邁爾的話說，「對政治神學極爲重要的，就是堅持非信
仰是一種錯誤信仰，並把它當做『存在的』敵人來加以抵抗。……
在信仰和錯誤信仰之間沒有『中立』地帶：朋友和敵人是在啓示
的眞理上區分出來的。誰不承認這眞理，誰就是在說謊；誰要是
懷疑這眞理，誰就是追隨敵人。」所謂的「敵友論」，就是建立
在這樣一種黑白、正邪的徹底對立之上的。

說到底，這樣的「把啓示運用到行動中」的啓示政治，當然
是反憲政的政治。而且，它還會是一種將人類心靈在內的一切生
活領域，都統括其中的宰制政治。對應到現實，中國的文化大革
命和毛澤東思想，便和這種思想極其相似。

徐賁當然也批判了主權者概念和例外狀態。他認爲，既然主
權者可以決定何時爲例外狀態，那麼，顧名思義，主權者當然就
是一個不可能時時刻刻都受現有法律約束的人。理論上，主權者
當然可能在例外狀態中擺脫自由主義議會制欠缺政治決斷力的
弊病，而維繫國家的團結。但現實上，主權者其實也就是剝奪他
人之政治權利的人。這樣的人極其危險，他（或他們）極有可能
爲了掌握專斷權，而毫不猶豫地運用主權者權力，將個人或黨膨
脹成國家。尤其對照中國來看，這種可能性更是明顯。徐賁認爲，
或許如有些研究者所說，施密特的學說當時想對付的「憲政之
敵」，是類似共產黨這樣的極權主義政黨。但是，當今中國的現
狀，並沒有如威瑪時期那樣的自由主義議會體制所帶來的分歧狀

（續）───────────────
　　第一部分，林國基譯，北京：華夏出版社，2005）。

態，反而是共產黨一黨專政。如果讓中國的統治者擁有了對「何時為例外狀態」的主權決斷，那豈不是在為專制極權張目？這難道是施密特企盼看到情景嗎？

在這一點上，徐賁也和貝十川一樣，引了許多歷史資料，以及施密特威瑪時期的相關著作，證實施密特其實並不是被迫和納粹合作。徐賁認為，施密特對法西斯主義政權有相當的認同，認為法西斯強調國家，正可以代表人民，對抗上層階級的欺壓。因此，在施密特眼中，法西斯不僅不是對民主體制的壓迫，反而是對治自由主義議會體制之虛偽欺瞞性的良方。從這一點來看，接受納粹政權對德國政局的破壞，或許是施密特思想的題中應有之義。

大致上，這場「施密特熱在中國」的討論，主要焦點除了從理論本身評析施密特學說的缺失之外，便是反省這樣的學說如果應用在中國政局上，將會造成什麼樣誤用與弊害。就後者來看，幾位作者的分析都相當清楚，引人深思。但就前者而言，闡釋的深度是不夠的。其原因並非幾位作者沒有嘗試深入理解施密特的思想，而是在於他們皆以《政治的概念》中的**敵友區分**觀點作為主軸，解釋施密特的著作。我們建議，不妨以《憲法學說》為基點，拉出「人民（Volk）vs.民族（Nation）」、「同一性原則vs.民主原則」這兩條線作為闡釋的主軸，來重新詮釋施密特。或許，將會看到另外一種面貌的施密特呈現於我們面前。

（李國維，國立政治大學政治研究所博士候選人，研究興趣為西洋當代西洋政治思想、民族主義思潮與易學。）

兩位女性主義元老的生死恩怨

李樹山

　　美國著名的婦女運動先驅蓓蒂・傅瑞丹（Betty Friedan）於今年2月4號因鬱血性心衰竭過世，這天剛好是她85歲的生日。

　　隨著蓓蒂的離開，一篇又一篇的訃文開始在全球各主要媒體出現。訃文，理應充滿著對逝者行止的懷念及其所作貢獻的感恩，尤其當被悼念者具有造福社會的成就時，感念與懷想總是訃文的基本範式。大概很少人會反對，面對蓓蒂這位以《女性的迷思》（*The Feminine Mystique*）一書掀起美國第二波婦女運動浪潮，且終其一生奮力不懈推促兩性平權的健將，人們理應在獻給她的訃文中，表達最深的敬意，致上最高的推崇。只是，與蓓蒂同享盛名，並以性解放爲論述軸心的激進派女性主義學者潔玫・葛麗兒（Germaine Greer）顯然不這麼認爲。在一片哀悼聲中，她以批判的口吻撰寫訃文，以質疑的語調顚覆許多人心中偉人的蓓蒂[1]。

1　事實上，蓓蒂與葛麗兒對婦運的觀點本就水火不容，有關她們思想的比較，讀者可參考台灣女書文化出版的《女性主義理論與流派》，特別是書中的第一章〈自由主義女性主義〉以及第四章〈基進女性主義〉。此外，華文世界亦不乏紀念蓓蒂的文章，例如李展鵬的〈中國的弗里丹在哪裡？〉（亞洲週刊，20卷9期，2006）、林博文的〈女權運動與民權運動的兩大保母〉（中國時報，2月7日，2006）、

〈我所認識的蓓蒂〉[2]發表於2月7號的英國《衛報》，這天是蓓蒂死後的第3天。

在這篇形同狀紙的訃文裡，葛麗兒提出的訴訟事由，在於蓓蒂似乎自大地相信自己「**幾乎隻手改變了人類歷史進程**」；同時，葛麗兒也利用此一罪證，解釋蓓蒂廣爲人知的古怪脾性，並舉證了諸多蓓蒂的「惡形惡狀」欲求進一步鬆動她的歷史地位。

葛麗兒壓根不同意蓓蒂如先知般點燃當代婦運的聖火。她認爲，《女性的迷思》不過是反映了二次大戰之後美國婦女的普遍挫折。也就是說，蓓蒂當初扮演的僅是一個中介的角色，充其量是以文字的書寫傳播，讓原本散居四處的女性，透過閱讀而發現相同困境，終至開始集結爭權。因此，是這群在戰後被迫放棄自我實現、重返家庭的主婦，合力突破父權的枷鎖，而絕非蓓蒂隻身改變了什麼歷史進程。總之，蓓蒂的地位是一個集體協作的成果，是讀者讓其成功，是姊妹令其偉大，這一切的一切並非蓓蒂獨力完成。

然而，葛麗兒相信，蓓蒂非但沒有謙遜地理解個人之拘限，反倒自大地以爲，當代婦運的「歷史精神」乃由她一己所創造。葛麗兒對於蓓蒂的此番評價，主要來自她對兩人30多年前一趟伊朗之行的回憶。在葛麗兒的筆中，蓓蒂確實是個蠻橫無理的惡婆娘。例如，她可以佔據葛麗兒以及其他同行人士的發言時間，而

(續)————————————

康慨的〈貝蒂·弗里丹：她的一生和女權運動的未來〉（中華讀書報，2月10日，2006）以及沈睿的〈貝蒂·弗里丹給我們的遺產〉（新京報，3月4日，2006）…等。

2　原文請見"The Betty I Knew," *The Guardian,* G2, February 6. 2006, 或參考網址： http://www.guardian.co.uk/gender/ story/0,,1703933, 00. html

宛若無事；可以強借一台當時兒童醫院僅存兩具的救急呼吸器，而毫無愧疚；可以抨擊伊朗婦運的進程，而全然無視在地脈絡與現實條件；能以「你們這些小丑不知道我是誰嗎？」的粗魯言語咆哮，僅爲了要求專享的接送服務。蓓蒂種種的霸道，讓葛麗兒認爲是一種自大的徵候，因爲唯有自大的人才會時刻在乎「應得的尊重」，否則便跳腳辱罵。於是，在葛麗兒的訃文中，蓓蒂不僅平白享受多年的虛名，更以虛名培養了一身的傲慢。

葛麗兒特立獨行的訃文一出現，果不其然地引來撻伐。《衛報》刊登的兩篇讀者回應[3]，正好巧妙地拆解葛麗兒的寫作策略。其中一位女性讀者以〈蓓蒂·傅瑞丹如何改變我的生命〉爲題，訴說蓓蒂給予她的思想啓蒙，感懷蓓蒂對婦女運動的諸多貢獻，並以「可悲」一詞譴責葛麗兒指控的「虛名」。另一位讀者則是直指，以蓓蒂的人格與行事作風作爲批評的焦點，根本是無聊的舉措，因爲貢獻的有無與性格的好壞，不論在邏輯上或實際上，都是毫不相干的兩件事；更何況，立基於單方回憶的批評，其可信度本就令人質疑。同時，這位讀者也語重心長地提醒葛麗兒，應把精力用於批判父權體制的踐行上，而不要讓婦運的動能就此虛耗在內部的謾罵中。

誠然，沒有人規定訃文該如何書寫，也沒有人應該受到眾人的愛戴，但葛麗兒這篇訴諸個人回憶的批判性訃文確實難稱公允。畢竟，在死後的第3天，除了神靈以外，誰也無法復活抗告。

（李樹山，台大研究所碩士畢業，現擔任研究助理。研究興趣在民主理論與和平問題。）

3　兩篇原文請見"How Betty Friedan Changed My Life, " *The Guardian* G2, February 9. 2006. 或參考網址：http://www.guardian.co.uk/gender/story/0,,1705707,00.html

密爾兩百年紀念

陳毓麟

今年5月是約翰・密爾（John Stuart Mill）兩百年的誕辰，英國作家瑞維斯在雜誌上撰文，紀念這位偉大的思想家[1]。他認為密爾雖然沒有留下系統性的思想，沒有所謂的「密爾主義」，但在200年後的今天，這位英國史上最偉大的公共知識分子的自由主義，與我們仍十分相關。密爾的思想與眾不同而非常具有啟發性，不過他的偉大之處，主要來自於他認為思想與行動不能分開，甚至曾經為了自己的信念而入獄。雖然他認為思想也會造成影響，但他從未以此為滿足，反而致力於身體力行。例如，他的政治經濟學著作，是該領域在19世紀的經典之一，但同時他也致力於愛爾蘭的土地改革；他就婦女的平等權利提出非常重要的論據，並且畢生努力推動相關的法律與政治改革；他在《論自由》一書中為自由所做的辯護，直到今天仍為人所引述奉行，但在擔任國會議員的時期，他也成功的阻擋住了當時的首相迪斯雷利（Disraeli）禁止在公園（特別是海德公園）示威的法案。

瑞維斯指出，在今天的政治討論中，密爾享有權威性的地位，各個陣營的政治人物和評論家都會援引他。譬如說，在英國

1　*Prospect Magazine,* Issue 122, May 2006.

爭論是否應該在公共場合禁煙、或者同性戀的法律地位時，正反
雙方都曾引用他的傷害原則：「只有爲了防止他人受到傷害，才
可以正當地對文明社會的一個成員行使權力，即使違反他的意
願。」此外，密爾善於創造生動有力的語句，常爲人所引用，像
是「當一個不滿足的人，勝過當一隻滿足的豬；當一個不滿足的
蘇格拉底，勝過當一個滿足的愚人」；「我無意說保守派都是笨
蛋，我要說的是，笨蛋通常是保守派」；「英國是歐洲的壓艙石，
法國則是其船帆」；「家庭主婦是英國僅存的合法奴隸」。

　　不過瑞維斯認爲，密爾的作品之所以有這樣大的吸引力，最
主要是因爲他畢生致力於界定與促進個人自由。他的著作本身，
代表著他與自身所受教養的決裂。他的成長過程，事實上是他的
父親詹姆士·密爾和教父邊沁，依據理性效益主義所做的實驗。
他接受大量古典語言、歷史與文化的教育，並且在十幾歲就成爲
出色的邏輯學家和政治經濟學家。這位少年天才沒有朋友、玩
具，也幾乎沒有愛，20歲時，他陷入精神危機，後來靠著唸華茲
華斯的詩才痊癒。這次崩潰之後，密爾逐漸放棄了效益主義。邊
沁曾說：「我不在乎他們是僧侶、兵士、還是機器；我只在乎他
們是不是快樂的僧侶、兵士、機器。」比較一下前述密爾對蘇格
拉底、愚人和豬的看法，即可見他與效益主義的差異。事實上，
密爾認爲，快樂並不是最重要的，自由才是。

　　密爾試圖將許多不同的思想主張冶於一爐。這是他哲學觀點
的長處，也是弱點所在。他想要爲個人行動保存免受干涉的空
間，但也希望在個人自由的理念中，加上關於完美生活的豐富觀
點。他深信人們應該當自己生命的主人，同時又相信某些生活方
式要優於其他生活方式。他思想當中的這些拉鋸，使我們無法在
他龐大的著作之中（最新編的《密爾全集》多達33卷）建構出一

套完整一致的「密爾主義」。不過密爾大概不會在意這一點。他有著英國式的懷疑態度，不相信有甚麼哲學體系，可以一勞永逸地為一切經濟、社會、和政治問題提供答案。雖然沒有一套系統性的思想，但是密爾處理了許多即使在今天都還十分熱門而具有爭議性的議題。在什麼情況下國家安全重於言論自由？宗教在世俗政治當中的位置何在？國家在什麼時候依據什麼樣的理由可以干涉個人的行為？應當如何核可或管制賭博、飲酒和賣淫？密爾在150年前就試圖回答這些問題。

密爾在1865年進入國會之前，已經是非常重要的知識分子，地位崇高。在愛爾蘭爆發大飢荒之時，密爾曾利用他在知識界的領導地位，要求英國的統治階級處理這次的悲劇。然而他的發言與主張未能造成任何的改變，使他體認到從外部影響國會和政府政策的困難，這是他後來成為國會議員的原因之一。

愛爾蘭的飢荒，也激勵他完成《政治經濟學原理》。該書於1848年出版，銷售達32版之多。書的大部分內容是對李嘉圖學說的精彩重述，不過也有一些預言。首先，他提及經濟成長對環境可能造成的危害，因此主張一旦獲得了充分的財富水準，就要在經濟上維持靜止的狀態。另外，他也擔心經濟上長期的激烈競爭，有可能讓勾心鬥角和相互傷害變成人性的常態。

密爾自己倒是免於任何勾心鬥角的競爭活動，因為他擔任東印度公司的「監查員」（examiner）一職，只要從遠距離之外管理殖民地的事務即可。這項職務除了給予他無虞的生活，也讓他學到務實的必要。他認為，這項工作有助於去除許多知識分子身上那種有害的完美主義。

在印度事務上，密爾並不支持其民主與獨立。對密爾來說，自治與民主必須自行爭取，而且只有社會和知識水準都足夠的民

族或階級才能擁有它們。他曾在私下表示，他支持以良好的專制政府統治愛爾蘭，就像英國統治印度那樣。只是民主的精神過早地深植於愛爾蘭，因此無法這麼做。這樣的觀點聽來十分的帝國主義，不過另一方面密爾也是一位國際主義者，對法國的歷史、文化和政治都很熟稔，對美國的新興民主也十分著迷。他時常指責同胞的偏狹、不願向他國學習，英國的保守主義固然防止革命的發生，卻也阻礙了革新。

　　不過密爾對同時代深思熟慮的保守主義者十分尊敬。他欣賞華茲華斯，並且從卡萊爾、柯立芝、歌德處學到許多觀點，例如人格品質的重要、在廢除一項制度之前要先知道它代表的意義、多數問題都具有多重面向、以及民族文化對社會整合的重要性。瑞維斯認為最後這一點在今日特別有意義，因為當前人們正試圖將「英國性」與多元文化和個人主義相互調和。密爾雖然反對軍國主義和對戰爭英雄的崇拜，但是他認為的確需要有一個共同的民族重心，無論它是宗教、世俗政治價值或個人，都可以。他說，要讓在同一政府統治下的人民都覺得具有共同的利益；讓社群的某一部分，不覺得自己在另一部分的人眼裡是外人，讓他們覺得彼此屬於同一民族，命運相繫。

　　密爾對某些保守主義理念的友善態度，讓他失去許多的盟友與友人。在許多政治議題上，密爾仍然屬於激進的一方，像是擴大選舉權、廢除貴族與教會的特權等等。不過他也樂於反對自由派的意見，例如他反對秘密投票，原因是他認為，秘密投票的時候人們會只依據私利來投票：人們應當公開的捍衛自己的信念，而不是躲在投票亭中圈畫。事實上，密爾樂於與他人不同。據他的朋友說，密爾自述，遇到效益主義者，他是個神秘主義者，但遇到了神秘主義者，他就變成效益主義者；而遇到邏輯學家，他

要強調情感，但遇到情感主義者，他又變成邏輯學家。

瑞維斯認為，密爾思想中的矛盾，反映出他總是在兩種時態上思考。一方面他希望在短期內造成某些變革，如擴大選舉權、言論自由、社會福利，另一方面，他又擔心長期而言這些措施可能造成的後果：集體的平庸、民意的暴政、對國家的過度依賴。密爾擔心當下的做法會造成日後問題，在他的《論自由》之中表達得最為完整。

密爾最著名、影響最悠遠的著作是《論自由》，前述的傷害原則即出自此書。不過對密爾而言，自由包含的不只是不受干涉，還要求個人選擇自己的人生計畫。有價值的美好生活，必然是經過自己選擇的生活，因為如此個人才能發揮天賦的各項能力。密爾並認為，對個人自由最大的威脅，並非來自國家，而是主流民意的專制與束縛。

有些批評者認為，《論自由》低估了社會習俗與秩序的重要性。瑞維斯指出，密爾其實也主張社會應有彼此共享、以資固著的基礎，而他在《論自由》中也提到，道德責難可以有效地制衡反社會的行為。然而密爾的確強調了民意與習俗的專制危害。他的重點在於，凡壓制個體性者皆為專制，無論它來自國家或群眾。還有一些論者認為，密爾對人性所抱持的態度過於樂觀而不切實際，他認為人會不斷地藉由生活的實驗追求個人的發展，藉此帶來多樣的生活方式、個性與觀點。然而19世紀以來的歷史，讓多數人無法再抱持這麼大的信心，在今日，他的樂觀主義通常無法通過懷疑主義的質疑。

《論自由》對思想與言論自由的討論，深具啓發性。密爾認為進步有賴於真理：在意見不斷的碰撞中最可能找出真理，而言論自由則是形成這些碰撞的必要條件。密爾並堅持，宗教也可以

受其他思想體系的批判，無論這些批評是否造成了反感或冒犯。瑞維斯認為，對於當前有關宗教仇恨和穆罕默德漫畫的爭論，密爾會站在甚麼立場，我們可以十分確定。密爾對言論自由的辯護，也十分有力，他不以人權而以工具性的後果為基礎，為言論自由辯護，因此我們或許無法完全確定我們有言論自由的「權利」，但是我們很確定，失去這項權利將對我們造成損害。在政府角色方面，密爾重視地方政府與結社，他認為要保護地方的組織與自發事業免於中央政府的干擾。中央政府的主要角色，是儲放在各種實驗中所獲得的經驗，並且將這些經驗積極的傳播出去。

《論自由》出版6年之後，密爾成為倫敦西敏寺選區的議員。一進入國會，他就針對改革法案提出修正案，要求給予婦女同等的投票權。他疾聲譴責英國在愛爾蘭中止人身保護令的做法，他嚴厲的追究在牙買加血腥鎮壓的總督。雖然密爾的許多提案都沒有成功，但是他的聲望，讓他可以利用國會作為指導和推動公共心靈的工具。

在瑞維斯看來，密爾不是天生的政治人物。他缺少政治人物的交際手腕與冷酷。但是他堅持貫徹他的理念，使他成為19世紀的偉大人物之一，他的生平事蹟與不朽著作，共同激勵了我們。

（陳毓麟，台大政研所碩士，研究興趣為平等、民主理論、多元文化主義。）

俄國哲學史新論

彭淮棟

　　俄國哲學史不易措手。西方學術界與思想界常問，蘇聯時代的歷史唯物論國家哲學以外，俄國有無哲學？俄國人似乎以政治與社會思想行動見長，西方哲學界兼治或旁及俄國哲學者，大多視其爲哲學化外之地，即以其爲庶出末裔，不足以獨立自成哲學或一門學問。

　　俄國缺乏西方意義的正式哲學經典或哲學流派，非即沒有哲學理念、哲學思考或哲學思潮。不過，如何由這些理念、思考或思潮之中，自點而線，看出「史」脈，整理成「史」，頗費思量，是以俄國哲學史不乏作者，各有方法，也各具系統，而爭議隨之。

　　論俄國思想，必提伯林(Isaiah Berlin)。伯林於此園地情有獨鍾而拳拳致意，以其生花健筆慷慨評介，沾溉後學，功勞莫大。唯伯林以觀念史(或思想史)家名世，其本門心法不在哲學。文集名著《俄國思想家》(*Russian Thinkers*)即其取徑最佳寫照，全書談俄國知識階層在思想眞空之中，得德國形上、唯心哲學(黑格爾、謝林)與法國社會學(聖西蒙等)之一二理念，就當時俄國環境，推出極端結論，矢志實踐，大破大立，毀天滅地，九死不悔，卒爲「理性之狡獪」所趁，幾番艱辛，成列寧之功。伯林所述，實爲十月革命前整個思想觀念及其實踐歷程，初非一般所知之「哲學史」。

自古革命，思想醞釀之漫長，未有過於法國大革命與俄國大
革命者，伯林已在《俄國思想家》中點出。至於思想觀念與行動
之密合，則俄國大革命醞釀期之知識階層恐猶過於法國大革命諸
子。故談19世紀俄國思想，必言其政治社會變革，思想之討論甚
至反成政治社會史之附庸，俄國哲學每每亦然。

英國作家里絲莉・張伯倫（Lesley Chamberlain, 1951-）於2004
年出版 *Motherland: a History of Russian Philosophy*, 全書350頁，
說1815至1991年之俄國哲學思想，寫法獨特，頗獲回響。

俄國哲學本是西來之物，伯林所持19世紀俄國政治、社會思
想觀念無一源出本土之說，已是常談。張伯倫讀伯林《俄國思想
家》諸文而有興趣於19世紀俄國思想，她接受《今日哲學》
（*Philosophy Now*）期刊訪談，則自言小說家湯瑪斯・曼（Thomas
Mann）善用「俄國」因素（筆者按，應指托爾斯泰之博大視野與
敘事規模而言），她讀之而有意於俄國哲學。

自思想而哲學，須有轉折。張伯倫返取西方哲學傳統，寢饋
於柏拉圖、笛卡兒、休謨、康德、黑格爾，獲得結論：「我明白
看出，在俄國社會與政治思想之外，俄國有哲學。」她因此將俄
國哲學獨立視之，只是由於其性格與特徵極其獨一無二，她將其
實踐者界定爲「俄國式哲學家」。若然，則此哲學即「俄國式哲
學」。

俄國精英19世紀初葉取經於西方，起初照單全收，隨後配合
本土現實而調整去取，於西歐理性主義啓蒙運動之外另尋啓蒙救
贖之道，於西歐知識理論（認識論）之外，以倫理／宗教態度別求
知識之路。張伯倫指出，他們捨笛卡兒之理性思考，而取巴斯噶
之神秘形上，由此開出另一片哲學蒼穹，因此她以巴斯噶爲「俄
國哲學之父」（founding father）。

Motherland一詞難譯，筆者藏拙，以待識者。全書分四大部，第一部「知識階層之形成」，依序交代1815至1917年主要人物與運動，如查德耶夫、別林斯基、赫爾岑、西化派與斯拉夫派、民粹主義者、馬克思主義者，及世紀末之宗教思想家，主要為普通讀者介紹場景，條理分明，文字曉暢。

第二部為「俄國哲學之形成」，黑格爾身影隨處出沒，其影響主要有二，且兩者互為枘鑿：一是他以「反者道之動」而指社會因矛盾而變動不居，知識階層處於令人窒息的專制體制之下，饑渴求變，視之為救星，二是他以現實即理性，知識階層開山導師別林斯基等人斥其無視人類苦難與社會不義，忿而「退票」。別林斯基諸人指黑格爾之「理性」為專制獨裁體制維持現狀之幫凶共犯，於是離開黑格爾，連帶理性、理性文化一併棄之，影響深遠。

第三部專論列寧，催陷列寧之哲學名分，以貝德耶夫（Berdyaev）等宗教哲學家之哲學真質，反襯列寧或有「思想」，「哲學」則殊未必，從而彰顯其哲學之僭偽。

第四部分涵蓋蘇聯時代，以至今日。張伯倫主張俄國哲學的「悠長傳統」不終於1917年，而終於1991年，並指出俄國哲學對理性之不信任，以及其後現代成分，與當今西方不謀而合，頗有可供西方攻錯之處。俄國「反啟蒙運動」、「反理性主義」哲學之路，至此而與西方趨同，雖然氣質、內容仍然頗異其趣。

論者常謂，俄國哲學嚮往柏拉圖式「理型」，而構思與實踐「理型」之道自成一路。據張伯倫視之，其道內涵為倫理學，氣質為詩，風調形上，神秘主義取向。如此組合，的確獨特。她說，具備這些特質而最真切給人俄國哲學之「真實觸感」者，為杜斯妥也夫斯基，以及其詩人兼哲學家知交索洛夫佑夫（Solovyov，

1853-1900）。俄國思想之士拒斥理性，自別林斯基退黑格爾之票，下迄杜斯妥也夫斯基筆下卡拉馬助夫鏗鏘呼應，以及索洛夫佑夫提倡「神聖智慧」，基本精神一脈連貫。

這樣的哲學既不乏令人著迷之處，也有其豐富的正面遺澤，但張伯倫慨然點出，缺乏理性傳統，導致俄國哲學喪失「客觀性」的判準，並使俄國哲學與知識論「無用於追尋眞理」。她說，此亦所以「18世紀末葉以還兩百年俄國哲學」雖非「道德上的失敗」，卻是「一場智識上的挫敗」。

張伯倫在牛津大學修德文與俄文，本職爲記者，另寫小說，處理西方哲學與俄國哲學，屬半路出家，*Motherland*自成系統而持之有故，論者有謂成就可觀，有謂不値一顧，「今日哲學」由斯拉夫學行家惠勒（Marcus Wheeler）所寫書評，形容此書以偌小篇幅談偌大事體，爲 "tour de force"（義近「特技表演」），並許其熟覽群籍，於俄、德語文、文學、哲學俱見深刻了解，思考深入而眼光獨特，總評此書「多爭議，時而令人氣結，但生動且刺激思考」。

唯其半路出家，故能道科班專家所不能道，又唯其半路出家，遂多專業學界以爲驚人之論，惠勒舉出數則，例如她將俄國所有思想異議之士盡歸爲「宣揚反啓蒙之反理性主義者」，後來復稱之爲「無政府主義者」（「混淆不清」）；「除了實證主義，俄國哲學都是神學其心」（「恐難成立」），以及「蘇聯馬克思主義……馬克思主義其表，存在主義其實」（「令人驚異」），凡此種種，惠勒形容「有如一挺頂級機槍不分青紅皂白一陣掃射」，令人莞爾。

（彭淮棟，專業翻譯家，譯有多種經典名作。他的譯筆在信達之外更稱典雅細緻，可供讀者品賞。）

加拿大學者在北京教政治哲學

廖斌洲

　　加拿大政治理論家貝淡寧（Daniel A. Bell）的研究興趣廣泛，包括許多當代政治哲學重要議題，如自由主義與社群主義的對話、人權以及正義戰爭等等。他同時對於中國文化（尤其是儒家文化）具有濃厚興趣。他近年任教於北京大學和清華大學，並於最近將他在中國教書的心得，在美國雜誌上發表[1]。透過一位西方的政治哲學家之眼，來觀察中國當前的學術氣氛，讀者當會感到興趣。

　　貝淡寧到中國任教之後，發現這裡的學術氣氛跟他先前任教的新加坡有很大的不同。在新加坡，系主任要求他在課堂上少談以反對集體平庸而聞名的約翰彌爾（1806-1873），多談社群主義。在中國，學者卻可以自由地決定授課的內容，也可以和同事談任何議題。學術刊物受到的限制也較少，前提是不抨擊領導人或是倡議多黨體制。此外，中國的特定資本家，也會支持改革派的知識分子舉辦討論會。這些討論會相對自由，像他就在一場討論會中和中國知識分子交換關於正義戰爭的看法；然而，涉及兩

1　Daniel A. Bell, "Teaching Political Theory in Beijing," *Dissent Magazine*, Spring 2006. http://www.dissentmagazine.org/ article/? Article=418

岸關係之類的敏感議題，在這類會議當中被仍應避免。

提及課堂上的教學經驗，貝淡寧教授說，他曾在清華大學教一門關於正義和非正義戰爭的課。在中國，人們用現實主義的典範來看國際政治，是非常普遍的現象。但是，他認為學生們有必要去考慮具有道德判斷色彩的理論。這對國際影響力日增的中國而言，尤其重要。在另一次討論課中，他與學生討論到國際人道干預的問題。多數中國人都很難相信，可以用道德基礎來判斷是否可以進行國際人道干預，但貝淡寧要學生們想想，如果鄰居父親殺害了兒子、如果鄰國政府進行種族屠殺的話，是否可被允許？學生們在這點上同意了人道干預的正當性。他也舉了盧安達和科索沃的屠殺事件和學生討論，但在科所沃的例子上，學生們卻以干預後卻造成更多的死傷為由，而反對人道干預。換言之，他們採取的衡量標準是後果論立場。

有一位來自黨校的學生，提出了一個關於主權的問題。他主張人權不能高於國家主權。貝淡寧教授對他的回應是，人權才是構成國家主權的基礎；國家的道德價值，就在於它能夠更好地確保它的人民的基本人權。然而，這個回應卻令這位學生困惑。由此可以看出，中國傳統上「皮之不存，毛將焉附」的國家優先觀點，仍然廣泛地存於中國人心中。西方自近代以來所發展出的「人民的聲音即上帝的聲音」，以人民主權為基礎。這樣的觀點，他們還難以想像。此外，貝淡寧還與學生們談到正義戰爭的替代方案。他認為，對付一個國家的不公正行為，經濟制裁有時候比發動戰爭更合適。談到這個問題時，黨校學生對教授提出一個問題：在六四天安門事件後，西方國家對中國實施經濟制裁之舉是否合理？貝淡寧教授間接地回答道：沒有人會主張外國政府應在六四事件之後進行軍事干預，因為干預一個核武國家，必須將付

出很大的成本。

接下來，貝淡寧教授在文章中也談到中國教師的地位。他觀察到，在中國，教書如今享有很高的社會地位，國家爲教師實行了相當多的優惠政策，可見知識分子的地位，已不同於文革時期的情形。貝淡寧說他在教課的過程中，總是儘可能將各種思想家的不同觀點介紹給學生。可是學生們總是希望老師在講課的時候，多談談自己的觀點。這似乎是因爲儒家傳統將教師視爲思想權威的緣故。此外，教師也必須關心學生的生活，因而師生之間的頻繁互動就是常有的事了：老師常常邀請學生到家裡作客，學生也常會送老師禮物，尤其是在教師節的時候。貝淡寧提及他的學生輔導他學習古漢語，卻不願意接受任何酬勞，因爲這些學生似乎認爲，這樣違反了他們對於教師角色的期許。可見，中國的師生相處模式，模糊了西方人想像當中對於公領域和私領域之間的界線。

還有一件有趣的事，貝淡寧觀察到，在中國的學校，學生公開地使用複印的書。不過他也承認，在這些學生的經濟情況下，若期待他們買英文原版的書反而不實際，於是他也不諱言會提供西方書籍供學生去複印。

總結來說，貝淡寧在中國所面臨的挑戰，主要來自文化面向。在討論課當中，他深切體驗到中國人對於特定的價值是多麼不同於西方人，最顯著的例子當然就是關於主權與人權之間關係的議題了。在與學生相處的過程中，他終於明白，儒家傳統之下對於「夫子」的想像，究竟是以何種樣貌呈現出來。儘管中國至今對於媒體自由仍有諸多的管制，然而我們可以發現，在中國的幾所主要大學，已經在相當大的程度上允許自由的學術討論。如果高度自由的討論氣氛，在一個培養未來領袖人才的學術殿堂當

中已經出現，那麼人們就能夠進一步期待，中國社會在未來可以
更好地邁向自由化。這當然有一個重要前提：中國知識分子必須
清楚地意識到集體平庸所會造成的可怕後果，進而努力去倡議個
體精神的昂揚展現。

　　（廖斌洲，政治大學政治研究所學生，其研究興趣領域為西洋
政治思想史，尤其是基督教政治思想、蘇格蘭啓蒙運動思想。）

美國學院左派的自殘

鍾大智

　　哥倫比亞大學新聞與社會學教授吉特林（Todd Gitlin），最近在《高等教育紀事報評論》[1]討論美國學院左派最新一波追求政治純淨的趨勢。吉特林認為，在美國最近反智主義當道的氣氛下，這樣的趨勢是奇怪的。

　　例如，政治領袖們相信這個國家是建立在基督教信念，而非啟蒙的觀念上。當談論到演化、氣候變遷、幹細胞、避孕等議題時，布希完全忽視科學判斷。布希的傳記作者曾經指出，布希在2005年時讀完克萊頓（Michael Crichton）的小說《恐懼狀態》（*State of Fear*）後，曾與這位主張全球暖化問題是科學偽造的作者會面一個小時，並且達成共識。

　　不僅政治人物的反智作為不勝枚舉，廣大的美國人民也生活在幻想的統治下。民調顯示，近八成的共和黨民眾與近四成的民主黨民眾，在對伊戰爭開始時相信海珊擁有大規模毀滅性武器。

　　然而，在這樣的氣氛下，學院左派卻不去檢討為什麼數十年來理性在美國遭到挫敗，也不去討論公眾的無知。左派學者從學院外的政治領域退卻，並且忽視美國的現實發展趨勢，反而沈迷於對異國事物與艱澀術語的癖好，與各種熱門的「後」什麼的理

1　*The Chronicle Review*, Volume 52, Issue 35, Page B6.

論。就像左派早有的一種儀式，今天的學院左派把矛頭指向自己
的內部，痛批那些被認爲是異端的自由派。但是，在今天的美國，
沒有任何的政府部門是由自由派掌控，那些自由派的組織機構已
經岌岌可危，美國媒體幾乎已一面倒向右派。

異端的自由派，尤指二戰後嬰兒潮中誕生的自由派，特別是
人文學科中的自由派學者。吉特林指出，今天美國學院普遍存在
這樣的意見：自由派對群眾與意識型態鬥爭的背叛，可以用來解
釋爲何美國今天會淪落至此。最近出版的三本著作正呼應了這種
看法，它們分別是布雷南的《立場之戰：左派與右派的文化政
治》，拉特的《消失中的自由知識分子》，與荷羅維茲的《教授：
美國最危險的101位學者》[2]。

吉特林本人在這三本書中都是被攻擊的目標。荷羅維茲批評
吉特林在著作中公開宣稱自己的國家不值得尊敬與忠誠。布雷南
則指控吉特林抱持猶太復國主義，並曾爲美國在拉丁美洲、伊拉
克與其他地方的干預道歉。吉特林辯稱，他區別值得尊敬、效忠
的國家與不值得尊敬、效忠的國家政策（意味他仍然認爲美國是
一個值得尊敬與忠誠的國家，儘管它的政策不是）。對於布雷南
的指控，他坦承他確實認爲，以色列跟那些並不那麼完美的中東
國家一樣有存在的權利；此外，他近幾年來也反對布希對伊拉克
的政策。不過，吉特林這篇評論的重點，是放在這些著作裡對學
院左派的診斷，而不是爲自己辯護。

2　Timothy Brennan, *Wars of Position: The Cultural Politics of Left and
　Right*（New York: Columbia University Press, 2006）; Eric Lott, *The
　Disappearing Liberal Intellectual*（New York: Basic Books, 2006）;
　David Horowitz, *The Professors: The 101 Most Dangerous Academics
　in America*（Washington, D.C.: Regnery Publishing, 2006）.

　　布雷南認為，假的激進左派已經掌控一大部分的大學體系，結果正好是左派的大挫敗，亦即使得左派的政治觀點完全從公眾討論中被驅逐出境。照布雷南的說法，有三個互相串連的過程導致了這種情勢：第一，中產階級移民、前殖民地出身、或那些號稱是受壓迫階級出身的大學學者，人數不斷增加；第二，二戰時代的歐洲右翼哲學再度流行；第三，超級專業主義（hyper-professionalism）的興起。這幾股力量雖然帶動了一種「認同政治」，但卻並沒有激發出昔日左翼政治的信念與活動力。馬克思主義與左翼的海德格主義被後結構主義所取代；包容各種膚色、卻又不挑戰財閥的多元文化主義，凌駕了左翼觀點。結果，一整代人都與政治脫節。

　　另一方面，某些以「理論」為名的批判論述，卻變成文化主流，影響好萊塢的劇本、廣告製作人、龐克樂團編曲、前衛劇團、非主流出版社與中產階級雜誌。因此，著名評論家伊格頓（Terry Eagleton）所宣稱的「理論已死」，根本不是真的。布雷南認為，宣稱「理論已死」，不過是因為理論的支持者想為自己掛上一個更時髦的標題，像是生物政治、地方性知識、文化轉向等等。布雷南要的是真正的政治，有組織鬥爭的、推翻資本主義的政治，以階級為基礎的革命，而不是文化研究所散佈的那種消費者無政府主義、躲進小樓的政治、文化意義的理論、或通俗文化的最新潮流等等。布雷南說，當大學生被迫閱讀模仿班雅明的三流作品時，就只能學會將批判的社會分析給美學化，而不是組織起來對抗資本主義。

　　吉特林對布雷南語多嘲諷。吉特林說，布雷南雖然清楚共產主義過去犯下的罪行，卻辯稱共產主義對人們的傷害無法與自由資本主義相提並論，甚至還宣稱不需去了解史達林主義、毛主義

與實際支持史達林式政策的切·格瓦拉，以免挫傷了大家的積極性。吉特林也批評布雷南只是一味攻訐，提不出有力的論據，或只是突顯出理論立場間的差異，卻沒有好好評估理論的真假。吉特林說，如果你想了解傅科或薩伊德一些觀念的緣起與發展，布雷南教授可以教你，但是你絕對不會從他那裡知道傅科支持伊朗何梅尼的革命、薩伊德對海珊的暴政保持沈默這些事情。

拉特在《消失中的自由知識分子》一書中，以毫不文飾的筆調，批評那些妄想社會民主改革的知識分子都是些政治自滿的稚嫩面孔，說他們犯了罪，背叛了左派。拉特幾年前在維吉尼亞大學曾經協助職工爭取工資。對拉特來說，這種抗爭活動便標誌著一種可以打倒白人特權與國家體制、由下而上的革命，而阻擋這種革命的，就是自由派知識分子對國家仍有難以割捨的情感。

吉特林表示，拉特重複著那種陳腐的左派嗅尋異端的故事：不論這些戰後嬰兒潮的自由派如何阻擋，馬克思那種老式的社會革命將堅毅地前進；但自由派難免不把革命帶入歧途。新社會運動中的每一方，黑人、少數民族、同性戀、女性、工人等等，都有責任挑戰某個宰制性的社會機制，並尋求最廣泛的串聯。吉特林則指出，除非人們真能堅持那種日常生活中的抵抗與全國性的、多線的活躍運動，否則很難成為拉特所要求的左派。此外，拉特認為當代黑人知識分子已與自由主義妥協，乃至於天真地相信白人是可教育的；雖有許多著名的社會學家、史學家、哲學家批評「純粹的民族性」觀念，他們卻被拉特指責為「色盲俱樂部」。凡拉特認為是思想犯罪之處，他就要將其冠上「布爾喬亞」的帽子。

吉特林指出，每當革命受挫時，左派總是認為自己背後被捅了一刀，於是不斷在內部尋找敵人。這種派系鬥爭在大學英語系

內部也許還有賣點，在社會上卻少有市場。與其抱著革命精神詛咒那些嬰兒潮自由主義分子，廣大群眾還是寧可選擇國家，以及務實的美國政治。

　　吉特林認為，以信念為基礎的左翼政治已經消耗殆盡。的確，當前美國社會中的移民抗爭、對財閥與原教旨主義的抗爭、拯救地球免於污染的抗爭、爭取弱勢族群權益的抗爭等等，沒有一樣發自學院左派。如果學者真的致力於改革，那就應該就稅務、教育、就業、貿易、外交政策、與免於聖戰的威脅，貢獻己見。但今天的學院左派顯然更在意護持自己漸次消隱的光芒，並認為對叛徒的警戒能夠強化自己。然而這一切，就吉特林看來，不過是表現他們的無助罷了。

哈伯瑪斯談知識分子的覺察能力

魏楚陽

2006年3月9日，德國哲學家哈伯瑪斯（Jürgen Habermas）於維也納獲頒布魯諾克萊斯基獎（Bruno-Kreisky-Preis）[1]。在得獎演說中，他以知識分子的覺察能力為題，談到知識分子的自我體認，以及當代媒體與網路對知識分子角色的衝擊。他也以知識分子的角度，對歐洲及世界局勢提出建言。

奧地利馬克思主義

由於演講是在奧地利舉行，因此哈伯瑪斯特別提出奧地利馬克思主義（Austromarxismus）傳統對他早年的啟發。他初到法蘭克福社會研究所擔任阿多諾助理的時候，便面對一個問題，即法學與社會理論的關係。而奧地利馬克思主義者卡爾·任能（Karl Renner）於1929年所寫的《私法的法制制度及其社會功能》，開啟了哈伯瑪斯接觸奧地利馬克思主義的契機。哈伯瑪斯追述，在奧地利馬克思主義身上，他發現了三件重要的事情。第一，理論與政治實踐，有著不證自明的連結關係；第二，馬克思社會理論

1　布魯諾克萊斯基（1911-1990）是奧地利社會民主黨領袖，1970-1983
　　年擔任奧地利總理。克萊斯基人權獎每兩年頒發一次。

對學院理論的開放態度；第三，也是最重要的，就是毫無保留的
認同民主法治國的成就，同時亦不放棄遠遠超越了現實狀況的目
標。他認為，卡爾‧任能與其他一整代奧地利馬克思主義者，雖
然參與政黨活動，但卻保持著不受政黨約束的學者與作家的自由
身分，可說是戰後歐洲知識分子例如卡謬、沙特、阿多諾、馬庫
色等人參與政治的先驅。另一方面他也強調，由於這些知識分子
並不以菁英分子自居，所以在民主社會中可以以一般公民的身分
發言。

知識分子及其公共領域

在此脈絡之下，他對知識分子所處的情境做了如下的描述。
知識分子透過生動的說理來影響大眾的意見，而這有賴於一群能
有所共鳴的、覺醒的、以及資訊充足的公眾。知識分子需要一個
在某種程度上具有自由派心態的公眾，他也需要一個運作有效的
法治國家，因為他必須為受壓迫的真理而戰。然而知識分子也處
在一個理想的政治尚未在當前的國家行為中出現的世界。這個世
界有著對立的政治文化，公民們擁有溝通的自由與行動的機會。

但是知識分子的所處的情境，在現代電子媒體與網際網路當
道的社會之中，出現了一些重要的變化。哈伯瑪斯認為，網際網
路固然對傳統的公共領域造成了顛覆的效果，但是由於網際網路
橫向的以及去形式化的連結特性，傳統公共領域的成就也因而削
弱。某種特定觀點的文章，可以在網際網路凝聚特定的群眾。這
雖然是平等主義的展現，但其代價卻是所有未經編輯的文章，皆
能直接被讀者閱讀與討論。此種去中心化的文章傳播方式，使得
公眾無法針對篩選過的主題和文章形成討論的焦點。然而若要因

此認定電子革命破壞了知識分子的舞台，或許稍嫌武斷，因爲藉
著電視在公共領域的傳播，報刊雜誌及文學的影響力都有了成
長。至於電視本身則是以影像代替文字，觀眾的記憶也以其所見
的爲主，因此即使是討論性節目，最後都成了參與者爭取觀眾注
意的自我表演。哈伯瑪斯認爲，知識分子應該避免這種電視節
目，避免混淆了討論與表演。知識分子的名聲，主要不是建立在
知名度之上，而是建立在作爲學者或是作家這個領域之中的聲望
之上，之後才能論及公共的聲望。如果知識分子投入一項辯論，
其目的是交換意見，不是舞台上的矚目；他的對象是潛在的對話
者，而非單純的觀眾。

　　哈伯瑪斯指出，知識分子必須扮演預警系統的角色，對於大
眾習以爲常的事件，以其靈敏的覺察力事先提出批評。他認爲知
識分子需要具備幾項平凡的美德。第一，對於共同體規範性基礎
受到的傷害，具有多疑的敏感度；第二，戒愼地預知政治生活所
需的心理建構可能受到的危害；第三，有能力發現現狀的不足，
並另尋出路；第四，些許規劃替代選項的想像力；第五，些許激
發對立、煽動討論的勇氣。這些知識分子的特質，其實也是知識
分子之所以爲人所稱道的理由。哈伯瑪斯坦承，知識分子固然應
具備良好的政治判斷力，避免做出過度的反應，但事實上許多知
識分子，即使如韋伯、熊彼得等人，皆不斷被批評爲追求純淨而
過度反應，不過知識分子並不應該在這種批評之下退卻。

歐洲的未來

　　最後，哈伯瑪斯以一個知識分子的角度，對歐洲整合的前景
做出具體的建議。他認爲，當前國際政治重回赤裸裸的霸權權力

政治，西方世界與伊斯蘭世界的衝突，許多伊斯蘭世界國家因而受到的結構性的傷害，以及長期以來的殖民歷史與未完成的去殖民化的後果，對世界局勢而言乃是警訊。而唯有一個具有外交能力的歐盟，才能打破當前由美國主導的國際局勢。因此，歐盟必須擁有民選的總統、執行歐盟外交政策的外長、以及自己的武力，因為目前歐盟的武力受到由美國主導的北約組織所管轄。此外，歐盟則必須更忠誠地遵守國際法，嚴格遵守有關刑求與戰犯的相關規定。

　　哈伯瑪斯透露，他的這些具體建議，正是回應比利時總理費霍夫司塔所著《歐洲合眾國》（*Vereinigten Staaten von Europa*）一書中的呼籲。哈伯瑪斯以此為例指出，高瞻遠矚的政治人物，其實是有能力支配知識分子的。

　　（魏楚陽，政治大學政治學碩士，目前於德國慕尼黑大學攻讀博士，主修政治學，副修基督教神學，研究方向為黑格爾的國家理論。）

追尋一個消逝的年代：
《八十年代訪談錄》

楊羽雯

　　對於台灣的知識分子來說，時代的印記，固然能留下一種特殊的生命經驗，但並不是每個人都會有深刻的感受。畢竟，即便是經歷了戒嚴時期的知識分子，也有不少人的精神生活豁免於這樣的時代烙印，更遑論1990年代解嚴後出現的世代。前幾年開始的懷舊熱，在商業包裝下，或許讓不滿現況的人有所寄情，但在時代的內涵上，並不足以勾勒出「那個年代」的文化特徵，更遑論一種深刻的社會反省。

　　但是在中國大陸，由於幾十年來接續的風潮滲透到了社會的每一個層面，幾乎沒有人能置身事外，所以他們的「回顧」，往往也有著廣大的震撼力量。這幾年，大陸文化界出現一股「溫故」的風潮，出版品多以個人口述歷史為主，憶往的時間跨度極大，從1949年中共建政之初，歷經1950年末的反右運動、1960年代的文革、1970年代末起的改革開放、1980年代的文化熱等。而這類個人歷史無論是以名人或以事件為敘事主軸，都受到相當的市場肯定。這其中讀者不只市井小民，也有訴求知識菁英的作品，而數量、種類之多，是一個很特殊的文化現象。這麼多人對「過往」有認識的渴望，反映出中國大陸特殊的語境，那就是社會對當下的「失語」症候群：中國人對當下不能暢所欲言，只能留予他年說，甚至此刻論及當年，還是有著大小不同的政治禁忌。在

這些憶往作品中，或多或少都看到這種欲言又止的痕跡。

在這麼多樣的憶往作品中，5月裡出版的《八十年代訪談錄》[1]，是比較特殊的作品。特殊之處不僅在於作者訪談的對象是12位（出版時因刪稿問題，其中一名受訪者要求撤稿）深具文化指標意義的1980年代風雲人物；重要的是，作者透過和老友的對談，帶出一個嚴肅的課題：1980年代的文化

人，如何面對重建文化與內心秩序的嚴苛問題？

查建英在文革末期就讀北大，1980年代初就赴美留學。她的1980年代情結，初始於1970末文革後社會解凍的暗流湧動氛圍。1980年中在美國社會，與歷經1980年代文化熱之後出國的中國精英，共同比較了東西、1980年前後的文化差別。1987年她回到北京，經歷了89民運後回到美國，1990年代初又重回舊地，卻發現了一個新的時代。那些曾有1980年代印記的人仍在，但屬於1980年代文化熱最重要的態度：理想性與熱情，已被專業及社會分工所取代。人的資訊管道及選擇自由度增加，但社會集體性從1980年代的獨立思考、自主批判，轉化到經濟活動的名利場上。

---

1 查建英，《八十年代訪談錄》（北京：三聯）。受訪者包括了阿城、北島、陳丹青、陳平原、崔健、甘陽、李陀、栗憲庭、林旭東、劉索拉、田壯壯。

　　她在21世紀初，在中國正面臨經濟體制換軌所帶來空前的文化衝擊時，決定把作家的眼與筆投入那個她所謂「當代中國歷史上一個短暫、脆弱卻頗具特質、令人心動的浪漫年代」，應不是部分論者所批評的自戀與神話建構。她所選擇的受訪者，並不是持續走紅廿年的文化人，反而是一些已經轉到小眾領域裡堅持理想、提攜後進的藝文工作者，如作家阿城、第五代導演田壯壯、現代藝評家栗憲庭等人。這些受訪者沒有時下文化商業體制中的商品光環，有的卻是一以貫之的批判反省能力。

　　透過他們去看20年來的中國知識分子的思考軌跡，查建英說，即使是殘缺的記憶，也好過沒有聲音（見葉澄〈訪問查建英〉[2]）。但更重要的是，這些紀錄不僅填補了一些後文革時代與10年文革的文化界斷層。在許多的個人經驗積累中，讓這一代人了解到，文化的傳承，從五四以降，固然曾受到中共建政後的一系列影響，但面向世界的門窗，終究還是打開了。而那被歌頌美化的時代特徵，便是當下文化精英所欠缺的獨立思考與批判能力。無論讀者掩卷之後是堅持當下所為，或者有所反思，至少這一代有人清楚1990年代與1980年代究竟是「斷」在什麼地方。如果確有反思力量的存在，1980年代可以是一個參考的典範。

　　查建英在序中談到，她之所以編這本書，意不在懷舊，而是有見於中國的1980年代有如美國的1960年代；1960年代是美國有著特殊標識的浪漫年代，意味著理想主義、激進的自我批判，及向東方思想取經。1980年代的中國文化主調也是理想主義、激進的自我批判與向西方思想取經。雖然中美兩代人的起終截然不同，但這兩代人如今都成其社會的中堅。她認為，這些人如何看

2　http://www.cc.org.cn/newcc/browwenzhang.php?articleid=6974

待自己形成期的歷史與追求，以及如何因應當今全球化時代的複雜問題，都深刻地影響著這兩個國家的未來。

她在這裡潛伏著一個假設，便是1980年代的時代印記，並沒有在這些成熟到趨於保守的中堅分子靈魂中褪去，儘管當下的中國社會正在政經體制改革十字路口上面臨再一次的失落與迷惘，而知識精英在經濟遊戲中業已失去公共發聲的有利位置。

有論者認為，這樣的訪談應再多出幾本，特別是在學者與思想家部分，應該再增加（這11人中，藝文工作者及文化評論家佔了9人），讓當下文化精英的自我定位，能有更積極的參照價值。畢竟，當代的人無法自行書寫身上的時代印記，唯有透過對現實的深刻描述、對社會本質的精確揭示，才能積累出讓後來者看到屬於這一代人的歷史特質。

（楊羽雯，1967年生於台北。現為聯合報駐北京記者，正努力觀察中國古都現代化的過程。）

致讀者

　　一位年輕朋友對《思想》這份刊物的第一個反應是：「名字太老氣了」。的確，今天坐談思想，是有點前朝遺老的氣息，雖然「前一個時代」該如何刻畫界定，也不容易說得清楚。1920年代的前衛、1970年代的反叛，雖然都引領一時之風騷，如今不是得用泛黃褪色的背景呈現，才能出味嗎？每個人都是一己時代的產兒，思想只能把握它的時代。——這是黑格爾的話。不過黑格爾也相信，因為思想有記憶和歷史可言，足以抵禦時間的侵蝕吞噬，所以思想可以跨越時代。

　　一份以「思想」為名的刊物，不能不強調思想的歷史性格；思想依歷史存活、在歷史中生長。純粹的「當下」，只是一堆莫以名狀的事實。將當下放進歷史之中，才看得出事實的來龍去脈、看得出其面貌和意義，才可能獲得「理解」，而思想也才有立足和施展的餘地。所以，思想要生根發枝，首先要喚醒與正視歷史意識。

　　規劃本期當初，我們就決定要以「歷史意識」為主題做個專輯。可是到了全書編完，我們不禁失笑：哪一篇文章不涉及歷史？即使專輯以外的文章、即使柯裕棻與荊子馨兩位教授的對談，豈不也是在探討此時此地歷史意識的不同面向嗎？在台灣，由於歷史一路至今的轉折總顯得意外而橫暴，因此歷史意識的扭曲作祟

也隨處可見，有深沉者，也有可以欣賞玩味者。感謝我們的作者，讓這些多采多姿的議題在這裡紛雜併陳。

前一期《思想》出刊之後，讀者的批評之一即是少數文章過分艱澀。就這一點來說，本期的《思想》未必有所改善。不過，鄭鴻生、謝金蓉兩位的文章，證明了嚴肅的議題一樣可以用親和的方式娓娓道來，我們盼望刊登更多的這型文章。鄭鴻生先生談自己與岳父的對話、談《小市民的心聲》與《野火集》的時代意義、談水龍頭在東歐、台灣、上海與以色列的雷同象徵，爲的是突出「落後與現代」這個屬於第三世界的典型話題，如何支配著台灣人的歷史意象與自我意識。謝金蓉女士退回百年前的台北與霧峰，描繪海峽兩岸一代人物梁啓超與林獻堂的相會，其間光景在今昔兩種似異又同的情境對比之下，格外令人低迴含咏。

不過，歷史意識談起來不會都這麼從容動人。上個世紀八十年代，聯邦德國的文化界與史學界，針對納粹階段的德國史，爆發過一場激烈而重要的「史學家論戰」。論戰中間，一位保守派史學家留下一句名言：「在一個沒有歷史的國度裡，誰提供記憶、塑造概念、詮釋過去，誰就贏得了未來。」——歷史具有決定性的政治功能，沒有人會否認。在近年台灣，如何敘述和詮釋近代歷史、如何編纂歷史教科書、如何評價歷史人物，不斷引起爭議和衝突，不正足以說明歷史與政治的緊密關係嗎？面對這種狀況，「歷史意識」與政治的關係，當然值得一探。

沈松僑、王晴佳、周樑楷三位的文章，組成了本期「歷史與現實」專輯。他們都是歷史學家，卻有著迥異的視野與背景。沈松僑先生長期研究中國近代國族意識的產生與成長、傳播，特別探討歷史論述在國族意識中的關鍵貢獻、強調其間的「共生關係」，著作一向帶有批判性格。有懍於史學家面對國族主義試探

時，往往缺乏道德資源加以抗拒，他格外強調史學的專業自主
性、也呼籲史學家加強本身的倫理自覺。王晴佳先生出身大陸、
執教美國，卻對台灣史學50年的發展軌跡，具有高度的關注。其
實，台灣史學界並不是不關心本身的成長歷程；高明士教授主
編、國科會出版的《戰後台灣的歷史學研究》八冊，已經提供了
最豐富的材料。但是有了材料，台灣史學家的檢討反省卻還很難
見到，只有王晴佳願意提供一個鳥瞰式的回顧與評價。他的觀察
有得有失，不過不難猜想，這些觀點最後會無聲地沉沒在一片緘
默之海中。周樑楷先生身為教育部高中歷史綱要編撰小組的召集
人，一度捲入有關歷史教科書的爭議，成為新聞人物。不過在本
刊上，他寧可退回基本層次的概念釐清工作，以更積極的態度，
超越政治對於史學的染指企圖。這些文章或許不好讀，可是您會
覺得有必要一讀。

　　必須強調，所謂用記憶與關於過去的敘事掌握未來，一個意
思固然是按照今天的政治需求「建構」過去，但是另一個更積極
的用心，卻是吸取歷史教訓，化昨日的暴行與血淚為今人的道德
資源與道德能力，讓是非善惡的分辨可以更為清爽。吳乃德先生
關於「轉型正義」的文章，直接探討歷史的這一個面向，其倫理
—政治的意義特別沉重。這個面向的歷史反思固然也涉及政治，
但是它的政治性格不在於為當朝體制服務，而在於向今昔的有權
者提出詰問，也向搖尾其後的犬儒知識分子發出警告。在台灣、
在中國大陸，這個問題可能是未來幾個世代的道德思考之源泉與
道德教育的首要課題。

　　當然，這個問題不是沒有它的背面。無論個人的過去或者民
族的歷史，是不是都有一些片段是不堪回首的、不忍重提的、只
能寬恕甚至遺忘的？無論如何，「面對」與「不面對」之間的倫

理張力，倒正足以刺激思考。我們很希望讓這個議題繼續發展下去。不過，下一期《思想》的主要論題，已經逐漸成形，可以在此簡單預告：我們邀請到了敏銳深思的作者，準備討論東亞幾地的「亞洲論」、準備檢討中國大陸新興的一種反普遍主義的文化政治論述、也準備繼續本期的歷史意識議題、以及其他好幾個有趣的話題。

我們竭誠歡迎您來參與，開拓更多的討論。

編　者
2006年芒種過後

思想2
歷史與現實

2006年6月初版　　　　　　　　　　　　　定價：新臺幣360元
有著作權・翻印必究
Printed in Taiwan.

編　　者　思想編委會
發 行 人　林　載　爵

出 版 者　聯經出版事業股份有限公司　　　叢書主編　沙　淑　芬
台 北 市 忠 孝 東 路 四 段 5 5 5 號　　　校　　對　李　國　維
編 輯 部 地 址：台北市忠孝東路四段561號4樓　　封面設計　陳　玉　嵐
叢 書 主 編 電 話：(02)27634300轉5226
台 北 發 行 所 地 址：台北縣汐止市大同路一段367號
　　　　　　電 話：(02)26418661
台北忠孝門市地址：台北市忠孝東路四段561號1-2樓
　　　　　　電 話：(02)27683708
台北新生門市地址：台北市新生南路三段94號
　　　　　　電 話：(02)23620308
台 中 門 市 地 址：台 中 市 健 行 路 3 2 1 號
台 中 分 公 司 電 話：(04)22312023
高 雄 門 市 地 址：高 雄 市 成 功 一 路 3 6 3 號
　　　　　　電 話：(07)24128O2
郵 政 劃 撥 帳 戶 第 0 1 0 0 5 5 9 - 3 號
郵　撥　電　話：2 6 4 1 8 6 6 2
印 刷 者　世 和 印 製 企 業 有 限 公 司

行政院新聞局出版事業登記證局版臺業字第0130號

國家圖書館出版品預行編目資料

歷史與現實/思想編委會編著 . --初版 .
--臺北市：聯經，2006 年（民 95）
328 面；14.8×21 公分 .（思想：2）

ISBN　957-08-3033-6（平裝）

1.哲學-期刊

105　　　　　　　　　　　　95012508